생각
문법
❸

명사편 · 문장편

생각문법 ❸
명사편 · 문장편

쓰고 엮고 꾸민 이 하상호

초 판 1쇄 발행일 2016년 1월 11일
개정판 1쇄 발행일 2020년 3월 16일
개정판 3쇄 발행일 2025년 4월 21일

발행인 하상호
발행처 봄찬
신고번호 제 2013-000039호 (2013년 1월 29일)
주소 서울시 강남구 강남대로 320, 5층 LS40 (역삼동, 황화빌딩)
전화 02) 565-0926 / 팩스 0504-417-0926
메일 thinkinggrammar@naver.com
유튜브 https://www.youtube.com/@thinkinggrammar
(http://thinkinggrammar.co.kr)

ISBN 978-89-98894-06-1 13740

책값은 뒤표지에 있습니다.
잘못된 책은 바꾸어 드립니다.

ⓒ 2016 하상호

책은 저작권법에 따라 보호를 받는 저작물입니다.
이 책의 내용을 무단으로 복제하거나 발췌하는 것을 금합니다.

「이 도서의 국립중앙도서관 출판예정도서목록(CIP)은 서지정보유통지원시스템 홈페이지
(http://seoji.nl.go.kr)와 국가자료공동목록시스템(http://kolis-net.nl.go.kr)에서 이용하실 수
있습니다. (CIP제어번호: CIP2020008119)」

서문 1

혹자는 '우리는 국어문법을 따지며 말하지 않는다. 국어문법을 몰라도 말만 잘한다.' 이렇게 국어문법에 빗대며 영어문법을 안 해도 된다고 한다. 일축한다. 단지, 시험 위주의 암기식 영어문법이 입힌 피해 의식의 발로(發露)다.

문법이 안 들어간 문장은 있지도 않고, 있을 수도 없다. 문장을 접하는 순간, 누구나 문법과 마주하게 된다. 하니 마니 할 문제가 아니다. 문법을 피할 수 없다. 피할 수 없으면 즐기라지 않던가?

문법, 문장으로 말하는 법

우리는 국어문법을 따지며 말하지 않는다. 이유인즉, 국어문법을, '국어문장으로 말하는 법'을 완벽히 통달했기 때문이다. 그렇지 않고서야 어떻게 이토록 말을 잘할 수 있단 말인가? 우리는 국어문법을 너무나도 잘 알아 말을 잘하는 것이다. 다만 내재되어 있어 의식하지 못할 뿐이다. (내재된 이러한 문법을 - 신이 인간에게 심어 준 모국어와 관련된 문법을 - "내재문법"이라고 한다.)

영어는 엄연히 외국어다. 국어문법을 습득하듯 영어문법을 습득힐 수 있을까? 우리는 국어 환경에서 살아온 성인이지, 영어 환경에서 지내는 어린아이가 아니다. 습득하기란 사실상 불가능하다. 학습해야 한다, 영미인에게 내재된 문법을 밝힌 책으로.

혹자는 '써먹지도 못하는데, 영어문법을 해서 뭐하느냐?' 이렇게 현혹하며, 영어문법을 하지 말라고 한다. 궁금하다, 진실로 자기 자식한테도 똑같이 말할 수 있는지. 안 하면 자기만 손해다.

영어문법을 못 써먹는 이유는 내 것이 되지 않았기 때문이다. 무엇이든 써먹을 정도면 그것은 내 것이다. 써먹으려면 내 것이 되어야 한다. 아래와 같은 일련의 인지 과정을 거쳐야 한다.

의문 → 생각 → 이해 → 인식 → 인지

의문: 의문에서 비롯된 생각은 살아 있다. 의문을 품은 사람은 주체적으로 능동적으로 꿈틀대는 생각의 생각을 한다. 의문은 생각이 생각을 낳게 하는 마법이니, "왜, 왜, 왜?"라고 주문을 외라.

이해: 이성적으로 생각하고, 논리적으로 분석한다. 객관적으로 판단하고 종합한다. 이를 통해 '객관적인 앎'을 얻게 된다.

인식: 객관적인 앎에 내 자신이 투영되기 시작한다. 객관적인 앎을 토대로 추리도 하고 가정도 한다. 주관적으로 판단도 하고 결론도 내린다. 생각이 가다듬어지고 체계화된다. 개념이 생기고 잡힌다. 마침내, 개념은 내면에 이르고 깨달음이 된다. 이를 통해 '주관적인 앎'을 갖게 된다.

인지: 주관적인 앎을 확신하며 믿고 받아들인다. 내면화된 앎은 온전히 내 것이다. 내 것인 앎은 언제든 써먹을 수 있다. 이뿐이겠는가, 죽었다 깨어도 잊어 먹지 않는다.

문법은 집어넣는 것이 아니다. 받아들이는 것이다!

머릿속에 집어넣는다고 무조건, 저절로 내 것이 되는 것이 아니다. 정말이지 암기한다고 되는 일이 아니다. 문법은 개념이라 더더욱 인지 과정을 거쳐야 한다. 영어문법이 아무리 어려운들 인지 범위를 벗어날 수 없으니, Think over and over!

· · ·

서커스장의 코끼리는 발목이 묶여 있다. 놀라운 사실은 덩치에 어울리지 않게 가는 밧줄에 묶여 있다는 것이다. 더 놀라운 사실은 몸집만큼 힘센 코끼리가 고까짓 것을 끊으려 하지 않는다는 것이다. 묶여 살아 온 삶에 익숙한 나머지 두려움이 앞서기 때문이리라. 코끼리는 마음이 묶인 것이다.

세상은 창의적 인재를 구한 지 오래다.

암기식 영어문법에 익숙하다면, "왜, 왜, 왜?"라고 주문을 외라. 두려움이 사라지고 자신감이 생길 것이다. 마음을 묶고 있는 밧줄은 가늘다. 얼마든지 끊을 수 있으니, 마법을 부려 툭 끊어라. 모든 것이 새롭게 보일 것이다.

나의 전부인 '늘봄', '늘찬'에게 사랑을 전합니다.

2014. 9.
하상호

목차

5장 명사편

Unit 13 명사·관사 27

- 'a' & 'Ø' 35
  - 보통명사 35
  - 고유명사 41
  - 집합명사 51
  - 물질명사 76
  - 추상명사 82
- '-(e)s' 87
  - 항시복수명사 100
  - 상호복수명사 103

- 'the' 114
  - the + 단수명사 132
  - the + 복수명사 137
  - the + 형용사 139
  - the + 수식어 + 명사 142
  - the + 명사 + 설명어 143

Unit 14 한정사·대명사 164

- 한정사 165
  - 소유한정사 169
  - 지시한정사 172
  - 의문한정사 172
  - 수량한정사 173
  - 준한정사 182
  - 한정사구 184

- 대명사 197
  - 인칭대명사 201
  - 소유대명사 204
  - 재귀대명사 207
  - 부정대명사 208
  - 지시대명사 210
  - 의문대명사 210

Zoom in Grammar '수', '격', '성' 15

—| 셀 수 있는 명사 앞에 a를 왜 쓸까? 29
—| 물질명사 앞에 a를 왜 못 쓸까? 36
—| 고유명사 앞에 a를 왜 못 쓸까? 42
—| a가 왜 해석되지 않을까? 46
—| family는 왜 단수도 되고, 복수도 될까? 53
—| cattle은 왜 복수로 쓰일까? 왜 'the police'일까? 56
—| 'a family'와 'a family member'의 차이는 무엇일까? 60
—| furniture는 왜 a를 못 쓸까? 왜 단수 취급할까? 62
—| clothing과 clothes의 차이는 무엇일까? 72
—| 'dogs'가 과연 'a dog'의 복수일까? 88
—| '0.9'는 단수일까, 복수일까? 94
—| 'two hundred'는 복수인데, 왜 s를 붙이지 못할까? 106
—| 'a number'와 'the number'의 차이는 무엇일까? 108
—| 정관사 'the'는 어떤 때에 쓸까? 116
—| 무관사 'Ø'는 어떤 때에 쓸까? 149
—| 왜 'two of students'로 말하지 못할까? 169
—| 'some money'과 'any money'의 차이는 무엇일까? 173
—| 왜 인칭에 따라 be동사가 다를까? 201

> 수 15
> 격 19
> 성 22
> 관사와 명사의 종류 34
> 총칭과 복수 89
> 복수의 형태와 의미 95
> the의 용법 117
> 총칭의 'the' 130
> 'the + 명사'와 수식과 설명 142
> 관사의 생략 160
> 한정의 개념 166
> 한정사의 종류와 용법 168
> 한정사의 어순 187
> 대명사의 종류와 용법 200

6장 문장편

Unit 15 문장의 구조 237

Unit 16 문장의 종류 271
- 평서문 273
- 의문문 281
- 명령문 295
- 감탄문 296
- 기원문 299
- 부정문 301
- 중문 312
- 복문 313

Unit 17 문장의 유형 325
- 유형1 ■ 주어 + 연결어 + 주보어 327
- 유형2 ■ 주어 + 서술어 360
- 유형3 ■ 주어 + 서술어 + 부사어 362
- 유형4 ■ 주어 + 서술어 + 목적어 366
- 유형5 ■ 주어 + 서술어 + 목적어 + 부사어 374
- 유형6 ■ 주어 + 서술어 + 간접목적어 + 직접목적어 376
- 유형7 ■ 주어 + 서술어 + 목적어 + 목적보어 396

Zoom in Grammar '문법'과 '문장' 220

—│ 문장은 무엇으로, 어떻게 이루어졌을까? 221
—│ 국어와 영어는 왜 어순이 다를까? 238
—│ 영어 의문문은 왜 'Do'로 시작할까? 272
—│ provide는 왜 with를 필요로 할까? 386

〉 문법과 문장 222
〉 품사 223
〉 문장성분 228
〉 문법의 insight, 문법의 overview 233
〉 관계 중심의 세계, 동양 239
〉 국어문장의 짜임새 248
〉 개인 중심의 세계, 서양 251
〉 영어문장의 짜임새 268
〉 영어문장의 구성원리 – 서술식 문장구조 273
〉 구 308
〉 절과 접속사 310
〉 가주어-진주어 구문 337
〉 필수부사어 340
〉 존재구문 342
〉 연결동사 345
〉 자동사와 타동사 359
〉 구동사 369
〉 이중목적어를 수반하는 타동사 384
〉 수여동사로 오인하기 쉬운 타동사 387

생각 더하기

41. 무생물의 의인화 26
42. '어떤'으로 해석되지 않는 'a' 45
43. 당근 두 개는 야채가 두 개? 68
44. 복수 표지 '들' 104
45. 고유명사와 'the' 128
46. '전치사+무관사+명사' 표현 159
47. 수사와 수 읽는 법 191
48. 무생물의 소유격? 206
49. 형용사와 부사의 역할 212
50. 비교 – 원급·비교급·최상급 215
51. 주어와 동사를 찾아라? 227
52. 첨가어 vs. 굴절어 231
53. 부가의문문 – 단문 288
54. 수사의문문 294
55. 부가의문문 – 중문과 복문 322
56. '이다'와 be동사, 서술어 330
57. 주어와 주제어 356
58. 유사보어 365
59. 명사의 동사적 표현 372
60. 혼동하기 쉬운 동사 394

문법은 人文이다.
문법을 배우되, 문법을 떠나라.

[**생각문법**은 볼 때마다 다르고 새롭게 인식됩니다. 처음엔 개념 위주로 정독하시고 이후에는 예문 위주로 익히시길 바랍니다.]

[ ] : 본문과 관련된 문법을 부연함. 혹은 당부의 말씀을 드림
※ : 본서에서 못 다루는 서적을 안내
❹ : **생각문법** 4권을 뜻함

5장

명사편
Nouns

["품사"란 낱낱이 다루기 힘든 단어를 의미나 기능을 기준으로 나눈 '단어의 갈래'를 말합니다. 많이 들어 본 '명사·동사, 형용사·부사' 등을 일컫습니다.]

명사 역할: 주어·목적어·보어

명사가 문장 밖에 있을 때는 단어에 불과합니다. 사람은 말을 문장으로 합니다. 따라서 명사는 문장 안으로 들어갑니다. 문장 안으로 들어간 명사는 단어에 머물지 않고, '문법이 결합해' 주어·목적어·보어가 됩니다. 역으로, 명사가 문장에서 주어·목적어·보어 역할을 온전히 하려면 명사에 '문법이 결합해야' 합니다.

명사문법: 수/격/성

명사가 문장 안으로 들어가면, 명사에 무조건 결합하는 문법이 있습니다. 바로, '수/격/성'이라는 명사문법입니다. 벌서부터 궁금해집니다, 명사문법이 어떤 문법인지.

Zoom in Grammar

명사문법
'수', '격', '성'
Number, Case, Gender

〉 수 Number · 數

수는 '단수 singular', '복수 plural' 할 때의 수를 일컫습니다.

- a chicken, chicken, chickens, the chicken(s)

수와 관련해, 영어는 CHICKEN을 위와 같이 표현할 수 있습니다. 그런데 각각의 chicken을 온전히 알고, 제대로 구별할 수 있는 사람은 많지 않은 것 같습니다. 영어에서 말하는 수는 상당히 낯선, 어떤 면에서는 우리가 상상조차 할 수 없는 문법입니다. 각별히 신경을 써야겠습니다.

[대문자로 쓴 CHICKEN은 머릿속에 그려지는 닭, 관념으로서의 닭을 말합니다. 이러한 CHICKEN은 'a chicken, chicken, chickens, the chicken(s)'에서 하나가 선택되어 언어로 표현됩니다. (관념이 언어로 표현되는 것을 "언어화"라고 합니다.) 선택은 화자의 관념에 따라 달라집니다. 이는 관념이 없으면, 다시 말해 개념을 모르면 언어로 표현할 수 없다는 의미입니다. 영어로 말할 수 없는 것입니다.]

문법은 문장 내 '변화'를 가져오거나, 다른 말과의 어울림에 '제약'이 있어야 그것을 문법으로 인정합니다. '문법적'이라는 말을 할 수 있게 됩니다. 아래 예문을 비교해 보십시오.

- 학생 한 명[두 명]이 교실에 있다.
- There is a student in the classroom. [단수 문장]
  There are two students in the classroom. [복수 문장]

한 명은 단수고, 두 명은 복수입니다. 국어는 단수든 복수든 '있다'에는 변함이 없습니다. 하지만 영어는 명사의 단복수에 따라 be동사가 달라집니다. (is ↔ are) 명사로 동사가 달라지다니, 문장 내 엄청난, 실로 중대한 변화입니다.

- 교실에 많은 학생[학생들]이 있다.
  교실에 학생[학생들]이 많다.
- There are many students in the classroom. [복수 문장]

'학생'은 단수형태고, '학생들'은 복수형태입니다. 국어는 복수 의미인 '많은'이 '학생들'뿐 아니라, 별다른 제약 없이 단수형태인 '학생'과도 잘 어울립니다. 더구나, '학생(단수)이 많다(복수).'를 보면 알 수 있듯이, '단수-복수'로 수의 일치를 보이지 않습니다.

하지만 영어는 'many(복수)'가 'student(단수)'와 어울리지 못하는 제약이 있습니다. 게다가, 동사와 명사가 철저하게 단수(is)와 단수(a student)로, 복수(are)와 복수(two students)로 수의 일치를 보입니다.

살펴본 바와 같이, 국어는 (단수에서 복수로, 또는 복수에서 단수로) 수가 달라져도 문장 내 변화를 가져오지도 않고, 다른 말과의 어울림에 제약도 없습니다. 단복수가 문법적인 관계에 영향을 끼치지 않는 것입니다. 국어는 수를 문법으로 인정하지 않습니다. 의미적으로/형태적으로 구별될 뿐, 국어에는 수라는 문법이 없습니다.

반면에, 영어는 수가 달라지면 문장 내 변화를 가져오고, 제약이 따릅니다. 단복수가 문법적인 관계에 영향을 끼칩니다. 영어는 수를 문법으로 인정합니다. 영어에는 수라는 문법이 있습니다.

여러분

특정한 문법은 '특정한 사고의 반영'입니다. 특정한 문법이 있다는 말은 곧 '특정한 사고를 한다'는 뜻입니다. 문장 내 변화와 제약을 통해 특정한 사고를 나타내는 것이고, 특정한 사고를 나타내기 위해 변화시키고 제약하는 것입니다.

수를 문법으로 인정하지 않는 국어, 우리는 수를 특정하게 생각하지 않습니다. 단복수를 '하나, 둘 이상'으로 생각하는 것이 전부입니다. 또한, 'a chicken 닭 한 마리', 'chicken 닭', 'chickens 닭들', 'the chicken(s) 그 닭(들)'로 해석하는 것이 한계입니다.

수를 문법으로 인정하는 영어, 영미인은 수를 특정하게 생각합니다. 단복수를 '하나, 둘 이상'으로만 생각하지 않고, 해석도 우리처럼 하지 않습니다. 수에 관한 영미인의 특정한 사고, 이것이 Unit 13에서 다룰 내용입니다.

수라는 명사문법과 관련된 말이 '한정어'입니다. 명사 앞에서 명사를 한정하며 수를 나타냅니다. 한정어는 세 가지로, '관사·한정사·수사'가 있습니다. (넓게 보면, 관사와 수사는 한정사에 속합니다.)

한정어의 종류
└ 관사 Articles
└ 한정사 Determiners
└ 수사 Numerals

한정어는 수식어와 다릅니다. 달라도 많이 다릅니다.

- a (big) chicken (큰) 닭 한 마리
  - big: 형용사 / 수식어: 선택적인 말
  - a: 관사 / 한정어: 필수적인 말

big은 형용사고, 형용사는 수식어입니다. 수식어는 명사 앞에 꼭 있어야 하는 말이 아닙니다. 없을 수 있는 '선택적인' 말입니다.

a는 관사고, 관사는 한정어입니다. 한정어는 무관사라도 명사 앞에 꼭 있어야 하는, 명사와 불가분의 관계에 있습니다. 없어서는 안 되는 '필수적인' 말입니다. 강조합니다, 명사는 문장에서 명사로만 존재하지 않습니다. '한정어＋명사'로 존재합니다.

한정어는 수식어와 쓰임이 엄연히 다를뿐더러, 영어는 수를 문법으로 인정하므로, 엄격히 수식어와 구별합니다. 한정이라는 말과 수식이라는 말을 철저히 구분해야겠습니다.

〉격 Case · 格

격은 '주격 subjective', '목적격 objective', '소유격 possessive' 할 때의 격을 일컫습니다.

명사는 문장에서 '주어 · 목적어 · 보어' 역할을 하는데, 주어로 쓰인 명사는 주어로 쓰였다고 그 구실을 – 주어 자리에 있는 명사는 주어 자리에 있다고 그 자리를 – 표시해야 합니다. 목적어와 보어의 경우도 마찬가지입니다.

"격"이란 서술어에 대한 '명사의 자격 표시 주어냐 목적어냐 보어냐' 다시 말해 '명사의 기능 표시'를 말합니다. (자격 = 기능/역할 = 자리)

①-a 마이크<u>가</u> 베티<u>를</u> 사랑한다. [마이크: 주어 / 베티: 목적어]
　 b 마이크는 애인<u>이</u> 아니다. [애인: 보어]

①: 마이크가 주어임을 '가'가, 베티가 목적어임을 '를'이, 애인이 보어임을 '이'가 명사 역할을 표시하고 있습니다. 이렇듯 국어는 첨가되는 기능 표지가 격을 나타냅니다. (역할을 표시 = 격을 나타냄)

[명사의 주어 · 목적어 · 보어 역할을 표시하는 '이/가 · 을/를 · 이'를 '명사의 기능을 표시한다' 하여 "기능 표지"라고 합니다. (종전에는 '격조사'로 불렀습니다.)]

['마이크 베티 사랑한다.' 이렇게 '가/를'을 생략해도, 누가 누구를 사랑하는지 알 수 있습니다. 이는 ('가/를'이 붙어야 주어/목적어가 된다는 의미가 아니라) 명사 자체가 주어/목적어 역할을 한다는 의미입니다. '주어 · 목적어 · 보어'는 명사 본연의 기능입니다. '이/가 · 을/를 · 이'는 단지 명사의 기능을 표시하는 표지에 지나지 않습니다.]

영어는 격을 나타내는 방법이 국어와 완전 딴판입니다.

②-a Mike loves Betty. [Mike: 주격 / Betty: 목적격]
　b Betty is my girlfriend. [my girlfriend: 보격]

②-a: 주어는 Mike입니다. 이유는? 네, 그렇습니다. Mike가 서술어[loves] '앞에' 있기 때문이고, '뒤에' 있기 때문에 Betty가 목적어입니다. / ②-b: 보어는 연결어인 be동사[is] '뒤에' 있는 말입니다. 이렇듯 영어는 말의 '위치'나 '순서'로 격을 나타냅니다.

영어는 어순이 바뀌면 역할이 달라집니다. 이는 말의 위치나 순서가 문법이라는 의미입니다. 어순이 곧 문법! 어순이 매우 중요한 만큼 어순이 자유롭지 못합니다. 어순이 고정되어 있습니다.

[서술어 앞에 있는 것으로 주격을 나타내고, 서술어 뒤에 있는 것으로 목적격을 나타냅니다. Mike는 문장의 주어이면서, 서술어 앞에 있어, 격으로 말하면 주격입니다.]

[영어처럼 말의 '위치'나 '순서'로 문법적인 관계를 나타내는 언어를 "구조어"라고 합니다. 구조어인 영어는 어순이 문법을 나타내는 방식이라, 어순이 중요할 수밖에 없습니다. (구조어를 "고립어"라고도 합니다. 대표적인 고립어는 중국어입니다.)]

①-a 마이크가 베티를 사랑한다. ['다': 용언 표지]
　c 마이크가 사랑한다 베티를.
　d 사랑한다 베티를 마이크가.

국어는 '가·를·다'와 같은 기능 표지가 있어, 어순이 바뀌어도 역할이 달라지지 않습니다. 어순이 자유로운 만큼, 첨가되는 기능 표지가 매우 중요합니다.

대명사는 '명사를 대신하는 말'입니다. 대신하되, 의미뿐 아니라 역할까지 대신합니다. 대명사도 문장에서 명사와 같은 역할을 하고 그 역할을 표시합니다. 다만, '인칭·의문·관계'대명사는 '어형을 굴절시켜 〉 어형을 변화시켜' 격을 나타냅니다. (이를 "격변화"라고 합니다. 명사는 격변화를 하지 않지만, 몇몇 대명사는 격변화를 합니다. 한편, 영어처럼 어형을 변화시켜 문법을 나타내는 언어를 "굴절어"라고 합니다.)

- He loves her. / She loves him.
    - 인칭대명사 'he/she': 주격 형태 / 인칭대명사 'him/her': 목적격 형태
    - he/she가 목적어 자리로 가면 him/her로 형태가 바뀜. 이렇게 어형을 변화시켜 서로 다른 형태로 격을 나타냄
    - 어형을 변화시키므로, he/she를 보고 (주어 역할을 하는) '주격 형태'라고 하고 him/her을 보고 (목적어 역할을 하는) '목적격 형태'라고 함
    - 영어는 보격 형태가 따로 없음. 보어 자리에는 주격이나 목적격을 씀
        예 It's me. 나야. ('It's I.'는 문어체고, 매우 격식적인 표현)

Mike/Betty를 대신해 주어로 쓰인 인칭대명사는 주어 역할을 'he/she'라는 형태로 표시하고, 어형을 변화시켜, 목적어로 쓰인 인칭대명사는 목적어 역할을 'him/her'라는 형태로 표시합니다.

- (사람과 관련된) 의문대명사와 관계대명사의 격변화
    예 Who loves you? 누가 너를 사랑하니? (의문대명사 'who': 주격)
    Whom do you love? 너는 누구를 사랑하니? (의문대명사 'whom': 목적격)
    The man who lives next door is ... 옆집에 사는 남자는 ... (관계대명사 'who': 주격)
    The man whom I met ... 내가 만난 남자는 ... (관계대명사 'whom': 목적격)

주의! 'my·Betty's'와 같은 소유격은 대명사가 아닙니다. 명사를 한정하는 한정사입니다. Unit 14에서 다룹니다.

〉성 Gender · 性

성에는 성이 구별되는 '남성 masculine'과 '여성 feminine'이 있고 성이 없는 '중성 neuter'과 성을 구별하지 않는 '통성 common'이 있습니다. (이때의 성은 어휘적인 성입니다. 문법적인 성이 아닙니다.)

father ↔ mother	husband ↔ wife
uncle ↔ aunt	nephew ↔ niece
brother ↔ sister	boy ↔ girl
man ↔ woman	gentleman ↔ lady
king ↔ queen	bridegroom ↔ bride
bachelor ↔ maid	cock ↔ hen

(형태가 다른) 남성명사 ↔ 여성명사

actor ↔ actress	prince ↔ princess
god ↔ goddess	hero ↔ heroine

남성명사 ↔ 여성명사
(여성명사 어미 '-ess, -ine'가 붙음)

boyfriend ↔ girlfriend
male cousin ↔ female cousin
father-in-law ↔ mother-in-law

(복합어인) 남성명사 ↔ 여성명사

```
car    tree    star    stone    water    idea
```

중성명사 (또는, 무성명사)

성이 없는 무생물이 중성입니다. it으로 대신합니다.

- "Where's <u>the car</u>?" "<u>It</u>'s in the garage." [중성 > 무성]
  "차는 어딨어?" "차고에 있어."

['중성' 하면 남성에도 여성에도 속하지 않는다는 느낌을 주기 때문에, 중성보다는 '무성'으로 부르는 편이 낫지 않을까 싶습니다.]

```
baby    child    parent    doctor    friend    dog
```

통성명사

성이 있어도 남성과 여성을 가리지 않고, 통틀어 이르는 성이 통성입니다. 이 또한 it으로 대신합니다.

- <u>the baby</u> and <u>its</u> mother [통성] 아기와 아기의 엄마
  - 'baby · child · infant'처럼, 성별을 알기 힘들거나 모르거나 성별이 중요하지 않은 경우는 it으로 대신 (its: it의 소유격, 소유한정사)
  - 성별을 아는 경우는 he/his/him, she/her/her로 대신
    예 "What's the name of your baby?" "Her name is Ella."
      "아기 이름이 뭐니?" "엘라야."
  - 성별을 가릴 필요가 없는 경우는 대개 he/his/him으로 대신
    예 If a student calls, tell him I'll be back soon.
      어떤 학생한테 전화가 오면, 곧 돌아온다고 해라.

여러분

고대 서양인은 세상을 관찰했습니다. 관찰한 후, 세상을 분류했습니다. 분류하려면 '기준'이 필요합니다. 인간 중심의 자연관을 가진 고대 서양인에게 일차적인 기준은 무엇이었을까요? 바로 이것입니다.

생물 ↔ 무생물
♂ ↔ ♀
사람 ↔ 사람이 아닌 것
물체 ↔ 물질

하나씩 밝혀지겠지만, 기준은 생각으로 머물지 않고, 고스란히 문법에 반영되어 언어로 나타나게 됩니다.

성이 문법적으로 나타나는 품사는 대명사와 한정사입니다. 다시 말해, 대명사와 한정사가 성에 따라 나뉘고 선택됩니다.

인칭대명사: he/him, she/her, it/it
소유대명사: his, hers
재귀대명사: himself, herself, itself
소유한정사: his, her, its

- (Mike is Betty's boyfriend.) He loves her.
  마이크는 베티의 남자친구다. 마이크는 베티를 사랑한다.
  – he: '단수·주격·남성'의 형태 / her: '단수·목적격·여성'의 형태

Mike는 남성명사입니다. 여성명사와 구분해야 하니, 'he/his/him'으로 대신합니다. (여성명사는 'she/her/her'로 대신합니다.) 이러한 구분과 선택적 제약이 있어, 영어는 성을 문법으로 인정합니다. (이때의 성이 문법적인 성입니다.)

he는 '단수'고, '주격'이고, '남성'입니다. 이렇듯 명사는 명사 문법 '수/격/성'이 결합해야 문장에서 제구실을 할 수 있습니다.

[영어는 명사가 생물이냐 무생물이냐, 생물이면 ♂냐 ♀냐, 그것이 사람이냐 아니냐에 따라 대명사와 한정사가 나뉘고 선택됩니다. 일례로, 선행명사가 사람이면 관계대명사는 who를 쓰고, 사람이 아니면 which를 씁니다. * The man who lives next door is … 옆집에 사는 남자는 … / The dog which saved my life is … 내 생명을 구한 개는 …]

[성이 자연적으로 구분되는 '아버지·어머니, 형·누나'와 같은 낱말은 (문법 범주가 아닌) 어휘 범주입니다. 국어에도 어휘적인 성이 있습니다. 하지만 문장 내 변화를 가져오거나 다른 말과의 어울림에 제약이 있는 문법적인 성은 없습니다. 우리에게 영어의 성이 처음에는 낯설 수밖에 없습니다.]

주의! 오늘날 남성 우위적인, 여성을 경시하는, 성차별적인 명사는 아래와 같이 대체되어 쓰이고 있습니다.

* chairman → chairperson 의장
* policeman → police officer 경찰관
* stewardess → flight attendant 승무원
* housewife → homemaker 주부

> **생각 더하기** 41. 무생물의 의인화

- "Where's the car?" "She's in the garage."
  "차는 어디에 있어?" "차고에 있어."
  – 의인화로 car에 대한 애정을 나타냄

car는 무생물이라 it으로 대신합니다. 하지만 애지중지 하는 car면 의인화하여 she로 대신할 수 있습니다.

- The sun was shining in all his glory.
  햇볕이 쨍쨍 내리쬐고 있었다. (sun: 남성명사 취급, his로 대신)

무생물의 의인화, '강렬하고, 웅장하고, 무서운 것'은 주로 남성명사로 취급합니다. (sun, mountain, ocean, winter thunder, day, war, battle, anger, fear, murder, death)

- The Titanic sank with her passengers.
  타이타닉호는 승객과 함께 침몰했다. (Titanic: 여성명사 취급, her로 대신)

'아름답고, 우아하고, 온화한 것'은 주로 여성명사로 취급합니다. (moon, nature, spring, night, city, ship, church art, liberty, peace, hope, mercy, wisdom, religion)

주의! 국명이 '(정치적인) 국가'를 뜻할 때는 여성명사로 취급하고, '(지리적인) 국토'를 뜻할 때는 중성명사로 취급합니다.

* England is proud of her poets. [국가]
  영국은 시인들을 자랑스럽게 여긴다.
* England is famous for its rain. [국토]
  영국은 비로 유명하다.

Unit 13

명사 · 관사
Nouns · Articles

한정어 + 명사

수를 문법으로 인정하는 영어, 다시 한 번 강조합니다, 명사는 문장에서 명사로만 존재하지 않습니다. 수를 나타내는 한정어가 결합한 '한정어 + 명사'로 존재합니다.

- a chicken

궁금하지 않을 수 없습니다. chicken 앞에 a를 왜 쓸까요? chicken이 셀 수 있는 명사라? 그럼 셀 수 있는 명사 앞에 a를 왜 쓸까요?

a를 통해 영미인이 말하고자 하는 것이 무엇인지, 수에 관한 영미인의 특정한 사고를 살펴보겠습니다.

명사 · 관사

개념 잡기

고작, 하나와 둘 이상을 구분하려고
문법을 배우는 것이 아닙니다.

—| 셀 수 있는 명사 앞에 a를 왜 쓸까?

- Seeing is believing.
  보는 것이 믿는 것이다. 〉 보기 전에는 믿지 않는다. ('백문이 불여일견'과 다른 말)

위 격언이 말해 주듯이, 서양인에게 '본다'는 것은 매우 중요한 각별한 의미를 갖습니다. 원인을 찾으려면 인류 문명이 태동한 고대로 거슬러 올라가야 합니다. (고대: 원시 시대와 중세 사이의 시대)

한국인이 알기 힘든 영어 명사의 세계
세상을 바라보는 세계관의 문제

[국어와 영어의 차이는 본질적으로 동양과 서양의 차이입니다. 우리가 알기 힘들지만, 기필코 알아야 하는 영미인의 특정한 사고는 (언어의 문제가 아닌) 인문의 문제입니다. 문법과 관련된 동서양의 차이만큼은 관심을 가져야겠습니다.]

※ 동서양의 차이를 다룬 주요 참고 서적 (연도순)

「동과 서」 김명진 지음, 2008 위즈덤하우스

「빵은 길을 만들고 밥은 마을을 만든다」 권삼윤 지음, 2007 이가서

「생각의 지도」 리처드 니스벳 지음·최인철 옮김, 2004 김영사

「세계화와 동서양 문화 간 커뮤니케이션」 박명석 지음, 2000 태학사

「서양인의 의식구조」 이규태 지음, 1985 신원문화사

「한국인의 의식구조」 이규태 지음, 1983 신원문화사

「공동사회와 이익사회」 퇴니스 만하임 지음·황성모 옮김, 1982 삼성출판사

서양 문명은 유럽에서 지중해를 중심으로 발달하였고, 기원전 1000년 이후 그리스·로마 시대에 꽃을 피웠습니다.

지중해 연안은 평야가 거의 없었고, 특히 기후가 건조해 농업으로 생산되는 식량이 많지 않았습니다. 고원에서 양을 치기도 했지만 식량난을 해결할 수 없었습니다. 고대 서양인은 농업에 불리한 지리적/기후적 자연환경을 극복해야 했습니다. 식량을 찾아, 나중에는 식량을 대신할 수 있는 것을 찾아 이동했습니다.

이동은 유목으로 이어졌습니다. 유목민은 양 떼를 몰고 풀을 찾아 옮겨 다녔습니다. 옮겨 다니다가 농경민과 필요한 물품을 주고받았고, 주고받다가 사고팔았습니다. 유목은 전문적으로 사고파는 상인을 출현시켰습니다. 상인의 출현으로 시장이 발달되었고, 상업을 토대로 도시국가가 형성되었습니다.

이동을 육지로만 한 것은 아니었습니다. 지중해는 항해의 시작과 끝이었습니다. 바다로 나간 상인은 활발히 무역을 했습니다. 무역으로 부를 쌓은 상인은 도시국가의 시민이 되었고, 중세에 르네상스를 일으키는 주역이 되었습니다. 교역을 넓혀 나간 상인은 유럽을 벗어나 지중해 연안국과 중국을 잇는 실크로드를 개척했습니다. 대서양으로 나간 상인은 대항해 시대를 열었고, 마침내 아메리카 대륙을 발견했습니다. 훗날, 미국의 서부 개척 시대로 이어졌습니다.

미지의 세계에 대한 '도전과 탐험, 개척과 정복', 이것이 고대 서양인의 정신입니다. (대모험가, 대여행가는 현재도 서양에서 추앙을 받습니다.)

미지의 세계에서 그들이 마주친 자연은 낯설었고, 그만큼 무서웠습니다. 생존하려면 자연을 극복해야 했고, 극복하려면 자연을 알아야 했습니다. 이를 위해 그들은 주변과 자연과 세상을 관찰했습니다. '이것은 무엇이고 어떤 것인지, 그것은 어디에 있고 언제 오는지', 인간 중심의 자연관으로 땅을 관찰하며 길을 만들어 나갔습니다. '내가 있는 곳은 어디고, 어디로 가야 안전하고 빠른지', 별을 관찰하며 바다와 사막에도 길을 내어 떠났습니다.

망원경을 만들어 우주를 관찰하고, 현미경을 만들어 세포를 관찰한 그들입니다. 수천 년 동안 끊임없이 관찰해 오면서, '관찰한다'는 것이, '본다'는 것이 각별한 의미를 갖게 되었습니다.

여러분

see의 뜻이 무엇입니까? '보다'입니까, '보이다'입니까?

우리에게 '보다'는 사물이 눈에 들어오는 것, 즉 '눈에 보이는 것'을 말합니다. (이것이 see가 '보이다'로 해석되는 이유입니다. * Can you see it? 그것이 보이니?) 하지만 그들에게 '보다'는 눈이라는 감각 기관으로 사물을 '직접 보는 것'을 말합니다. 우리는 '3인칭' 관점의 눈으로 사물이 '보이는 것'이고, 그들은 '1인칭' 관점의 눈으로 사물을 '보는 것'입니다. 1인칭 관점의 '보다'는 문명이 태동한 이래 관찰하며 살아온 그들의 '역사적 · 문화적 · 유전적' 의식구조입니다.

[우리는 '네 말을 알아보았다.' 이렇게 말하지 않고, '네 말을 알아들었다.' 이렇게 말합니다. 반면에, 영미인은 'I see.'입니다. (서양은 '눈의 문화'고, 동양은 '귀의 문화'입니다. 눈의 문화는 '이성적/논리적/지식적/능동적'이고, 귀의 문화는 '감성적/직감적/경험적/수동적'입니다.)]

[동양인은 눈을 감고도 봅니다. 마음의 눈으로 보기에. 눈에 보이는 것이 전부가 아니라고 생각하고, 보이지 않는 것을 중요시합니다. 반면에, 서양인은 눈을 감으면 보지 못합니다. 신체의 눈으로 보기에. 눈에 보이는 것이 전부라고 생각하고, 보이는 것을 우선시합니다. 보여야 믿습니다. 'Seeing is believing.'입니다.]

[동양화가는 산을 보고 집에 와서, 눈에 들어온 풍경을 떠올리며 그림을 그립니다. 마음의 눈으로 '산수화'를 그립니다. 전체를 조망하는 '조감도'가 발달하게 됩니다. 이와 다르게, 서양화가는 풍경을 보며 그 자리에서 그림을 그립니다. 신체의 눈으로 '풍경화'를 그립니다. 3차원인 풍경을 2차원인 캔버스에 그려야 하니, '원근법'이 발달하게 됩니다.]

관찰은 분석과 분류가 따르기 마련입니다. 1인칭 관점의 분석은 사물 간의 관계를 보지 않고, 사물 자체를 봅니다. 고대 서양인은 사물을 분석한 후, 아래와 같이 사물을 대별했습니다.

물체 object ↔ 물질 substance

이유가 물체와 물질의 속성이 다르기 때문일 텐데, 어떻게 다를까요?

물체인 '(찰흙으로 빚은) 그릇'과 물질인 '찰흙 한 덩이'가 있습니다. 그릇은 깨지면 음식을 담는 그릇의 기능을 상실합니다. 더는 그릇이 아닙니다. 이것이 물체의 속성입니다.

찰흙 한 덩이를 둘로 잘랐습니다. 둘로 잘라도 각각의 덩이는 여전히 찰흙입니다. 이것이 물질의 속성입니다. 이러한 속성의 차이로 물체와 물질로 나눴습니다.

물체는 특정한 윤곽을 지닌 '일정한/정해진' 형태며, 끼리끼리 구별되는 하나의 '독립적/개별적' 형태입니다. 즉 '개체'입니다. 드디어, 명사의 열쇠인 '개체'라는 말이 나왔습니다. (개체: 전체나 집단에 상대해 하나하나의 낱개를 이르는 말)

물체가 영어로 'object'입니다. 그런데 우리가 말하는 물체와 그들이 말하는 object는 다릅니다. '물체'라는 말 속에는 '독립적/개별적'이라는 뉘앙스가 없습니다. 우리는 물체가 개체라는 것은 알지만, 이를 의식까지 하며 물체를 바라보지는 않습니다. 반면에 'object'라는 말 속에는 '독립적/개별적'이라는 뉘앙스가 있습니다. 그들은 물체를 개체로 의식하며 바라봅니다. 이것이 그들이 세상을 바라보는 1인칭 관점의 눈입니다.

그들은 복잡하게 얽힌 세상을 우리처럼 그대로 두고 조망하지 않고, 관찰에서 비롯된 분석적 사고로 어떻게든 분리해 구별하려고 애썼습니다. 구별하다 보면 자연히, 개체의 개념이 중요해집니다. 고대 서양인은 아래와 같이 세상을 대별했습니다.

개체 ↔ 비개체 (개체가 아닌 것)

(기준을 세우면, 기준에 부합하는 것과 부합하지 않는 것, 둘로 나뉘게 됩니다.) 개체를 기준으로, 세상을 개체와 개체가 아닌 것으로 나눴습니다. 이는 고스란히 문법에 반영되어 언어로 나타납니다. 그렇습니다. 'a를 쓸 수 있느냐, 없느냐'입니다.

> 관사와 명사의 종류

관사의 종류
└ 부정관사 'a[an]'
└ 정관사 'the'
└ 무관사 'Ø 무표'

머리 위의 '冠 갓 관'처럼, 명사 앞에 쓰는 '관사(冠詞)'는 종류가 무관사를 포함해 세 가지입니다.

명사의 종류
└ 개체 명사 (개체로 인식되는 명사, a를 쓸 수 있음)
    – 가산명사 Countable Nouns: 보통명사, 집합명사
└ 비개체 명사 (개체로 인식되지 않는 명사, a를 쓸 수 없음)
    – 불가산명사 Uncountable Nouns: 고유명사, 물질명사, 추상명사

만물의 '이름(名)'을 나타내는 '말(詞)', '명사'

명사의 종류가 위와 같이 나뉘는 이유는 명사마다 – 이를테면 물질명사는 부정관사 'a'를 앞에 쓸 수 없듯이 – 나름의 문법적인 제약이나 특성이 있기 때문입니다. 어떤 상황에 'a[an]'과 'the'를 명사 앞에 쓰고, 어떤 경우에 '-(e)s'를 명사 뒤에 붙이는지, 쓰고 붙이면 어떻게 되는지, 이 점을 항상 염두에 두시길 바랍니다. (a[an]: 이하 'a' / -(e)s: 이하 's')

'a' & 'ø'

Indefinite Article & Zero Article

■ **보통명사** (vs. 물질명사)

[보통 문법책을 보면 보통명사를 얼렁뚱땅 넘어가는데, 보통명사는 명사의 기준이 되는 명사입니다. 정말 잘 알아야 합니다. 명사의 종류는 보통명사를 기준으로 서로 비교하며 공부하는 것이 효과적이고, 또한 바람직합니다.]

'a chicken'의 온전한 의미는 아래와 같습니다.

a chicken: ① 개체로 인식되는 ② 어떤 닭 ③ 한 마리

①②③은 명사 앞에 a를 쓸 수 있는 조건인 동시에, 보통명사의 조건입니다. (한 조건이라도 빠지면 안 되고) 세 조건이 모두 만족되는 명사가 '보통명사 Common Nouns'입니다. ①부터 살펴보겠습니다.

'a+명사'에서, a는 뒤에 있는 명사가 '개체로 인식되는 명사' 임을 가리킵니다.

- <u>a</u> chicken
  - a chicken: 개체로 인식되는 닭, 개체 명사, 즉 보통명사
  - 부정관사 'a': 개체로 인식되는 명사 앞에 씀
    뒤에 있는 명사가 보통명사라는 일종의 표지(sign)

앞에 a가 있으니, 'a chicken'은 특정한 윤곽을 지닌, 일정한/ 정해진 형태의 닭, 즉 '개체로 인식되는 닭'을 뜻합니다.

—| 물질명사 앞에 a를 왜 못 쓸까?

[찰흙은 형태가 일정하지도 정해져 있지도 않습니다. 물질입니다. 찰흙은 잘라도 같은 찰흙입니다. 동질성이 유지됩니다. (물질, 개체가 아닌 것: 이하 '비개체')]

[그릇은 깨지면 더 작은 그릇이 되는 것이 아닙니다. 깨지면 더는 그릇이 아닙니다. 물질이 됩니다. 다시 말해, 더 작은 개체가 되는 것이 아니라 비개체가 됩니다. 동질성이 유지되지 않습니다. (비개체는 분리돼도 비개체지만, 개체는 분리되면 비개체가 됩니다.)]

- chicken
    - chicken: 개체로 인식되지 않는 닭, 비개체 명사, 즉 물질명사
    - 무관사 'Ø 무표': 개체로 인식되지 않는 명사 앞에 씀 (chicken: Ø + chicken)

앞에 a가 없으니, 'chicken'은 특정한 윤곽을 지니지 않은, 일정한/정해진 형태가 아닌 닭, 즉 '개체로 인식되지 않는 닭'을 뜻합니다. 요컨대, '닭고기'라는 뜻입니다. (개체인 닭은 분리하면 작은 닭이 되는 것이 아니라 고기 덩어리가 됩니다. 음식을 이루는 비개체인 물질, '닭고기'라는 '음식 재료'가 됩니다.)

닭고기와 같은 물질명사는 개체로 인식되지 않기 때문에, 앞에 a를 못 쓰는 것입니다.

주의! 닭고기라도, 통째로 구운 통닭 한 마리는 (특정한 윤곽을 지닌, 일정한/정해진 형태의 닭이므로) 개체로 인식됩니다. 'a chicken'으로, 두 마리면 'two chickens'로 말할 수 있습니다.

앞에 a가 있으면 보통명사입니다. 아래 예문을 비교해 보십시오.

- I bought <u>a chicken</u>. [보통명사]
  닭 한 마리를 샀어.

  I bought <u>chicken</u>. [물질명사]
  닭고기를 샀어.

- He has <u>a dog</u>.
  he는 개 한 마리가 있어. 〉 개 한 마리를 길러.

  He eats <u>dog</u>.
  he는 개고기를 먹어. 〉 개고기를 먹는 사람이야.

CHICKEN이 a를 쓸 수 있는 '개체 a chicken 동물'로도 인식되고, a를 쓸 수 없는 '비개체 chicken 음식'로도 인식됩니다. 다시 말해, 보통명사도 되고 물질명사도 됩니다. 처음에는 구별이 다소 어렵지만, 개체라는 말을 온전히 이해하고 나면 쉽게 구별됩니다. 예문을 좀 더 보겠습니다.

- I baked <u>a cake</u>. [보통명사]
  케이크를 구웠어.
  - 둥그런 케이크 한 덩어리를 구웠다는 말

  I had <u>cake</u> for breakfast. [물질명사]
  아침으로 케이크를 먹었어.
  - 케이크라는 음식을 먹었다는 말

보통명사

- I bought a cake.

    케이크를 샀다.
    - a cake: 규격화된, 상품인 케이크

    I ate a piece of cake.

    케이크 한 조각을 먹었다.
    - cake: 상품의 원형을 잃은, 조각 난 케이크
        ('I ate a cake.'는 케이크 하나를 통째로 먹었다는 말)

- I had an egg for lunch.

    점심으로 계란을 먹었어.
    - an egg: 온전한 계란 한 알

    Add more egg to the salad.

    샐러드에 계란을 더 넣어라.
    - egg: 얇게 썰거나 으깬 계란, 음식을 이루는 물질, 음식 재료인 계란
        ('Add an egg ...'는 계란 한 알을 통째로 넣으라는 말)

- Someone threw a stone at me.

    누군가 나에게 돌멩이를 던졌다.
    - a stone: 돌멩이 하나

    This house was built of stone.

    이 집은 돌로 지어졌다. 〉 석조다.
    - stone: 집을 이루는 물질, 건축 자재인 돌

- a paper [보통명사] 신문 / paper [물질명사] 종이

    예 an ice (제품인) 아이스크림 / ice 얼음
    an iron 다리미 / iron 철
    a light 등 / light 빛
    a battery 건전지 / electricity 전기
    a fire (사건인) 화재 / fire 불

추상명사와도 비교해 보십시오.

- a work [보통명사] 작품 / work [추상명사] 일
    - 예 a business 회사, 상점 / business 사업, 용무
      an experience 경험한 (어떤) 일 / experience 경험
      a pleasure[pity] 즐거운[유감스러운] (어떤) 일 / pleasure[pity] 즐거움[동정]
      a loud noise (한번의) 시끄러운 소리 / noise 소음
      a two-minute silence (한번의) 2분간 침묵 / silence 침묵
      a beauty[love] 미인[애인] / beauty[love] 미[사랑]
      a room 방 / room 공간, 여지
      a time 한 때 / time 시간

개체는 개별적이라 셀 수 있습니다. 개체로 인식되어 셀 수 있는 명사를 "가산명사 Countable Nouns"라고 하고, 개체로 인식되지 않아 셀 수 없는 명사를 "불가산명사 Uncountable Nouns"라고 합니다. 다만, 영어의 명사를 이해하는 데는 '가산이냐, 불가산이냐'를 따지는 것보다 '개체냐, 비개체냐'를 따지는 것이 훨씬 낫습니다.

'영희은'은 발음하기 힘듭니다. 모음과 모음 사이에 자음 'ㄴ'을 넣어 '영희는'으로 편하게 발음합니다. 영어도 마찬가지! (철자가 아닌 발음을 기준으로) 모음 발음인 a에 모음 발음이 이어지면 - 이어지는 첫소리가 '[a], [e], [i], [o], [u]'이면 - 편하게 발음하려고, a에 자음 'n'을 덧붙입니다. 즉 'an'이 됩니다. (국어는 'ㄴ'을, 영어는 'n'을)
   * an ice, an apple, an elephant, an hour, an honest, an uncle
     an English, an office, an SOS, an X-ray, an L. P.

주의! 이어지는 발음이 '[ju]'로 시작하면 a로! ('j'는 자음 발음)
   * a university, a uniform, a European

보통명사

중요한 사실은 개체라는 개념은 정신세계에도 적용된다는 것입니다. 아래 예문을 유심히 보십시오.

- Let's take a break and start again.
  한숨 돌리고 합시다.
  예 I've worked for five hours without a break.
  쉬지 않고 5시간을 일했다.

앞에 a가 있으니, 이때의 break는 개체로 인식되는 보통명사입니다. '휴식'이라는 뜻입니다. 궁금하지 않을 수 없습니다. 휴식은 추상적인 말인데, 어떻게 휴식이 개체로 인식될 수 있을까요?

개체는 형체를 이루는 '윤곽'을 지녔습니다. 윤곽은 '경계'이기도 합니다. 그럼 추상적인 동작·행동의 경계는 무엇일까요? 동작·행동의 시작과 끝이 아닐까요?

시작과 끝이 있는 '일단 —團·한 덩이'의 동작, '일련 —連·한 묶음'의 행동이 정신세계에서 개체로 인식됩니다. 앞에 a가 쓰입니다.

- Come on, give it a push. [일단의 > 1회의 동작이나 행위]
  자 어서, 한 번 밀어 봐.
  예 Take a look at this picture.
  이 사진 한 번 봐.

- Let's go for a walk on the beach. [일련의 > 한 차례의 행동]
  해변으로 산책하러 가자.
  예 It's getting late, we'd better make a move.
  (회식 자리에서) 늦어지고 있어. 자리에서 일어나는 게 좋겠어.

■ **고유명사** (vs. 보통명사)

Betty	Edison	Seoul	Korea	Mars
Hyde Park	Queen Elizabeth	Oxford		BMW
French	Christmas Day	Sunday		April

고유명사

'인명 · 지명, 국명 · 명칭, 상호 · 언어, 월 · 요일' 등, '고유명사 Proper Nouns'는 사람/사물의 고유한 이름을 나타내는 명사입니다.

주의! 고유명사는 '유일한' 명사입니다. (유일해 '셀 필요가 없는' 명사입니다.) 하지만 유일은 고유명사의 필요조건이지 충분조건은 아닙니다. 충분조건은 '다른 것과 구별하기 위함'입니다. (좋은 예가 '해'와 '달'입니다. 천지창조 이래, 인간에게 해와 달은 하나씩만 있어 다른 것과 구별할 필요가 없었습니다. 유일할 뿐, 유별하지 않았습니다. 즉, 고유명사가 아닙니다. * 소문자로 시작하는 보통명사: sun 일, moon 월) ▶ 고유명사는 유일하면서 '유별한' 명사입니다. 대문자로 시작함으로 유별함을 나타냅니다. (과학의 발달로 많은 행성이 관측되었습니다. 많아진 행성은 구별할 필요가 있게 되었습니다.)

* 대문자로 시작하는 고유명사: Mars 화, Mercury 수, Jupiter 목, Venus 금, Saturn 토)

a chicken: ① 개체로 인식되는 ② 어떤 닭 ③ 한 마리

물질명사와 더불어, 고유명사 앞에도 a를 못 씁니다. 이유는 보통명사의 두 번째 조건 '어떤'을 만족시키지 못하기 때문입니다. '어떤'이 무엇을 의미하는지, 이번에는 ②를 살펴보겠습니다.

ㅡ| 고유명사 앞에 a를 왜 못 쓸까?

'어떤 걸 가질래?', 이 말은 선택할 수 있는 것이 적어도 두 개 이상이라는 뜻입니다. 그럼 '어떤 닭'은? 네, 그렇습니다. '세상에 복수로 존재하는 닭'이라는 뜻입니다. 요컨대, a는 복수로 존재하는 명사이어야 앞에 쓸 수 있습니다. 그런데 고유명사는 세상에 유일무이로 존재합니다. 복수로 존재하지 않아, '어떤 고유명사'는 없는 것입니다. a를 못 쓰는 것입니다.

[복수로 존재하는 명사이어야 '-s'를 붙일 수 있고, '-s'를 붙일 수 있는 명사라야 a도 쓸 수 있습니다. 부정관사 'a'를 보면, 개념적으로는 ('하나, 단수'보다) '세상에 복수로 존재함'이 먼저 떠올려야 합니다.]

- a Kim

김씨 앞에 a가 있습니다. 이는 복수로 존재하는 김씨고, 김씨가 '김씨들 중에 한 명'이라는 의미입니다. '김씨들'은 가족 공동체인 '김씨 집안 일가, 가문'을 뜻합니다. 'a Kim'은 '김씨 집안사람들 중에 김씨 한 명'이라는 뜻입니다. (김씨 두 명은 'two Kims')

여러분

'어떤 사람이 찾아왔어요.'는 대상을 뚜렷이 밝히지 않고 불특정하게 이르는 말입니다. 그럼 '어떤 닭'은? 네, 그렇습니다. '불특정한 닭'이라는 말입니다. 요컨대, '어떤 > 불특정'입니다. (고유명사는 유일하면서 유별한, 특정한 명사입니다. 그래서 또한, a를 못 씁니다.)

'a chicken'은 '세상에 복수의 닭들로 존재하는' 닭이고, 닭들의 모집단에서 샘플을 채취하듯, 닭들 중에 아무 닭이나 '무작위로' 꺼낸 닭 한 마리입니다. (무작위로 꺼냈기 때문에 보통명사 개념에 '어떤'이 있는 것입니다. 이렇게 무작위로 꺼낸 닭 한 마리라야만 'a chicken'입니다.)

'a chicken'은 무작위로 꺼낸 임의의 닭이고, 임의니, '불특정한' 닭입니다. (어떤 = 임의 = 불특정) 'a+명사'에서, a는 뒤에 있는 명사가 (개체로 인식되는 명사이면서) '불특정한 명사임'을 가리킵니다. 이것이 a를 '**부정관사** 不定冠詞 · Indefinite Article'로 부르는 이유입니다. (不定: 정해져 있지 않음)

아래 예문을 비교해 보십시오.

③ There is <u>a</u> student in the classroom.
④ There is <u>one</u> student in the classroom.

③: "(수업이 끝난 지 한참 지났다. 그런데 지금 교실에 누군가 있다. 불특정한) 어떤 학생이 한 명 있다." 이런 말입니다. '한 명'보다 '(불특정한) 어떤 a certain'이 중요합니다.

④: "(체육시간에는 교실에 한 명만 남는다. 그래서 지금 교실에 두 명이 아닌) 한 명이 있다." 이런 말입니다. '한 명 one person'이 중요합니다.

- <u>A lady</u> came to see you.
    (비서가 사장에게) 어떤 숙녀 분이 사장님을 찾아 오셨습니다.
    예 There is a Prof. Park on the phone.
        박 교수님이라는 어떤 분에게서 전화가 왔습니다. (바꿔 드릴까요?)

우리는 채취한 샘플을 보고, 모집단의 전체 상태를 평가하고 판단합니다. 샘플이 양호하면, 모집단도 양호하다고 생각합니다. 이것이 가능한 이유는 샘플이 표본으로서 '대표성'을 갖기 때문입니다. (이것이 a가 '총칭'의 의미로 쓰이는 이유입니다.)

샘플이 모집단을 대표하면, 샘플이 대표하는 모집단은 (단순히 모여 있기만 한 것이 아니라) '범주화'되고, '부류 category · 종류 kind'로 묶이게 됩니다. '부류 · 종류'를 뜻하게 됩니다.

- an Edison / a Newton / a Hitler

이때의 에디슨은 '복수의 에디슨들 중에 한 명'입니다. 복수의 에디슨들은 '에디슨 부류에 속한 사람들'을 의미합니다. 요컨대 'an Edison'은 에디슨처럼 발명을 잘하는, 에디슨과 같은 발명가라는 뜻입니다. 'a Newton'은 뉴튼과 같은 수학자고, 'a Hitler'는 히틀러와 같은 독재자입니다.

- a Picasso / a Hemingway / a Ford

'a Picasso'는 피카소가 그린 그림 중에 한 점이라는 뜻이고 'a Hemingway'는 헤밍웨이가 쓴 소설 중에 한 편이라는 뜻이고 'a Ford'는 포드제 차 중에 한 대라는 뜻입니다. (두 대는 'two Fords')

확인 질문입니다. ("그이는 어느 나라 사람인가요? Where[What country] is he from?") "그이는 한국 사람이에요."를 영작하면?

① He's <u>Korean</u>. [고유형용사] (국적이 한국인)

② He's a <u>Korean</u>. [보통명사] (사람이 한국인)

국적은 보통 ①로 말합니다. 문제는 ②입니다. '한국인 한 명'이 '한국인 부류'를 대표합니다. 이때 ('에디슨' 하면 떠오르는 것이 있듯이) '한국인' 하면 떠오르는 것이 있기 마련입니다.

②은 화자가 '한국인 부류'를 어떻게 생각하느냐에 따라 전달 내용이 달라질 수 있습니다. 이를테면, "그이는 한국인이에요. 성실하고 책임감은 있지만 가부장적이에요." 또는, "(한국인 비하 목적으로) 개고기를 먹어요." 이와 같은 국민성과 관련된 내용이 암묵적으로 전달될 수 있습니다. * You're a proud Korean. (불굴의 의지로 한강의 기적을 이룬 한국인의 한 사람으로서) 당신은 자랑스러운 한국인이다.

생각 더하기   42. '어떤'으로 해석되지 않는 'a'

'a+단수명사'가 보어로 쓰일 때는 a가 '어떤'으로 해석되지 않습니다. 또한, '일 1·one'로 해석되지 않습니다.

- He is <u>a doctor</u>. [보어] he는 의사다.
  - he는 어떤 의사다(?) / 의사 한 명이다(?)

  He is <u>a fool</u>.
  he는 바보 같은 사람이다. (fool은 명사)
  - he는 어떤 바보다(?) / 한 명의 바보다(?)
  예 He is foolish. he는 바보다. (foolish는 형용사)

보통명사

― | a가 왜 해석되지 않을까?

a chicken: ① 개체로 인식되는 ② 어떤 닭 ③ 한 마리

끝으로, ③을 살펴보겠습니다.

부정관사 'a'가 말하는 하나의 뜻
ㄴ ⓐ ('어떤'으로 바꿀 수 있는) '한 certain'
ㄴ ⓑ (명사를 대표하는) '(중에) 하나 one of'
ㄴ ⓒ (숫자, 개수인) '일 1·one'

개체는 독립적/개별적 '일체(一體)'입니다. 이를 개체 명사 앞에 a를 써서 나타냅니다. 즉, a에는 '하나'라는 뜻이 들어 있습니다. 그런데 a가 말하는 '하나'의 뜻이 위와 같이 세 가지나 됩니다.

ⓐ ('어떤'으로 바꿀 수 있는) '한 certain'

ⓐ: A lady came to see you.
(비서가 사장에게) 어떤 숙녀 분이 사장님을 찾아 오셨습니다.

ⓐ: 이때의 a는 '한 = 어떤 〉 불특정'인 경우로, 앞서 살펴본 ('개체로 인식되는 명사'이면서) '불특정한 명사임'을 가리키는 a입니다.

ⓑ (명사를 대표하는) '(중에) 하나 one of'

ⓑ: He is a doctor. [보어] he는 의사다.

ⓑ: 이때의 a는 온전히 해석되지 않습니다. 이유는 국어로 표현할 길이 없기 때문입니다.

주의! 'a doctor'는 (흰 가운을 입은 사람을 뜻하는 것이 아니라) 의사 부류 속한 의사 한 명으로, 의사라는 직업을 가진 사람이라는 뜻입니다.

여러분

'개체로 인식되는 닭', '(세상에 복수로 존재하는) 닭들 중에 한 마리' '불특정한 어떤 닭', '닭 부류를 대표하는 닭', 이것이 1인칭 관점으로 세상을 보는 영미인이 생각하는 'a chicken'입니다. (표현의 한계로 우리는 '닭 한 마리'로 해석하는 것이 최선입니다.)

부정관사 'a'가 말하는 '하나'가 '단수'라는 문법적인 의미로는 (단복수로 동사형이 달라지므로) 매우 의미가 있습니다. 하지만 '1·one'이라는 어휘적인 의미로는 그리 비중이 높지 않습니다.

부정관사 'a'가 어휘적인 의미일 때는 '개체', '불특정', '대표성' 이러한 의미로 비중이 높습니다. 그런데 이러한 의미의 부정관사가 국어에 없다 보니 표현할 길이 없는 것입니다. a가 해석되지 않는 것입니다.

ⓒ (숫자, 개수인) '일 1 · one'

ⓒ: a month ago 한 달 전

an hour or two 한두 시간

a hundred miles [a = one] 100마일

['1, 2'와 같은 숫자는 문법에서 "수사 數詞 · Numeral · 셈씨"라고 합니다.]

ⓒ: 이때의 a가 수사 '1 · one'처럼 쓰인 경우입니다. 위와 같이 시간이나 거리에 매우 제한적으로 쓰입니다.

확인 질문입니다. 아래 예문의 차이점은?

- My mother gave me <u>one apple</u>.
    - 이를테면, "엄마가 사과를 (언니에겐 두 개를 주셨는데) 나에겐 한 개를 주셨어요." 이런 말, 한 개가 중요
    - one을 쓰면 '일(1)'의 뜻이 강조됨

- My mother gave me <u>an apple</u>.
    - an apple: '사과'라는 과일의 종류
    - 엄마가 주신 것이 (딸기가 아니라) 사과라는 말, 사과가 중요

주의! a에는 one의 의미가 있지만, one에는 a의 의미가 없습니다. 다시 말해, one이 '한 마리'는 말해도, '닭들 중에, 불특정한 어떤, 닭 부류를 대표'는 말하지 못합니다.

ⓒ의 a는 또한 'per 마다, ...당'의 의미로, '단위 명사' 앞에 쓰입니다.

ⓒ: ten dollars <u>a kilo[an hour/a dozen/a person]</u> [a = per]
1킬로당[1시간당/1다스당/1인당] 10달러
예 £50 per night 1박에 50파운드 (per night = a night)

once <u>a day[a week/a month/a year]</u>
하루에 한 번 〉하루마다 한 번 〉매일[매주/매월/매년] 한 번
예 An apple a day keeps the doctor away.
사과를 매일 한 개씩 먹으면 의사를 멀리할 수 있다. (사과가 몸에 좋다는 말)
for a time 한 동안 / at a time 한 번에
− 'in a day'와 구별할 것
예 two times a day 매일 두 번
two times in a day 하루 사이에 두 번 〉하루 동안 두 번

아래는 a 대신 one을 쓸 수 없거나, 반대로 one 대신 a를 쓸 수 없는 경우입니다.

- This is <u>an apple</u>, not <u>a pear</u>. [종류]
  이것은 배가 아니라 사과다.
  − 부류·종류를 말할 때는 one을 쓸 수 없음
  예 Do you like being a gambler? [부류]
  노름꾼이 되고 싶니?

- I have only got <u>one pencil</u>.
  연필이 한 자루밖에 없어요.
  − '일(1)'의 뜻이 중요할 때는 a를 쓸 수 없음
  예 The kid was hopping on one foot. 꼬마는 한 발로 뛰고 있었다.
  exactly one hundred 정확히 100
  (exactly가 있으므로, a보다 one을 쓰는 것이 좋음)

'a chicken', 이는 1인칭 관점의 눈으로 닭을 개체로 인식했다는 의미입니다. 개체로 인식함은 복수로 존재하는 불특정한 닭 한 마리를 뜻하게 됩니다. a라는 작은 글자 하나에 여러 의미가 숨겨져 있다니, 새삼 a가 커다랗게 보입니다.

      a chicken: 복수로 존재하는 불특정한 닭 한 마리
            (보통명사: 복수로 존재하는 불특정한 개체 하나)

여러분

a를 앞에 쓰는, 명사의 기준이 되는 대단한 보통명사입니다. 그렇습니다. 보통명사는 '보통 명사'가 아닌 것입니다. 우리에게는 '특별 명사'인 것입니다. 마음 같아서는 보통명사를 '특별명사'로 부르고 싶습니다.

보통명사에 이어, 집합명사를 살펴볼 차례입니다.

    집합명사의 종류
      └ 단수집합명사 (단수 취급해서)
      └ 복수집합명사 (복수 취급해서)
      └ 군집명사 (다수 의미라서)
      └ 단수형 집합명사 (단수형으로 쓰여서)
      └ 복수형 집합명사 (복수형으로 쓰여서)

[보통 문법책에 문법용어로 볼 수 없는 'cattle형 집합명사·police형 집합명사'라는 말이 나옵니다. 문법용어는 문법이 반영된 말이므로, 보기만 해도 무엇이 반영되었는지 짐작이라도 가야 합니다. 전형적인 시험용이니, 멀리하시길 바랍니다.]

▣ 집합명사 (vs. 보통명사)

'집합명사 Collective Nouns'는 말 그대로, 둘 이상의 사람/사물이 모여 있는 명사입니다. 종류도 여러 개고, 다소 복잡해 보이지만 보통명사와 다른 점을 살펴보면 어렵지 않게 구별됩니다.

■ 단수집합명사

family	class	government	army	company
staff	crew	committee	jury	audience
group	team	crowd	herd	flock
swarm	school	set	pair	couple

단수집합명사, 또는 복수집합명사

모여 있되, (여러 식구가 모여 '한 가족[가정/가구]'을 이루듯이) 둘 이상의 사람/사물이 모여 '한 전체'를 이룰 수 있습니다.

한 전체는 전체를 한 단위로 보는 집합체고, 전체가 한 개체로 인식되는 단일체입니다. 개체로 인식되어 부정관사 'a'를 앞에 쓸 수 있습니다. 모여 있는 사람/사물을 '단수의 전체적 단일체'로 보고, 쉽게 말해 '전체를 하나'로 보고, 단수 취급합니다. 이러한 집합명사를 "단수집합명사"로 부릅니다. (단수 취급해서 단수집합명사)

문법적으로, 단수집합명사는 보통명사와 동일합니다.

- I have a large family. 우리집은 대가족이야.
  - a family: 한 가족[가정] 〉 한 가구[집안/가문]. 이때의 family는 단수집합명사
  - 여러 식구들을 한 가족으로 묶어, 즉 복수의 구성원을 한 집합체로 묶어
     '전체적으로 as a unit' 봄, 단수의 전체적 단일체
  - 우리집: 전체를 하나로 봄, 단수 취급(is)
    - 예) I brought up a family on a low income. 낮은 수입으로 가족을 부양했다.
      This house isn't big enough for a family of five.
        이 집은 다섯 식구가 살 만큼 크지 않다.
      Our family is rich. 우리집은 부자야.
      The family still lives in Busan. 그 가족은 〉 그 집[댁]은 아직도 부산에 산다.
      Our team practices every weekend. 우리 팀은 주말마다 연습한다.
      a family of four (= four members in a family)
        네 식구로 구성된(의) 한 가족 〉 식구가 네 명인 가족이 하나 〉 4인 1가구 (총 4명)
      a family of two boys and two girls 2남 2녀의 가정
      a group of five 멤버가 다섯 명인 그룹이 하나 〉 5인 1그룹 (총 5명)

a를 쓸 수 있는 명사는 복수로 존재합니다. 말인즉, a를 써서 말할 수 있는 명사는 s를 붙여 복수로도 말할 수 있습니다.

- Two families are happy together. 두 집안은 화목하다.
  - two families: 단수집합명사 'a family'의 복수, 복수니 복수동사(are)로 받음
    - 예) Two families live in the same house. 두 집안이 한집에 산다.
      There are two hundred families in this area. 이 지역엔 200가정[세대]가 산다.
      A lot of families living in this area are very poor.
        이 지역에 사는 많은 집들은[가구들은] 매우 가난하다.
      relations between the two families 두 집안[가문] 사이의 관계
      two families of four (= four members in each family)
        식구가 네 명인 가족이 둘 〉 4인 2가구 (총 8명)
      three groups of five 멤버가 다섯 명인 그룹이 셋 〉 5인 3그룹 (총 15명)

―| family는 왜 단수도 되고, 복수도 될까?

■ 복수집합명사

'family · staff' 등은 한 명 이상으로 구성되어 있어, 경우에 따라 구성원을 (단수의 전체적 단일체로, 전체적으로만 보는 것이 아니라) 개별적으로도 봅니다. 전체를 하나씩 따로, '복수의 개별적 구성원'으로 보기 때문에, 형태는 단수지만 복수 취급합니다. 이러한 집합명사를 "복수집합명사"로 부릅니다. (복수 취급해서 복수집합명사)

- My <u>family</u> <u>are</u> all very well.
  우리집 식구들은 (한 명 한 명, 개개인) 모두 잘 지냅니다.
  - my family: 우리집 식구들[내 가족들], 이때의 family는 복수집합명사
  - 한 가족을 쪼개 식구 한 명 한 명으로, 즉 한 집합체를 구성원 한 명씩 따로 '개별적으로 as individuals' 봄, 복수의 개별적 구성원
  - 식구들: 전체를 하나씩 따로 봄, 복수 취급(are)
  - members를 넣어 'My family members are ...'로 보면 쉽게 이해됨
    예 My class are all diligent. 우리 반 학생들은 모두 근면하다.
    All his family live in Busan. 그의 가족들은 모두 부산에 산다.
    Our team rise early in the morning and we are ...
    우리 팀원들은 아침 일찍 일어나고, 또한 우리 팀원들은 ...

주의! 단수집합명사의 복수와 복수집합명사를 구별해야겠습니다.
  * Two <u>families</u> are ... [단수집합명사 'a family'의 복수]
  * My <u>family</u> are ... [복수집합명사]

[보통 문법책은 복수집합명사를 '군집명사'로 부릅니다. 곧 밝혀지겠지만, 복수집합명사와 군집명사와는 관점이 다릅니다. 구별할 필요가 있습니다.]

집합명사

아래 예문을 비교해 보십시오.

- Tottenham Hotspur is leading 3-1. [단수집합명사]
  토트넘이 '3-1'로 앞서고 있습니다. (팀 전체가, 하나의 팀이 앞서고 있음)
  예) The audience was very large.
  관중은 구름처럼 모였다. (운집한 관중 전체가 그려짐)
  The committee was going to agree with the proposal.
  위원회는 그 제안에 동의하려고 했다. (위원회 단체/조직)

- Tottenham Hotspur are attacking again. [복수집합명사]
  토트넘이 다시 공격하고 있습니다. (선수들이 한 명 한 명 공격하고 있음)
  예) The audience were greatly excited stamping their feet.
  관중은 발을 구르며 열광했다. (열광하는 관중들 한 명 한 명이 그려짐)
  The committee were divided in their opinions.
  위원회는 의견이 갈렸다. (위원들 각자)

비교해 본 바와 같이, 단복수에 따라 전달 내용이 달라집니다. 그렇다고 단복수의 구분이 엄격하거나 심각한 것은 아닙니다.

- The audience was clapping.
  관중은 박수를 치고 있었다.

- How is your family?
  가족들은 어떻게 지내요? 〉 잘 지내죠?

박수를 치는 관중이니 'The audience were …'가 아니냐고 가족 구성원 개개인의 안부를 물으니 'How are …?'가 아니냐고 이렇게까지 따지지 않습니다.

전달 내용에 크게 신경 쓰지 않고, 미국영어는 단수를 선호하고, 영국영어는 복수를 선호합니다.

- The public has a right to know it. [단수동사, 미국영어]
    대중은 그것을 알 권리가 있다. (대중 전체)
    예 The government has made a decision to do it.
        정부는 그것을 (한 마음으로) 하기로 결정했다.

- The public have a right to know it. [복수동사, 영국영어]
    대중은 그것을 알 권리가 있다. (대중 한 사람 한 사람)
    예 The government have made a decision to do it.
        정부는 그것을 (한 마음 한 마음이 모여) 하기로 결정했다.

단수집합명사는 '단수의 단체/조직'이고, 복수집합명사는 단체/조직을 이루는 '복수의 구성원'입니다. 중요한 점은 단체/조직은 무생물이고, 구성원은 사람이라는 것입니다. 이에 따라 관계대명사의 선택이 달라집니다.

- the team which wins most of its matches
    대부분 경기에서 승리하는 팀 (승리는 팀이 함. 팀이 승리)
    - team을 단수의 단체/조직으로 봄. 단수집합명사. 단수동사(wins)로 받음
    - 단체/조직이나 기관은 무생물이므로 관계대명사 'which'로 받음
    예 The government which wants to increase taxes is ...
        세금을 인상하고 싶어 하는 정부는 ... (정부 기관으로 봄)

- the team who pull together
    서로 협력하는 팀 (협력은 선수들이 함. 선수들이 협력)
    - team을 복수의 구성원인 선수들로 봄. 복수집합명사. 복수동사(pull)로 받음
    - 선수들은 사람이므로 관계대명사 'who'로 받음
    예 The government who want to increase taxes are ...
        (정부 관계자들로 봄)

―| cattle은 왜 복수로 쓰일까? 왜 'the police'일까?

■ 군집명사

cattle 소들	vermin 해충들
poultry 가금들	people 사람들
police 경찰들	clergy 성직자들
nobility 귀족들	peasantry 농민들

군집명사

[두 개는 복수입니다. 하지만 다수는 아닙니다. 이것이 복수와 다수의 차이입니다. 요컨대, 군집명사는 '다수 개념'입니다.]

people의 정확한 뜻은 '다수의 사람들'입니다. (두 명 이상의 복수의 사람들이 아닙니다.) 이렇듯 단어 자체가 '다수 의미'이기 때문에, 위와 같은 집합명사는 문법적으로 복수로 쓰입니다.

다수로 존재, 다수로 인식, 다수 의미

군집의 뜻은 '한곳에 모임'입니다. 이를테면, 서양의 소는 들판에 무리 지어 있습니다. 다수로 모여 있는, 그야말로 군집입니다. 군집은 단지, 둘 이상의 복수를 의미하지 않습니다. 다수로 존재하고, 다수로 인식되고, 단어 자체가 다수 의미입니다. 이러한 집합명사를 "군집명사"로 부릅니다.

[서양의 소는 우리처럼 외양간의 한두 마리 소가 아닙니다. 들판에 다수로 모여 있는 소입니다. 'poultry·vermin'와 같은 동물도 한두 마리만 있는 것으로 인식되지 않고, 'the police·the nobility'와 같은 조직·계급도 한두 사람만 있는 것으로 인식되지 않습니다. 다수로 존재해, 다수로 인식되어, 다수 의미라 군집명사입니다.]

- <u>Cattle</u> were grown for their meat and milk.
    고기와 우유를 얻기 위해 다수의 소들이 〉 소가 길러졌다.
    - cattle: 단어 자체가 다수 의미, a를 쓸 수 없고 s도 붙이지 못함
      복수로 쓰임, 복수동사(were)로 받음
      [many cattle = many cows (*NOT* many cattles)]

복수집합명사와 비교해 보십시오.

- My <u>family</u> are all very well. [복수집합명사]
    우리집 식구들은 (한 명 한 명, 개개인) 모두 잘 지냅니다.
    - my family: 우리집 식구들[내 가족들]
    - 한 가족을 식구 한 명씩 따로 봄. 복수의 개별적 구성원, 복수 취급(are)
    - 군집에는 '개별적'이라는 뉘앙스가 없음. 군집명사에 복수집합명사를 포함시키면 안 됨

주의! person의 복수형은 'persons'입니다. 'people'이 아닙니다. (person 사람: 보통명사 / people 사람들: 군집명사)

주의! 한 사람은 'a person'이고, 두 사람은 'two persons'입니다. 그럼 'a people'은? (a를 썼으니, 뜻이 '사람들'인 군집명사는 아닐 테) '한 민족[국민]'이라는 뜻입니다. '두 민족[국민]'은 'two peoples'입니다. 'many peoples'는 '많은 민족들[국민들]'입니다. ▶ 민족[국민]의 뜻으로 쓰인 people은 단수의 a를 쓰고, 복수의 s를 붙이니 단수집합명사입니다. ★ '열 명'이 영어로? ☞ p. 61

군집명사

- <u>Cattle</u> are cows and bulls kept on a farm.
  소는 농장에서 기르는 암소와 수소를 말한다.

위 예문은 '일반적인 소'에 관한, '소'라는 동물 전체를 통틀어 말하는 '총칭의 cattle'입니다. 전체로 한정되었으므로, 총칭은 또 한정할 필요가 없습니다. the가 쓰이지 않습니다. ★ 총칭 ☞ p. 89

주의! 국어는 총칭을 '단수'로 표현합니다. (국어는 복수를 즐겨 쓰는 언어가 아닙니다.) 위 예문 해석의 '소'는 총칭의 소입니다. 다시 말해, 국어에서 총칭의 소는 ('소들'이 아니라) '소'입니다. (이 점 때문에 군집명사가 다수 의미라는 것을 잘 알아차리지 못하는 듯합니다. '소들'은 복수 또는 다수를 뜻합니다.) ★ 복수 표지 '들' ☞ p. 104

* The farmer keeps cattle and poultry.
  농부는 소와 가금이라는 동물을 〉 소와 가금을 기른다.
* Poultry are the most common livestock.
  가금은 가장 보편적인 가축이다.

the로 명사를 한정함은 명사를 '특별히 지정함'을 뜻합니다. 즉 the로 한정된 명사는 '특정한 명사'입니다.

- <u>The cattle</u> in the pasture are safe.
  (태풍이 불어닥쳤지만) 목장에 있는 소들은 무사합니다.
  - the cattle: 목장에 있는 소들, 특정한[한정된] 소들
    '소'라는 동물 전체를 통틀어 말하는 총칭의 소가 아님
  예 The farmer is leading the cattle.
      농부가 소들을 끌고 가고 있다. (이때의 소들은 목장에서 키우는 소들)

한편, 군집명사에 the가 쓰이면 '조직·계급'을 뜻하게 됩니다.

| the police 경찰 (조직) | the clergy 성직자 (계급) |
| the nobility 귀족 (계급) | the peasantry 소작농 (계층) |

the가 쓰이는, 조직·계급[계층]을 뜻하는 군집명사

경찰은 특정한 일을 하는 특정한 조직입니다. 특정하니, the가 쓰입니다. 한편, '귀족, 성직자, 소작농'은 고대사회를 대변하는 특정한 계급[계층]입니다. 이 역시 특정하니, the가 쓰입니다.

- <u>The police</u> were chasing the suspect.
  경찰은 용의자를 추적하고 있었다.
  - the police: 다수의 경찰들로 이루어진 '특정한 조직 the particular organization'

- <u>The clergy</u> want to know what people think.
  성직자는 사람들이 생각하는 것을 알고 싶어 한다.
  - the clergy: 다수의 성직자들로 이루어진 '특정한 계급 the particular class'

  예 My family belonged to the nobility. 우리 집안은 귀족에 속했다.

보통 문법책에는 항상 the를 쓴다고 나오는데, 꼭 그렇지만은 않습니다. 경찰들·귀족들, 즉 '다수의 사람들'로 말할 일이 별로 없어, 주로 the를 써서 '조직·계급[계층]'으로 말하는 것입니다.

- <u>Police</u> surrounded the house.
  경찰들은 그 집을 포위했다. [경찰들(다수의 사람들)이 집을 포위한 모습이 그려짐]
  - 주로 the를 써서 조직으로 말함 (= The police … 경찰은 …)

  예 The incident affected both <u>clergy</u> and <u>laity</u>.
  그 사건은 성직자들과 평신도들 모두에게 영향을 미쳤다. (보통 the를 써서 계급으로 말함)
  (= … the clergy and the laity, … 성직자와 평신도 모두에게 …)

군집명사

―| 'a family'와 'a family member'의 차이는 무엇일까?

    family는 집합명사이므로, 'a family'의 뜻은 한 가족입니다. 그럼 가족 한 사람은? (가족 중 한 사람은 가족 구성원이고, 구성원이 영어로 'member'입니다.) 네, 그렇습니다. 'a family member' 입니다.

- Are you <u>a family member</u> or a friend?
  - 당신은 식구입니까, 아니면 친구입니까?
  - 예 a cast 출연진 (출연자들로 구성된 무리) / a cast member 출연자 (출연진 중 한 사람)
  - 이때의 family는 형용사
  - a family member = a member of the family
    - 예 He's a member of the staff.
      - he는 직원 중 한 사람이야.
    - He became a staff member (of Samsung).
      - he는 (삼성) 직원이 되었어.

군집명사와 그 구성원은 아래와 같습니다.

[군집명사]	[보통명사]
cattle 소들	a cow[bull] 암소[수소] 한 마리
poultry	a bird
people 사람들	a person 사람 한 명
police	a policeman (= a police officer)
clergy	a clergyman
nobility	a nobleman
peasantry	a peasant

주의! '열 명'이 영어로? ten people? ten persons? 둘 다 가능합니다.
(people은 여러 명을 묶은 전체성이 강조되고, person은 한 명씩 나눈 개별성이 강조됩니다.)
다만, 'ten persons'는 (엘리베이터 정원을 말할 때와 같은) 격식적인 표현입니다.
한 명은 'a person'이고, 두 명 이상에는 people이 쓰입니다.

* two[some/many] people 두 명[몇몇의/많은 사람들]
  (수사[한정사]와 함께 쓰이면, 이때의 people은 두 명 이상의 '복수의 사람들')

아래와 같은 단수집합명사는 특히, 복수명사의 단위로 잘 쓰입니다.

| group | team | crowd | herd | flock |
| swarm | school | set | pair | couple |

- **a <u>group</u> of children** [단수집합명사] 아이들 한 그룹
  - '<u>A group</u> of children <u>is</u> …': 한 그룹이므로 단수, 단수동사(is)로 받음
    예 A group of lions is called a "pride." 사자 한 무리는 "pride"로 불린다.
  - '<u>Two groups</u> of children <u>are</u> …': 두 그룹이므로 복수, 복수동사(are)로 받음

  a team of players 한 팀 선수들 [of + 복수명사]
  a class of students 한 반 학생들
  a crowd of people 사람들 한 무리 〉많은 사람들 〉인파
  a band of thieves 도적들 한 무리 〉도적 떼

  a herd of cattle 소 떼 (한 무리) / a school of fish 물고기 떼
  a flock of birds 새 떼 / a swarm of bees 벌 떼
  a set of crayons 크레용 한 세트 / a pair of trousers 바지 한 벌
  a couple of days 이틀

─| furniture는 왜 a를 못 쓸까? 왜 단수 취급할까?

■ 단수형 집합명사

우리는 '가구 하나, 가구 둘' 이렇게 말할 수 있습니다. 하지만 영미인은 'a furniture, two furnitures' 이렇게 말하지 않습니다. furniture는 a를 쓸 수 없고, s도 붙이지 못하는데, 이 문제를 풀려면 a를 쓸 수 있는 보통명사의 조건을 다시 봐야 합니다.

'a chicken', 이때의 닭은 닭 전체에서 샘플처럼 임의로 꺼낸 한 마리이므로, 닭 전체를 대표할 수 있습니다. (☞ p. 44) 여기에는 중요한 전제가 있습니다. 샘플이 대표성을 갖으려면, 샘플이 들어 있는 모집단이 '같은 한 종류'로 이루어져야 합니다.

닭 무리는 어떤 닭을 꺼내도 닭이고, 김씨 집안사람은 누구를 꺼내도 김씨입니다. 같은 것이 나옵니다. 하지만 가구는 꺼내면 탁자일 수도 있고, 침대일 수도 있습니다. 다른 것이 나옵니다. 모집단이 복수로 존재하기는 하나, '다른 여러 종류로' 이루어져 furniture는 a를 쓸 수 없는 것이고, (a를 쓸 수 없으니) s도 붙이지 못하는 것입니다. ('닭 무리'처럼, 모집단이 '같은 한 종류로' 이루어져야 a를 쓸 수 있고, a를 쓸 수 있어야 s도 붙일 수 있습니다.)

풀어야 할 문제가 하나 더 남습니다. furniture는 다른 여러 종류로 이루어졌지만, 어쨌든 '복수의 종류'로 이루어졌습니다. 그런데 왜 복수 취급하지 않고, 단수 취급할까요?

이것저것 서로 다른 여러 가지를 한데 모은 것을 "종합"이라고 합니다. 중요한 점은 '같은 것을 모아 놓고' 종합이라고 하지 않는다는 것입니다. 종합이라고 하려면, 구성 개체가 서로 다른 여러 종류면서, 그것이 별개로 인식되어야 합니다.

좋은 예가 '종합선물세트'입니다. 들어 있는 상품은 여러 가지면서, 하나하나는 별개입니다. (별개의 여러 가지가 한데 모여 있어, 종합이라고 할 수 있습니다.) '한 묶음의 종합', 즉 '종합적 집합체'입니다.

탁자와 의자는 외형이 다르고, 특히 용도가 다릅니다. 용도가 달라, '탁자는 탁자, 의자는 의자' 이렇게 서로 다른 별개로 인식됩니다. 다른 종류면서 별개로 인식되니 종합적입니다. 종합적이라, '한 묶음 〉 한 부류'로 인식됩니다. 단수의 종합적 집합체!

여러분

furniture의 뜻은 '가구'가 아닙니다. 별개의 여러 가구들을 하나로 묶은 '종합적인 가구', 다름 아닌 '가구류'입니다. 가구류는 ('탁자, 책상, 의자, 침대, 소파'와 같은) 다른 여러 종류의 가구들을 아우르는 말입니다. 'tables 탁자'는 'furniture 가구류'에 속함!

- **This furniture is extremely cheap.** 이 가구는 무지 쌉니다.
  - furniture: 별개의 개체들로 이루어진 종합적 집합체
    다른 여러 종류면서 별개로 인식되어 종합적
    종합적이라 '한 묶음 〉 한 부류'로 인식됨
    단수의 종합적 집합체, 단수형으로 표현, 단수 취급(is)
    용도별 특성이 두드러짐

집합명사

furniture 가구류	baggage 수화물류	clothing 의류
food 음식류	fruit 과일류	fish 어류
jewelry 보석류	weaponry 무기류	machinery 기계류
equipment 장비류	stationery 문구류	cutlery 날붙이류

단수형 집합명사

"○○류"

단수의 종합적 집합체라, a를 쓸 수 없고 s도 붙이지 못하고 단수형으로 표현합니다. 이러한 집합명사를 "단수형 집합명사"로 부릅니다. (단수 취급하는, 단수형으로만 쓰여 '단수형 집합명사'입니다.) 문법적으로 물질명사와 동일합니다.

[이를테면, 의류로 바지는 입고, 모자는 쓰고, 목도리는 두르고, 양말은 신습니다. 날붙이류로 포크는 찍고, 칼은 썰고, 숟가락은 뜨고, 젓가락은 집습니다. 제각기 용도가 다릅니다. 이렇듯 단수형 집합명사는 구성 개체의 용도별 특성이 두드러집니다.]

- The room is full of old <u>furniture</u>.
    그 방은 헌 가구로 가득하다.
  - furniture: '가구류 tables, desks, chairs, beds, sofas etc.'
      예 The bed is (a sort of) furniture.
        침대는 가구류다. 〉가구다. (가구의 한 종류다.)
      Where can I buy office furniture?
        사무용 가구는 어디서 살 수 있나요?
  - '<u>A piece</u> of furniture <u>is</u> ... ': 가구 한 점이므로 단수, 단수동사(is)로 받음
  - '<u>Two pieces</u> of furniture <u>are</u> ... ': 가구 두 점이므로 복수, 복수동사(are)로 받음
      예 Some new pieces of furniture have been added.
        새 가구 몇 점이 추가되었다.

- I travelled without <u>baggage</u> last time.

  지난번에는 짐 없이 여행했다. (미) baggage / (영) luggage)
  - baggage: '수화물류', 특히 '여행용 · 이사용 짐 suitcases, bags, boxes etc.'

    예 Leave your baggage in the hotel. 짐은 호텔에 두세요.

    He checked every piece of luggage. He는 모든 짐을 검사했다.
  - 일상생활에서는 '짐'이라는 뜻으로, (개수나 종류에 상관없이) 주로 'bags'를 씀

    예 Shall I help you take your bags upstairs? 짐을 위층으로 옮겨 드릴까요?

- Put on light, loose-fitting <u>clothing</u>. 가볍고 헐렁한 옷을 입어라.
  - clothing: '의류 trousers, skirts, shirts, hats, socks, scarves etc.'

    (복수형 집합명사 'clothes'와 구별할 것)

    예 a piece[two pieces] of clothing 옷 한[두] 점

    clothing shop 옷가게(의류점) / clothing industry 의류 산업
  - evening dress 야회복, everyday wear 일상복, lingerie 속옷:

    의류와 관련된 단수형 집합명사 ('dress, wear'는 '의복'에 해당하는 말)

    예 Everyone was in evening dress. 모든 사람은 야회복을 입고 있었다.
  - cloth: 물질명사, 옷이나 이불의 재료인 '옷감 · 직물 · 천'

    예 cotton cloth 면직물 / two pieces of cloth 천 조각 두 개 (= two cloths)
  - cloths: 보통명사, 행주와 같은 특정 용도의 '천 조각'

    예 a clean cloth 깨끗한 행주[걸레/보자기] (cloths: 보통명사 'a cloth'의 복수)
  - clothe: 동사, '옷을 입히다'

    예 Parents feed and clothe their children. 부모는 자식을 먹이고 입힌다.

- The company provided low-cost <u>housing</u> for workers.

  회사는 근로자를 위해 서민 주택을 마련해 주었다.
  - housing: '주택 houses, apartments, dormitories, cabins etc.'

- She lost several pieces of <u>jewellery</u>.

  she는 보석류 몇 점을 잃어버렸다.
  - jewellery: '보석류 · 장신구류 rings, necklaces, earrings, bracelets etc.'

    예 The woman wears a lot of jewellery. 그 여자는 많은 장신구를 걸치고 있다.
  - jewel: 보통명사, '보석 · 값비싼 돌' (a diamond, an emerald, a ruby etc.)

    예 This stone is nothing of a jewel. 이 돌은 보석이 전혀 아니다.

    This is my jewel. 이것은 내 보석이야. 〉 아주 소중한 내 물건이야.

집합명사

65

- We needed some <u>food</u> and water.

    우리는 먹을 것과 물이 좀 필요했다.
    - food: '음식류 · 식량 boiled rice, meat, vegetables, beverages etc.'

    예 These are food.

    이것들은 (사람이 먹고 마시는) 음식류다. 〉음식이다.

    I want to eat Italian food, especially pasta.

    이탈리아 음식이 먹고 싶어, 특히 파스타.

- <u>Fruit</u> is good for our health.

    과일은 건강에 좋다.
    - fruit: '과일류 apples, pears, bananas, oranges, peaches etc.'

    ('사과, 배, 바나나, 오렌지, 복숭아' 등등. 다른 여러 종류의 과일들을 아우르는 말)

    예 This is fruit. 이것은 과일류다. 〉과일이다.

    I'd like some fruit, please. 저 과일 좀 주세요.

    The tree is known by its fruit.

    열매를 보면 나무를 안다. (될성부른 나무는 떡잎부터 알아본다.)

    Try to eat plenty of fruit and vegetables.

    과일과 야채를 많이 좀 먹어 봐라.

    (vegetables: 단수집합명사 'a vegetable'의 복수)

Apples are a kink of <u>fruit</u>.

사과는 과일의 한 종류다.
- 과일류 중 한 종류 〉 과일 한 종류 〉 일종의 과일
- two kinds of fruit: 과일류 중 두 종류 〉 과일 두 종류
- 이때의 fruit은 위 예문과 같은 단수형 집합명사

This is <u>a fruit</u>.

이것은 과일류 중 한 종류다. 〉 일종의 과일이다. ('과일 한 개다.'로 해석하면 안 됨)
- a fruit, two fruits: ('a cup of coffee'에서 'cup of'를 생략해 'a coffee'로 말하듯이)

'a kind of fruit'에서 'kind of'를 생략해 'a fruit'로 말함

이때의 fruit은 단수집합명사

(a를 쓰고 s를 붙일 수 있는, 문법적으로 보통명사와 동일)

(two <u>fruits</u> = two kinds of <u>fruit</u>)

확인 질문입니다. '열대 과일'이 영어로? 네, 그렇습니다. 열대 과일도 과일의 한 종류니, 'a tropical fruit'입니다.

주의! 열대 과일은 세상에 한두 종류가 아닙니다. 특히 '형용사[tropical]'로 수식을 받으면, 보통 복수형으로 표현합니다. 즉 'tropical fruits'입니다. (fruits: 이때의 복수는 '총칭의 복수', 단수의 복수인 '열대 과일들'로 해석하면 안 됨)

* I avoid frozen foods.
  냉동된 종류의 음식을 > 냉동음식을 먹지 않는다.
* I'm trying to keep off fatty foods.
  기름진 음식을 먹지 않으려고 노력하고 있어.
* fast foods, health foods, convenience foods, Korean foods [총칭]
  패스트푸드, 건강식품, 즉석식품, 한국음식
★ 집합명사로 쓰인 fish ☞ p. 78

- **Mankind has been fascinated by fire** since earliest times.
  옛날부터 인류는 불에 매료되었다.
  — mankind: '인류 all humans considered as a group' [= human beings (are)]
  — human beings: 인간 (인간의 총칭)
    예 Human beings need food, clothing, and shelter.
    인간에게는 의식주가 필요하다.

weaponry (weapons: guns, tanks, missiles etc.) / machinery (machines)
equipment (things: computers, phones, fax-machines, copiers etc.)
stationery (pens, erasers, envelopes, rulers etc.)
cutlery (forks, knifes, spoons, hatchet etc.)
crockery (도기류: plates, cups, saucers, dishes etc.)

mail 우편물 (letters, postcards, parcels etc.) / merchandise 상품 (goods)
produce 농작물 / change 잔돈 / game 사냥감

생각 더하기 43. 당근 두 개는 야채가 두 개?

- There are <u>two fruits</u> on the table.
  식탁 위에 과일 '두 종류? 두 개?'가 있다.
  - fruits: 단수집합명사 'a fruit'의 복수
  - two fruits: 과일 두 종류 (= two kinds of fruit)
  - a fruit: 과일 한 종류 (= a kind of fruit)

인생을 살면서, '과일 두 개'로 말할 일이 얼마나 있을까 싶습니다. 말한다면 대개, '과일 두 종류'일 것입니다. 'two fruits'는 '과일 두 종류'로 받아들여지는 말입니다. 따라서 과일 가게에서 'Two fruits, please.'로 말하면 달라는 두 종류가 무엇인지 상대방이 묻게 됩니다.

- "Two of a kind or two kinds?"
  "한 종류로 두 개요, 아니면 두 종류로 두 개요?"

사과 두 개와 바나나 한 개가 있습니다.

일상에서는 'Two apples and one banana, please.' 이렇게 과일 이름으로 말합니다.

과일 두 종류는 되도록 'two kinds of fruit'로 말하고 혹여 말할 일이 있으면, 과일 세 개는 'three pieces of fruit'로 말합니다.

- This is a food.

  이것은 음식의 한 종류다.

  예 There are lots of foods[ten Korean foods] on the table.
  식탁 위에 많은 (종류의) 음식[열 가지 (종류의) 한국 음식]이 있다.

  The tomato is a vegetable, not a fruit.
  토마토는 야채(의 일종)이다, 과일(의 일종)이 아니다.

  This drink is made out of three tropical fruits.
  이 음료는 세 가지 (종류의) 열대 과일로 만들어진 거야.

아래는 (개수가 아닌) 종류를 뜻하고, 주로 복수형으로 쓰이는 단수집합명사입니다.

vegetables 야채류	cereals 곡물류
vitamins 비타민류	drugs 약물류

종류를 뜻하는 단수집합명사

주의! 주로 복수형으로 쓰인다는 말이지, 단수집합명사이므로 얼마든지 단수형으로도 쓰일 수 있습니다.

* two vegetables 야채 두 종류 (= two kinds of vegetables) /
  a vegetable 야채 한 종류 (= a kind of vegetable)

- two carrots, three onions: two vegetables (are)

  당근 두 개, 양파 세 개: 야채 두 종류 (carrot, onion: 보통명사)

  예 You also need to eat a lot of vegetables and fruit.
  야채와 과일 또한 많이 먹어야 한다.

- Carrots are full of vitamins 'A, B, and C'.

  당근은 비타민 'A, B, C'가 풍부해요.

여러분

단수형 집합명사는 정신세계에도 있습니다. 문법적으로 추상명사와 동일하고, 유사한 의미의 보통명사와 짝을 이룹니다.

work 일 (a job)	travel 여행 (a journey)
traffic 교통 (a vehicle)	money 돈 (a coin)
scenery 풍경 (a scene)	poetry 시가 (a poem)

단수형 집합명사, 또는 집합적 추상명사

- Do you want to go for a drink after <u>work</u>?
  일 끝나고 한잔 할래?
  [예] I'm looking for <u>a</u> new <u>job</u>. 새 일자리를 알아보고 있어요.

['work'는 시간과 노력을 들이는, 특히 생계를 위한 일로, 육체적/정신적 '노동'을 뜻합니다. 넓게 보면 공부도, 빨래도 일입니다. 누구에게는 먹는 것도 일입니다. 세상의 모든 노동이 work에 속합니다. 'a job'은 '구체적인 하나하나의 일', 특히 급여를 받는 '일거리·일자리 하나'를 뜻합니다. 우리는 job을 얻어 work를 합니다.]

- Heavy rain made <u>travel</u> difficult.
  폭우가 여행을 힘들게 했다. 〉 폭우로 힘든 여행을 했다.
  [예] It was quite <u>a</u> long <u>journey</u> to Marado.
  마라도까지는 꽤 먼 여정이었다.

['travel'은 한 곳에서 다른 곳으로의 '이동'을 - 특히, 장거리 이동을 - 뜻합니다. 철새도 계절을 따라 travel을 하고, 햇빛도 지구까지 travel을 합니다. 'a journey'와 'a trip'은 '한 차례 여정'과 '한 차례 여행'을 뜻합니다. '긴 여정 a long journey'일 수도 있고, '짧은 출장 a business trip'일 수도 있습니다.]

- There is a lot of traffic on Fridays.
  금요일은 교통이 혼잡합니다.
  예 How many vehicles were damaged in the crash?
  충돌 사고로 차량이 몇 대가 파손되었나요?

['traffic'은 차량의 흐름, '교통'을 뜻합니다. 교통 정체는 차량의 흐름이 막힌다는 말입니다. 'a vehicle'은 교통의 주체인 '차량 한 대'를 뜻합니다. 'a car, a bike'는 'vehicles 탈것'에 속합니다.]

- The repairs will cost quite a lot of money.
  이것저것 수리하는 데 꽤 많은 비용이 들 거야.
  예 Insert a coin into the slot. 투입구에 동전을 넣으시오.

['money'는 사물의 가치를 나타내는 '돈, 화폐'를 뜻합니다. '지폐 bills · 동전 coins · 수표 checks' 등을 아우르는 말입니다. 물을 낭비하는 아이에게, "이게 다 돈이야."라고 말하기도 합니다.]

- Geumgangsan is well known for its scenery.
  금강산은 경치로 유명하다.
  예 It was like a scene out of a movie. 그것은 영화의 한 장면 같았다.

['scenery'는 눈에 비친 '경치, 풍경'입니다. 'a scene'는 눈에 들어온 '한 장면'입니다. 참혹한 장면을 봤다고 하지, 참혹한 경치를 봤다고 하지 않습니다.]

- I sometimes read poetry in my spare time.
  나는 때때로 여가 시간에 시를 읽는다.
  예 The child recited a poem entitled "The wind" to the class.
  아이는 급우들 앞에서 "바람"이라는 제목의 시를 낭송했다.

['poetry'는 '시 문학'을 통틀어 이르는 말입니다. 'a poem'은 '시 한 편'입니다.]

집합명사

― | clothing과 clothes의 차이는 무엇일까?

■ 복수형 집합명사

앞서 살펴보았듯이, 단수형 집합명사 'clothing'은 '의류'라는 '부류 category · 종류 kind'를 뜻합니다. '입고 trousers', '쓰고 hats' '두르고 scarves', '신는 socks' 것들을 아우르는 말입니다.

우리는 옷을 한 종류만 입지 않습니다. '셔츠류 · 바지류, 코트류 · 속옷류' 등등, 여러 종류를 입습니다. 이 여러 종류의 갖가지 옷들을 아우르는 말이 복수형 집합명사 'clothes'입니다.

복수형인 clothes는 세상에 존재하는 온갖 종류의 옷을 말합니다. (마트에서 '육류 · 어패류, 과일류 · 야채류' 등등 온갖 종류의 식료품을 팝니다. 이 식료품이 'groceries'입니다.)

clothes 옷	groceries 식료품	electronics 가전제품
valuables 귀중품	supplies 소모품	goods 상품
things 물품, 용품	contents 내용물	dishes 설거지감

복수형 집합명사

'여러 종류의 종류들'로 존재해 복수형이어야 제 뜻을 온전히 나타낼 수 있습니다. 단수형이면 뜻이 달라지므로, 이에 복수형으로 표현하는 집합명사를 "복수형 집합명사"로 부릅니다. (복수 취급하는, 복수형으로만 쓰여 '복수형 집합명사'입니다.)

이해를 돕기 위해, 단수형 집합명사인 '가구류 furniture'와 복수형 집합명사인 '식료품 groceries'을 비교해 보겠습니다.

가구류는 '탁자·의자, 책상·책장, 옷장·침대'와 같은 '여러 종류의 개체들'로 이루어진 '한 묶음', '한 부류'의 집합체입니다. (폴더를 열면 파일이, '다른 여러 종류의 파일들'이 있음. 파일들은 보통명사)

하지만 식료품은 '육류·어패류, 과일류·야채류' 등등, '가구류' 하나와 비교가 안 될 정도로, '여러 부류의 부류들'로 이루어진 '여러 부류'의 집합체입니다. (얼마나 다종다양한지, 두루 쓰고 필요하면 무엇이든지 'supplies'가 될 수 있고, 귀하고 중하면 무엇이든지 'valuables'가 될 수 있습니다. 'contents · odds and ends 잡동사니'는 정해진 것이 없을 정도입니다.)

어렵게 생각하지 마십시오. 복수형 집합명사는 '복수의 종합적 집합체'로 '단수형 집합명사들의 집합체'라고 생각하시면 됩니다. (폴더를 열면 또 폴더가, '다른 여러 부류의 폴더들'이 있음. 폴더들은 단수형 집합명사)

(부류들의 집합체인) 복수형 집합명사는 (개체들의 집합체인) 단수형 집합명사보다 상대적으로 훨씬 범위가 넓고, 다양하고, 포괄적입니다. 넓은 범위와 다양성을 나타내기 위해 복수형으로 표현합니다.

- My <u>clothes</u> are old-fashioned and worn.
  내 옷은 구식인 데다 낡았다.
  - clothes: 여러 부류로 이루어진 종합적 집합체
    단수형 집합명사들의 집합체 (단수형 집합명사: 개체들의 집합체)
    복수의 종합적 집합체, 복수형으로 표현, 복수취급(are)
    넓은 범위와 다양성이 두드러짐

- She was dressed in ordinary <u>clothes</u>.

  she는 평상복 차림이었다.
  - clothes: '사람은 옷을 입는다'고 할 때의 옷, 일반적으로 말하는 옷

    (clothing: 몸에 착용하는 것을 통틀어 부르는 말, 의류)

    예 What sort of clothes was she wearing?

    she는 어떤 옷을 입고 있었니?

    She told me to put warm clothes on.

    she가 나에게 따듯한 옷을 입으라고 했다.

    I usually change my clothes as soon as I get home from school.

    보통 학교에서 오자마자 옷을 갈아입는다.

    a suit of clothes (상의와 하의, 또는 세트로 된) 옷 한 벌

- I have to buy some <u>groceries</u>. 식료품을 좀 사야 해.
  - a grocery store: 식료품[생필품] 가게 (= a supermarket)

    예 There's a grocery store across the way. 길 건너편에 식료품점이 있다.

복수형 집합명사도 많이 쓰이는 집합명사입니다. 놓치지 말아야겠습니다.

- I'd like to put some <u>valuables</u> in the safe.

  몇 가지 귀중품을 금고에 맡기고 싶습니다.

- The leather <u>goods</u> are for sale at a bargain.

  가죽 상품은 염가로 판매합니다.

- Do you need any office <u>supplies</u>?

  필요한 사무용품 없어요?

- May I check the <u>contents</u> of your bag?

  가방 안의 내용물을 확인할 수 있을까요?

- I'll do the <u>dishes</u>, since you cooked.

  요리는 네가 하니까 설거지는 내가 할게.

- The drawer is full of <u>odds and ends</u>.

  서랍은 잡동사니로 가득 차 있다.

이제는 집합명사가 뚜렷이 보이고 구별도 잘됩니다. 정리하면 집합명사는 아래와 같은 기준으로 나뉩니다.

① 전체적이냐, 개별적이냐, 다수냐

　　단수집합명사 (My family is ...)
　　- 전체를 하나로 봄, 전체성이 핵심
　　- 단수의 전체적 단일체, 단수 취급

　　복수집합명사 (My family are ...)
　　- 전체를 하나씩 따로 봄, 개별성이 핵심
　　- 복수의 개별적 구성원, 복수 취급

　　군집명사 (Cattle are ... / The police are ...)
　　- 다수로 모여 있음, 다수성이 핵심
　　- 다수로 존재, 다수로 인식, 다수 의미, 복수로 쓰임

② 개체들의 집합체냐, 부류들의 집합체냐

　　단수형 집합명사 (Furniture is ...)
　　- 단수의 종합적 집합체
　　- 단수형으로 표현, 단수 취급
　　- 구성 개체의 용도별 특성이 두드러짐

　　복수형 집합명사 (Groceries are ...)
　　- 복수의 종합적 집합체
　　- 복수형으로 표현, 복수 취급
　　- 구성 집합체의 넓은 범위와 다양성이 두드러짐

◾ **물질명사** (vs. 보통명사)

water	oil	air	oxygen	ice
wood	glass	stone	iron	paper
fire	light	electricity	sunshine	rain
rice	bread	meat	fish	wine

물질명사

나무는 물질이고, 책상은 물체입니다. 나무로 책상을 만듭니다. 즉, 물질은 물체의 본바탕입니다. '원료·재료·음식' 등, 기체·액체·고체의 물질을 이름한 말이 '물질명사 Material Nouns'입니다. 추상명사와 더불어 a를 쓸 수 없고, s도 붙이지 못합니다.

- I had <u>cake</u> for breakfast.
  아침으로 케이크를 먹었어.
  - cake: 케이크라는 음식 (상품의 원형을 잃은, 조각 난 케이크)
    비개체 명사, 물질명사. a를 쓸 수 없고 s도 붙이지 못함
    예 I ate a piece[two pieces] of <u>cake</u>. 케이크 한[두] 조각을 먹었다.

  Add more <u>egg</u> to the salad. 샐러드에 계란을 더 넣어라. (음식 재료)
  This house was built of <u>stone</u>. 이 집은 석조다. (건축 자재)
  The copier is out of <u>paper</u>. 복사기에 용지가 떨어졌다.
  We need two yards of <u>cloth</u>. 천[옷감] 2야드가 필요하다.
  What <u>material</u> is this product made of? 이 제품은 어떤 소재로 만들어졌나요?
  To make <u>wine</u>, grapes are fermented. 포도주를 만들기 위해 포도를 발효시킨다.
  I much prefer <u>jam</u> to <u>cheese</u>. 치즈보다 잼이 훨씬 좋다.
  I take <u>medicine</u> twice a day. 하루에 두 번 약을 먹는다.
  I don't eat raw <u>fish</u>. 생선회를 먹지 않는다.

- The house is on <u>fire</u> now.
    그 집은 지금 불타고 있다.
    - fire: 불이라는 물질
        예 Most animals are afraid of <u>fire</u>.
            동물 대부분은 불을 무서워한다.
        There is no <u>electricity</u> in the house.
            집에 전기가 들어오지 않아요.

상품과 같이 – 특히, 먹거나 마시는 것이 – 개체로 인식될 때는 보통명사입니다. ★ 보통명사 vs. 물질명사 ☞ p. 37

- We sold <u>a cake[two cakes]</u> yesterday.
    우리는 어제 케이크 한 개[두 개]를 팔았다.
    - a cake, two cakes: 케이크라는 상품 (규격화된, 상품인 케이크)
                개체 명사, 보통명사, a를 쓰고 s를 붙일 수 있음
        예 I had <u>an egg</u> for lunch. 점심으로 계란을 먹었어. (계란 한 알)
        Someone threw <u>a stone</u> at me. 누군가 나에게 돌멩이를 던졌다. (돌멩이 하나)
        I read <u>an</u> evening <u>paper</u>. 나는 석간신문을 읽는다.
        Cover the table with <u>a cloth</u>. 식탁보로 식탁을 덮어라.
        We need more teaching <u>materials</u>. 우리는 교재가 더 필요해요.
        I drank three different <u>wines</u>. 나는 (병에 담긴) 세 가지 다른 포도주를 마셨다.
        They sell really good <u>cheeses</u>. 그들은 (상품으로) 정말 좋은 치즈를 판다.
        Which of <u>medicines</u> would be best? 어떤 (제품의) 약이 가장 나은가요?

- Five people died in <u>a fire</u> last night.
    간밤에 화재로 다섯 명이 죽었다.
    - a fire: 화재라는 한 사건
        예 Forest <u>fires</u> break out frequently in the spring.
            봄에는 산불이 자주 난다.
        There are no <u>batteries</u> in the radio.
            라디오에 건전지가 없어요.

- I went fishing and caught a big fish.
    낚시 하러 가서 큰 물고기 한 마리를 잡았다.
          (a fish: 보통명사, 동물인 물고기 / fish: 물질명사, 음식인 생선)
    − 물고기 한 마리: a fish / 두 마리: two fish / 몇 마리: some fish
              (fish: 단수복 동형, 이때의 fish는 보통명사)
    − 물고기 한 종류: a fish / 두 종류: two fishes / 몇 종류: some fishes
                  (이때의 fish는 a를 쓰고 s를 붙일 수 있는 단수집합명사)
                  (= a kind of fish / two types of fish / some sorts of fish)
    − a kind of fish / two types of fish / some[many] sorts of fish
        (이때의 fish는 단수형 집합명사, '광어, 도미, 우럭, 갈치' 등등, 다른 여러 종류의
         물고기들을 아우르는 말, '어류') (two types of fish = two fishes)

주의! fruit가 어떤 책은 집합명사라고 하고, 어떤 책은 물질명사라고 합니다. 둘 다 맞는 말입니다. 다른 종류의 과일들을 아우르는 말이면 집합명사고 먹는 음식이나 음식 재료로 쓰인 말이면 물질명사입니다. 이러한 구분은 의미적 문제로, 상황이나 문맥으로 쉽게 알 수 있습니다.

    * Fruit is a source of vitamins. [단수형 집합명사]
        과일은 비타민의 원천이다. (이때의 fruit는 다른 여러 종류의 과일들을 아우르는 말)
    * I'm on a diet and eat only fruit at lunchtime. [물질명사]
        다이어트 중이라 점심때는 과일만 먹어요. (이때의 fruit는 음식으로서의 과일)

[물질명사·추상명사는 비개체 명사이므로, a를 쓸 수 없고 s도 붙이지 못합니다. 이러한 제약으로 영어는 물질명사·추상명사를 문법 범주에 넣고 명사의 종류로 인정합니다. (영어 명사의 종류가 다섯 가지인 이유는 문법적 특성이 저마다 다르기 때문입니다.) 반면에 국어는 물질명사·추상명사를, 문법적 특성이 일반명사와 다를 바 없어, 문법 범주에 넣지 않습니다. 명사의 종류로 인정하지 않습니다. * 학생[물/고민]이 많다.]

[어떤 문법책은 'fire · heat, rain · snow · wind, light · sunshine · lightning · thunder · electricity'와 같은 자연현상을 추상명사로 분류하기도 합니다. 하지만 추상은 관념입니다. 눈에 보이거나 피부로 느낄 수 있는 자연현상을 관념으로 보기에는 다소 무리가 따릅니다. 생각문법은 물질명사로 분류합니다. (무수히 많은 삼라만상의 이름을 다섯 가지로 분류하는 것이 본디 한계가 있는 일입니다.) 다만, 의미적 분류는 중요한 문제가 아니니 물질이든 추상이든, 문법적 현상이 동일한 비개체 명사라는 것만 알면 됩니다.]

물질명사는 일정한/정해진 형태가 아니므로, 컵과 같은 형태가 있는 '단위 명사'를 써서 물질명사의 수량을 나타냅니다.

a cup of coffee 커피 한 잔	a can of juice 주스 한 깡통
a glass of water 물 한 잔	a lump of clay 진흙 한 덩이
a bottle of beer 맥주 한 병	a pint of cream 크림 한 파인트
a spoonful of sugar 설탕 한 스푼	a cake of soap 비누 한 개
a bowl of cereal 시리얼 한 그릇	a bag of rice 쌀 한 자루
a loaf of bread 빵 한 덩이	a stick of chalk 분필 한 자루
a slice of meat 고기 한 조각	a sheet of paper 종이 한 장
a carton of milk 우유 한 통	a pane of glass 유리 한 장

- Would you like a coffee? [보통명사]

  커피 한 잔 드시겠어요? (= a cup of coffee [물질명사])

  예 Two coffees and a hot chocolate, please.
  커피 두 잔과 핫초코 한 잔 주세요. (two coffees = two cups of coffee)

  ★ a cup of coffee ☞ ④ p. 236

  − a beer [보통명사]: 맥주 한 잔[한 병] (= a glass[bottle] of beer [물질명사])
  맥주 한 종류 (= a kind of beer [물질명사])

  예 Do you want a beer? 맥주 한 잔[한 병] 할래?

  − two beers: 맥주 두 잔[두 병] (= two glasses[bottles] of beer)
  맥주 두 종류 (= two types of beer)

  예 There were many beers in the box.
  박스 안에 많은 수량[종류]의 맥주가 있었다.

- Coffee is not good for children. [물질명사]

  커피는 아이들한테 안 좋아.

  예 Too much coffee will keep you awake.
  커피를 너무 많이 마시면 잠이 오지 않을 거야.
  I want to have chicken and beer at Han River.
  한강에서 치맥을 먹고 싶다.

모래 알갱이 한 알은 개체입니다. 하지만 너무 작고, 보통 한데 모여 있어 알갱이 한 알만 보기가 힘듭니다. 마음먹고 본다 해도 의미 있는 일이 아닙니다. 비개체로 보고 물질명사로 간주합니다. '설탕·밀가루, 머리카락·밥/쌀'도 마찬가지입니다.

| sand | sugar | flour | hair | rice | garlic |

개체로 인식하기 힘든 명사

- **There is some <u>sand</u> in my shoes.**
  신발 안에 모래가 좀 들었어. (some sand: 약간의 모래 양)
  – a grain of sand[rice]: 모래 한 알[쌀 한 톨]

- **Betty has red <u>hair</u>.** 베티는 빨간 머리다.
  – 머리카락 한 올이나 몇 올을 뜻하면 보통명사
  예 There is a hair[some hairs] in my soup!
  수프에 머리카락이 한 올[약간] 들어 있어요. (some hairs: 약간의 머리카락 수)
  My father is starting to get a few grey hairs.
  아버지는 흰머리가 조금씩 나기 시작했다.

- **I eat <u>rice</u> every day. I like <u>rice</u>.**
  매일 밥을 먹는다. 밥을 좋아한다.
  – rice의 뜻은 쌀도 되고 밥도 됨 (영미인에게 밥은 주식이 아님. 쌀은 관심의 대상이 아님
  영미인은 'rice' 하면 음식으로 생각하고 밥을 떠올림)

- **... and smash <u>garlic</u>.** ... 그리고 마늘을 으깨세요.
  – 영미인은 마늘을 통째로 먹지 않음. 으깨거나 잘게 썰어 먹음. 비개체로 봄
  예 a strong smell of garlic 강한 마늘 냄새
  a clove of garlic 마늘 한 쪽

water는 전형적인 물질명사입니다.

- Just a glass of water, please.
  그냥 물 한 잔만 주세요.

지금껏 배운 대로라면, 물질명사이므로, water 뒤에 s를 붙여 복수형으로 표현하지 못합니다. 그런데…….

여러분

같은 물이라도, 물 한 잔과 달리, 홍수가 났을 때의 물은 실제로도 심리적으로도 물의 양이 엄청납니다. 단수형 'water'로 표현하기에는 많이 부족합니다. 해서, 홍수와 같은 '큰물'은 복수형으로, 'waters'로 표현합니다.

- the flood waters (are) 홍수
  - waters: 엄청난 양의 물, 큰물, 복수형으로 표현, 복수동사(are)로 받음
    '복수형으로 쓰이는 물질명사'보다는, 뒤에 s가 붙었으니
    문법적으로 보통명사로 보는 것이 일반적
    예 the green waters of Geum River (녹조로 반대해진) 금강의 녹색 강물
    Korean waters[skies] 한국 영해[영공]

- the huge rains 엄청난 양의 비, 큰비
  예 the rains 우기, 장마철
  the sands 모래사장
  the falls 폭포 (the Niagara Falls)
  the lakes 호수 (the Great Lakes)

◨ **추상명사** (vs. 보통명사)

time	knowledge	work	ability
beauty	luck	anger	noise
music	weather	news	information
advice	kindness	travel	experience
reading	baseball	politics	cancer

추상명사

눈에 보이지도 않고, 만질 수도 없는 '관념 · 개념, 감정 · 상태
상황 · 환경, 활동 · 운동, 학문 · 질병' 등, 추상적인 것을 이름한
말이 '추상명사 Abstract Nouns'입니다. 보통명사와 비교해 보십시오.

- He often listens to <u>music</u> in the car. [추상명사]
  he는 차 안에서 종종 음악을 듣는다.
  − music: a series of sounds 일련의 소리

  He was singing <u>a song</u> in the car. [보통명사]
  he는 차 안에서 노래를 부르고 있었다.
  − a song: a piece of music 음악 한 곡

- She was a woman of great <u>beauty</u>.
  she는 대단히 아름다운 여인이었다. (beauty: 美)
  예 an area of outstanding natural beauty 자연의 아름다움이 뛰어난 지역

  She was <u>a</u> great <u>beauty</u> in her youth.
  she는 젊었을 때 대단한 미인이었다. (a beauty: 美人)
  예 You should have seen the last minute goal. It was a beauty.
  네가 종료 직전의 골을 봤어야 했는데. 정말 멋진 골이었어.

- The success or failure of the plan depends on you.

  그 계획의 성공과 실패는 너에게 달렸다.

  예) All his efforts ended in failure. 그의 모든 노력은 실패로 끝났다.

  He was a failure as a businessman.

  he는 사업가로서 실패한 사람이었다. (실패자)

  예) The concert was a big success. 콘서트는 대성공이었다. (성공작)

- I did it out of necessity. 필요해서 그것을 했다.

  예) Now I'll live in luxury for the rest of my life. 이제 여생을 호화롭게 살 것이다.

  The computer is a necessity, not a luxury.

  컴퓨터는 사치품이 아니라 필수품이다.

  예) Basic necessities will be sent to the afflicted areas.

  피해 지역에 생필품이 제공될 것이다.

- There isn't room. We have to put it somewhere else.

  여유[공간/자리]가 없어요. 그것을 다른 곳에 놓아야 해요. (= space)

  예) There could be no room for doubt. 의심할 여지가 없을 걸.

  in good condition 좋은 상태에

  There is a large room with a high ceiling.

  천장이 높은 큰 방이 있어요. (a room in the house)

  예) He was sleeping in the waiting room. he는 대기실에서 잠자고 있었다.

  working conditions 작업 환경

주의! 부정사 · 동명사와 명사절은 추상명사와 같습니다. (단수동사로 받음)

  * To read books is always fun. [부정사]

    책을 읽는 것은 항상 재미있다. (= It's always fun to read books.)

  * Reading is the aliment for the mind. [동명사]

    독서는 마음의 양식이다.

  * What I read is the Harry Potter book series. [명사절]

    내가 읽은 것은 해리포터 시리즈 책이다.

추상적인 것이 '실례(實例)·사례(事例) an instance of'를 뜻할 때는 개개의 사건이나 구체적인 일이 됩니다. (실례: 구체적인 실제의 보기 / 사례: 어떤 일이 전에 실제로 일어난 예) 개체로 인식되므로, 이때는 보통 명사입니다. 추상명사와 비교해 보십시오. ★ a break ☞ p. 40

- I had a bad experience with money. [보통명사]
  돈 때문에 좋지 않은 경험을 한 적이 있다. (나에게 영향을 끼친 구체적인 일이 있음)
  예 I had some invaluable experiences while travelling.
      여행하는 동안 아주 값진 경험을 했다.

  I have experience of teaching children. [추상명사]
  아이들을 가르쳐 본 경험이 있다. (어떤 일을 겪은 적이 있음)
  예 In my experience, it'll happen again. 내 경험상, 그 일은 다시 일어난다.

- He did a kindness to poor people.
  he는 가난한 사람들에게 친절을 베풀었다. [구체적인 친절한 행위]
  예 You were a great help to me when I was in need.
      내가 어려울 때 정말 큰 도움이 되었어. (도와준 행위)

  Thank you for your kindness.
  친절히 대해 주셔서 감사합니다. (친절)
  − 정중한 표현, 보통 'Thank you for your help.'로 말함
  예 I can't thank you enough for your kindness[help].
      당신의 친절에 뭐라 감사의 말씀을 드려야 할지 모르겠습니다. 〉 대단히 감사합니다.

- It's been a pleasure having you stay with us.
  당신과 함께 지내 즐거웠습니다. (즐거운 일)
  예 I've got a surprise for you. 놀라게 해 줄 게 있어. (놀랄 일)

  Are you here on business or for pleasure?
  여기 일하러 온 거야, 놀러 온 거야? (즐거움)
  예 I almost fainted with surprise. 놀라 까무러칠 뻔 했다. (놀람)

- Let's eat out tonight for <u>a change</u>.
  오늘밤에 기분 전환 삼아 외식하자. (변화를 주는 일)

  She is someone who hates <u>change</u>.
  she는 변화를 싫어하는 사람이다. (변화)

- Did you hear <u>a noise</u> just now?
  방금 무슨 소리가 나지 않았니? (귀에 들린 구체적인 소리)
  예) I heard a strange noise. 이상한 소리를 들었다.

  <u>Noise</u> can make you ill. 소음이 병나게 할 수 있다. (일반적 의미의 소음)
  예) There was too much noise. 너무 시끄러웠다.

- The heavy rain has caused <u>floods</u> in many parts.
  폭우로 곳곳에 홍수가 났다. (홍수라는 사건)
  예) a flood of complaints 항의 폭주 (항의라는 사건)

  The river is in <u>flood</u>. 강이 범람하고 있다. (강물이 제방을 흘러넘침)
  예) flood damage 홍수 피해

추상명사 역시 일정한/정해진 형태가 아니므로, 아래와 같은 단위 명사를 써서 추상명사의 수량을 나타냅니다.

a piece[an item] of news 뉴스 한 가지
a piece[bit] of information 정보 한 가지
a piece[word] of advice 충고 한 마디
a word[term] of abuse 비난 한 마디
a crash[clap] of thunder 천둥 한 차례
a bolt[flash] of lightning 번개 한 차례

아래는 '전치사+추상명사'입니다. 다소 격식적인 표현입니다.

- He is a man <u>of ability</u>.
    - he는 유능한 사람이다. (= an able man)
    - 이때의 of는 '소유'를 의미, ability를 소유
        - 예) a man of wide experience in this field
            - 이 분야에서 풍부한 경험을 쌓은 사람 (= a widely experienced man)
            - [a man of learning 학식 있는 사람 (= a learned man)]
        - a matter[role/deal] of great importance
            - 매우 중요한 문제[역할/거래] (= a very important matter)
            - [a subject of no importance 중요하지 않은 주제 (= an unimportant subject)]
        - of use 유용한 (= useful) / of no use 쓸모없는 (= useless)
        - of value 귀중한 (= valuable) / of no value 하찮은 (= valueless)

- Children can learn English <u>with ease</u>.
    - 아이들은 쉽게 영어를 배울 수 있다. (= easily)
    - 전치사+명사 = 부사구
    - 이때의 of는 '보유'를 의미, ease를 보유
        - 예) with kindness 친절하게 (= kindly) / with care 조심해서 (= carefully)
        - in safety 안전하게 (= safely) / in haste 서둘러 (= hastily, in a hurry)
        - on purpose 일부러 (= purposely) / on occasion 이따금 (= occasionally)
        - by luck 운 좋게 (= luckily) / by accident 우연히 (= accidentally)

- He's <u>all kindness</u>. he는 매우 친절하다.
    - all kindness = kindness itself = very kind
    - 예) I was all attention to the President's address.
        - 대통령 연설을 경청하고 있었다.

명사의 종류를 마쳤습니다. a와 관련된 '개체냐, 비개체냐'의 세계에서 나왔습니다. 이번에는 s와 관련된 '단수냐, 복수냐'의 세계로 들어가겠습니다.

'–(e)s'

singular & plural

① a <u>dog</u> [단수명사] / some <u>dogs</u> [복수명사]

② A dog <u>is</u> … [단수동사] / Dogs <u>are</u> … [복수동사]

③ <u>Water</u> is … [물질명사] / <u>Love</u> is … [추상명사]

①: 단수명사는 앞에 a를 쓰고, 복수명사는 뒤에 s를 붙입니다.

②: 단수명사는 단수동사(is)로 받고, 복수명사는 복수동사(are)로 받습니다.

③: 비개체로 인식되는 물질명사·추상명사에는 a를 쓸 수 없고 s도 붙이지 못합니다. 단수동사로 받습니다.

영어는 수와 관련해, 위와 같은 문법적인 특성을 지닙니다.

특정한 문법은 특정한 사고의 반영! 위와 같은 문법적 특성은 영미인의 특정한 사고가 반영된 것이고, 영미인의 사고에 따라 문법적으로 명사가 분류됩니다. 앞서 살펴본 다섯 가지 명사의 종류가 있게 됩니다. 이에 그치지 않고, 명사와 관련된 또 다른 문제가 있습니다. 바로 '복수'입니다.

복수는 단지, 둘 이상의 개수나 수효만 의미하지 않습니다. 영어만의 복수 개념이 있습니다.

―| 'dogs'가 과연 'a dog'의 복수일까?

어떤 문법책이든 '종족 대표' 하면서 나오는 예문입니다.

① <u>Dogs</u> are faithful animals.
② <u>A dog</u> is a faithful animal.
③ <u>The dog</u> is a faithful animal.

위 예문과 관련해 보통 문법책에 ▶ 종족을 대표하는 표현으로 위와 같이 세 가지가 있다고 나옵니다. ◀ 그럼 차이는? 차이가 있으니 다르게 표현하는 것 아닌가?

위 예문은 모두 '개는 충직한 동물이다.'라는 말입니다. 이때의 'dogs, a dog, the dog'는 모두 '총칭'을 의미할 수 있습니다. 하지만 말하고자 하는 바는 다릅니다.

총칭은 '전부를 한데 모아 두루 일컬음'이라는 뜻입니다. 개별적으로 하나씩/일일이 말하는 것과 상대적으로, '전체를 통틀어' 말하는 것입니다.

[종족 대표? '개'라는 종족을 대표한다? 개를 예로 들며 종족을 대표한다고 말하니까, 꽤나 어색하게 들립니다. 해서, '개 전체를 대표한다.' 이렇게 말하겠습니다.]

[the를 쓴 ③은 정관사 'the'에서 다룹니다.]

> 총칭과 복수

1인칭 관점의 눈을 가진 서양인에게 세상은 한없이 복잡해 보였습니다. 무엇이든 파악하려면 쪼개고 갈라야 합니다. 서양인은 얽히고설킨 복잡한 세상을 관찰에서 비롯된 분석적 사고로 직성이 풀릴 때까지 분류했습니다. 어느 정도인지는 생물의 분류 체계인 '계문강목과속종 界門綱目科屬種'이 보여줍니다. (개는 '동물계‒척추동물문‒포유강‒식육목‒개과‒개속‒개종'으로 분류됩니다.) 분류학은 지식을 축적시켰고, 학문을 발달시켰습니다. 품사를 8품사나 9품사로 나눈 것도 서양의 분류학에서 나온 것입니다.

① <u>Dogs</u> are faithful animals.
    ‒ dogs: 개의 총칭 [dogs: Ø+dogs ('무관사+복수명사', 또는 '무관사 복수형')]
    ‒ 영어는 총칭을 나타내기 위해 s를 붙임
    ‒ 국어는 총칭을 단수로 나타냄. '들'을 붙이지 않음 ★ 복수 표지 '들' ☞ p. 104

무관사에 복수 표지 s만 붙은 'dogs'는 (세상에 존재하는 모든 개를 한데 모아 놓은) '개'라는 '종(種)', 일반적인 개, 즉 총칭의 개입니다. 총칭은 보통 ①로 말합니다. 그럼 ②는 어떤 개일까요?

② <u>A dog</u> is a faithful animal.
    ‒ a dog: 개 전체를 대표하는 개 한 마리 ☞ p. 44

a는 명사에 '부류·종류'를 의미하는 대표성을 부여합니다. 즉 'a dog'는 (개 전체에서 샘플처럼 꺼낸) 개 전체를 대표하는 개 한 마리입니다.

단수와 복수

89

dogs: 종으로서의 일반적인 개, 총칭을 의미
a dog: 개 전체를 대표하는 개 한 마리, 부류·종류를 의미

'dogs'는 직접적인 총칭이고, 'a dog'는 간접적인 총칭입니다.

- These are <u>dogs</u>.
  이것들은 개라는 종이다. 〉 개다.

- This is <u>a dog</u>.
  이것은 개 전체를 대표하는 개 한 마리이다. 〉 개라는 부류에 속한다. 〉 개다.

위 예문은 둘 다 할 수 있는 말이지만, 말하고자 하는 바는 다릅니다. 아래 예문을 비교해 보십시오. 상황에 따라, 어색하게 들리기도 합니다.

- I have <u>dogs</u>(?) 개라는 종을 기른다(?)
  I have <u>a dog</u>. 개 한 마리를 기른다.

- I bought <u>chickens</u>(?) 닭이라는 종을 샀다(?)
  I bought <u>a chicken</u>. 닭 한 마리를 샀다.

- I eat <u>apples</u> every day(?) 매일 사과라는 품종을 먹는다(?)
  I eat <u>an apple</u> every day. 매일 사과 한 개를 먹는다.

- I like <u>apples</u>. 과일로 사과라는 품종을 〉 사과를 좋아한다.
  I like <u>an apple</u>. (여러 과일 중, 과일의 한 종류로) 사과를 좋아한다.

①과 ②를 비교해 보십시오. 사뭇 다릅니다.

① <u>Dogs</u> are faithful animals. 개라는 종은 〉 개는 충직한 동물이다.
- dogs: 총칭의 개. 이때의 복수는 '총칭의 복수'
  예 I like dogs. 개라는 종을 〉 개를 좋아한다.
- 총칭은 보통 dogs처럼 '무관사＋복수명사'으로 (또는 '무관사 복수형'으로) 말함
  예 Tigers are becoming extinct. 호랑이라는 종이 〉 호랑이가 멸종되고 있다.
  Snakes are numerous in these parts. 이 지역에는 뱀이라는 종이 〉 뱀이 많다.

② <u>A dog</u> is a faithful animal.
- 총칭으로 어색한 표현 ★ 이유 ☞ p. 130
- a dog: some dogs와 상대적인 말 (dogs는 상대적인 말이 없음)
- 서술 내용이 전체나 다수에 적용될 때는 'a＋단수명사'를 쓸 수 없음
  예 A tiger is becoming extinct(?) 호랑이 한 마리가 멸종되고 있다(?)
  A snake is numerous in these parts(?) 이 지역에는 뱀 한 마리가 많다(?)
- 'a＋단수명사'는 '어떤'의 의미가 아니면, 주어 자리에 잘 쓰이지 않음
  예 A dog is running after my cat. 어떤 개가 내 고양이를 쫓고 있다.
- 'a＋단수명사'는 주로 보어로 쓰여 '부류 · 종류'를 나타냄
  예 He was a pilot. he는 조종사였다. (a pilot: 조종사라는 부류에 속한 사람)
  The apple is a fruit. 사과는 과일이다. (a fruit: 과일의 한 종류)
- 'a＋단수명사'는 사전에서 표제어를 설명할 때 많이 쓰임 ★ 이유 ☞ p. 130
  예 A car is a vehicle with four wheels and an engine, that can carry
  a small number of passengers.
  차는 네 바퀴와 엔진이 달린 탈것으로, 얼마간의 승객을 데려다 줄 수 있다.

예외적으로, 'man'은 '무관사＋단수명사'로 총칭을 나타냅니다.
'인류 · 인간'을 뜻합니다.

- <u>Man</u> does not live by bread alone.
  인간은 빵만으로 살 수 없다. (man = mankind, human beings, humans)
  예 God is for not only 'men' but also 'man'.
  신은 '남자'만 위해 존재하는 것이 아니고 '인류'를 위해 존재한다.

[man의 뜻은 원래 '인류'입니다. 현대로 와서 '남자'로 쓰이게 되었고, 반대급부로 'woman 여자'가 생겼습니다. 이러다 보니, man이 인류인지 남자인지 혼동되었습니다. 해서, 'kind 종류'를 붙인 'mankind 인류'가 생겼습니다. (일반적인 남자를 말할 때는 총칭의 'men'을 씁니다. * She doesn't like men. she는 남자를 좋아하지 않는다.)]

여러분

'a dog'의 복수는 'dogs'가 아닙니다. 'some dogs'입니다.

- I have <u>some dogs</u>.
  개 몇 마리를 기른다.
  - some dogs: 복수의 개. 이때의 복수가 단수의 복수
    예 I eat some apples every day. 매일 사과 몇 개를 먹는다.

복수명사가 'some · all'과 같은 한정사로 한정되면 (총칭이 아닌) 단수의 복수입니다.

- <u>Some dogs</u> bark a lot.
  어떤 개들은 많이 짖는다.
    예 All dogs in public places should be on a leash.
       공공장소의 모든 개는 줄로 묶고 다녀야 한다.

주의! 한국 사람은 밥을 먹긴 먹지만, 365일 매일 먹는 것은 아닙니다. 일반적인 말이 아니면, 'Koreans eat rice. 한국 사람은 밥을 먹는다.' 이렇게 말하는 것보다 아래 예문과 같이 말하는 것이 좋습니다. ★ 현재시제와 빈도부사 ☞ ❶ p. 26

* Koreans usually eat rice every day. 한국 사람은 보통 매일 밥을 먹는다.
* In general, Koreans eat rice .... 일반적으로, 한국 사람은 매일 밥을 먹는다.
* Most Koreans eat rice ..... 한국 사람 대부분은 매일 밥을 먹는다.

살펴본 바와 같이, 개체로 인식되는 명사는 'dogs'처럼, 대개 '무관사+복수명사'로 총칭을 나타냅니다. 총칭을 통해 같은 복수라도 속뜻이 다르다는 것을 알았습니다.

궁금합니다. 개의 총칭은 'dogs'입니다. 그럼 물의 총칭은?

(물과 같은, 개체로 인식되는 않는) 비개체 명사는 '무관사+단수명사'로 총칭을 나타냅니다. 비개체라 s를 붙이지 못할 뿐입니다.

총칭의 형태
└ 개체 명사: 무관사+복수명사 (dogs)
└ 비개체 명사: 무관사+단수명사 (water, fruit)

- <u>Water</u> is an important natural resource.
  물은 중요한 천연자원이다.
  - water: 세상에 존재하는 물, 물의 총칭 (water: ∅+water)
    예 Air is to us what water is to fish.
       공기와 사람의 관계는 물과 물고기의 관계와 같다.
    Sugar isn't good for your health.
       설탕은 건강에 좋지 않다.
  - cheese: 치즈의 총칭, 일반적인 치즈 / the cheese: 특정한 치즈
    예 I like cheese.
       치즈를 좋아한다. (일반적인 치즈)
    I like the cheese.
       그 치즈를 좋아한다. (특정한 치즈)

- <u>Fruit</u> is a source of vitamins.
  과일은 비타민의 원천이다.
  - s를 붙일 수 없는 단수형 집합명사
  - 과일의 총칭

—┃ '0.9'는 단수일까, 복수일까?

단수는 하나고, 복수는 둘 이상입니다.

그럼 1보다 작은 '0.9'는 단수일까요, 복수일까요? 1보다 큰 '1.1'은? 이뿐 아니라, '0'은? '-1'은? 이처럼 복수가 둘 이상이면 '1 미만'과 '1과 2사이의 수'는 단복수를 말하기가 난감해집니다. 복수를 새롭게 정의해야겠습니다.

복수: '1 일·one'이 아닌 것

복수는 '1이 아닌 것'입니다. '0.9, 1.1, 0, -1', 모두 1이 아니므로 복수입니다. 오직 '1'만 단수입니다. 그럼 '1.0'은? 뒤에 복수인 0이 붙어 있어, 이 또한 복수입니다. 복수명사[miters]와 어울립니다.

- 0.9m   zero point nine miters / 1.1m   one point one miters
-     0m   zero miters / -1m   minus one miters
-   1.0m   one point zero miters
-     1m   one <u>miter</u>

주의! 마라톤 거리 '42.195'는 복수고, 복수명사(kilometers)와 어울립니다. 하지만 '특정한 수'라, 동사는 단수동사(is)로 받습니다. ★ 특정한 수 ☞ p. 109

* 42.195 kilometers is about 26 miles. 42.195킬로미터는 약 26마일이다.

〉 복수의 형태와 의미

아래는 고대영어의 잔재로, 불규칙 명사의 복수형입니다.

| child**ren** (child) | bre**th**ren (brother) | ox**en** (ox) |

어미변화

| f**ee**t (foot) | t**ee**th (tooth) | g**ee**se (goose) |
| m**e**n (man) | m**i**ce (mouse) | l**i**ce (louse) |

모음변화

아래는 외래어에서 온 불규칙 명사의 복수형입니다.

| bas**es** (basis) | antenn**ae** (antenna) | rad**ii** (radius) |
| foc**i** (focus) | ind**ices** (index) | dat**a** (datum) |

[data는 복수형이지만, 오늘날은 단수형으로 많이 쓰입니다. 단수형인 datum은 거의 쓰이지 않습니다. 'media (medium), agenda (agendum)'도 그렇습니다. (외래어를 차용하는 과정에서 단복수의 어형 변화를 영어식으로 바꾸지 않고, 외래어의 어형 변화까지 그대로 차용하다 보니, 위와 같은 불규칙 명사가 생겼습니다.)]

[동사에도 '불규칙 동사'가 있습니다. 사전 뒤편을 보면 자세히 잘 나와 있습니다. 동사형은 '원형 be, 현재형 am/are/is, 과거형 was/were, 진행형 being, 완료형 been'이렇게 다섯 가지입니다.]

아래는 규칙 명사의 복수형입니다.

girl<u>s</u> (girl)　　**book<u>s</u>** (book)　　**rose<u>s</u>** (rose)

자음+-s

radio<u>s</u> (radio)　　**studio<u>s</u>** (studio)　　**zoo<u>s</u>** (zoo)

모음+o+-s

hero<u>es</u> (hero)　　**tomato<u>es</u>** (tomato)　　**echo<u>es</u>** (echo)

자음+o+-es
단축어: +-s [photos (photograph), pianos (pianoforte), autos (automobile)]
외래어: +-s (solos, sopranos)

bus<u>es</u> (bus)　**box<u>es</u>** (box)　**bench<u>es</u>** (bench)　**dish<u>es</u>** (dish)

-s/-x/-ch/-sh+-es
-ch[k]: +-s (stomachs, monarchs, aches)

lad<u>ies</u> (lady)　　**cit<u>ies</u>** (city)　　**famil<u>ies</u>** (family)

자음+y: y → i+-es
모음+y: +-s (boys, days, guys)

lea<u>ves</u> (leaf)　　**wi<u>ves</u>** (wife)　　**kni<u>ves</u>** (knife)

장모음+f[fe]: f[fe] → v+-es
단모음+f[fe]: +-s (cliffs, roofs, beliefs)

아래는 복합명사의 복수형입니다.

> fathers-in-law 장인   passers-by 통행인
> grown-ups 성인   have-nots 빈자

중요 단어만 복수

> men-servants 하인   women-doctors 여의사

두 단어 모두 복수

아래는 '숫자·문자·약어'의 복수형입니다. "s'를 붙입니다. 아포스트로피(')는 생략할 수 있습니다.

> 1990's   three 7's   x's   M.P.'s

아래는 복수형이 두 가지인 명사입니다.

brother	**brothers** 형제	**brethren** 신도
staff	**staffs** 직원	**staves** 지팡이
genius	**geniuses** 천재	**genii** 수호신
cloth	**cloths** 천 조각	**clothes** 옷
penny	**pennies** 동전 개수	**pence** 동전 액수
index	**indexes** 색인	**indices** 물가 등의 지수

'물고기·새, 사슴·양' 등은 생김새가 하나같이 같아 구별하기 힘든 데다, 떼로 몰려다녀 일일이 구분하기도 힘듭니다. 이러한 까닭에 단수형과 복수형이 같습니다.

| fish 물고기 | salmon 연어 | deer 사슴 |
| sheep 양 | grouse 뇌조 | snipe 도요새 |

단복수 동형

- Suddenly, <u>two fish</u> in the fishbowl were dead.
  어항 속 물고기 두 마리가 갑자기 죽었다. (물고기 한 마리: a fish)
  – 'two fishes 물고기 두 종류'와 구별할 것 ☞ p. 78

- <u>Some sheep</u> were grazing in the fields.
  양 몇 마리가 들판에서 풀을 뜯고 있었다.

아래는 복수형이면서 단수형이기도 한 몇몇 명사와 단복수형이 같은, 단복수 동형인 몇몇 특정 국적의 사람들입니다.

| species 종(種) | series 시리즈 | corps 군단 |
| Japanese 일본인 | Swiss 스위스인 | French 프랑스인 |

- This is <u>a</u> very rare <u>species</u>. [단수형] 이것은 매우 희귀한 종이다.
  – 'corps·series·species'는 복수형이면서 단수형

- <u>Japanese</u> wear kimonos. [단복수 동형. 이때는 복수형 (복수 취급)]
  일본인은 기모노를 입는다. ('the Japanese'로 말할 수도 있음 ★ the + 복수명사 ☞ p. 137)

아래는 단수와 복수의 뜻이 다른 명사입니다. (이른바 '분화복수')

advice 충고
advices 통지

letter 문자
letters 문학

arm 팔
arms 무기

look 보기
looks 용모

authority 권위
authorities 당국

iron 쇠
irons 수갑

air 공기
airs 태도

manner 방법
manners 예의

brain 뇌
brains 학력

moral 교훈
morals 도덕

custom 습관
customs 세관

pain 고통
pains 수고

color 색깔
colors 깃발

quarter 4분의 1
quarters 막사

content 만족
contents 내용

regard 경의
regards 안부

force 힘
forces 군대

sand 모래
sands 사막

glass 유리
glasses 안경

work 일
works 공장

▣ 항시복수명사

'안경·바지' 등은 한쪽만 있으면 쓸모없습니다. '짝/쌍'을 이루고 있어, 항상 복수형으로 쓰입니다. 복수동사로 받습니다.

glasses 안경	earings 귀걸이	trousers 바지
pajamas 잠옷	gloves 장갑	shoes 신발
socks 양말	chopsticks 젓가락	scissors 가위

항시복수명사

- These <u>glasses</u> suit people with round faces.
  이 안경은 얼굴이 둥근 사람에게 잘 어울린다.
  예 We Koreans use chopsticks.
   우리 한국인들은 젓가락을 사용합니다.
  Don't cut with a knife. Cut out with scissors.
   칼로 자르지 말고, 가위로 오려라.

- My <u>shoes</u> are soaked through.
  내 신발이 흠뻑 젖었어.
  - 'a shoe (is)'는 신발 한 짝, 단수동사로 받음
  - 'a pair of shoes (is)'는 신발 한 켤레, 단수동사로 받음
  - 'two pairs of shoes (are)'는 신발 두 켤레, 복수동사로 받음
   예 a pair of pajamas 잠옷 한 벌 (잠옷은 상의와 하의로 한 쌍)

[단수형이면 뜻이 달라지는, 복수형이어야 제 뜻을 온전히 나타낼 수 있는 '복수형 집합명사'도 항시복수명사로 볼 수 있습니다.]

또 다른 성격의 항시복수명사가 있습니다.

mathematics 수학	physics 물리학	economics 경제학
politics 정치학	statistics 통계학	linguistics 언어학
billiards 당구	cards 카드놀이	darts 다트
checkers 체커	dominoes 도미노	marbles 구슬치기
measles 홍역	diabetes 당뇨병	rabies 광견병
the United States	the Philippines	the Netherlands

학문명 · 놀이명, 질병명 · 국가명

학문은 상위 학문의 상위 학문이 있고, 하위 학문의 하위 학문이 있습니다. 수학만 보더라도 대수학과 기하학으로 나뉘고, 이는 다시 상위 범주와 하위 범주로 나뉩니다. 이렇듯 학문은 복수의 학문으로 이루어졌습니다.

놀이는 이것저것 복수의 물건을 가지고 놀고, 질병은 이런저런 복수의 증상을 보입니다. 미국은 50개 주로 이루어진 연합 국가고, 필리핀은 7000개가 넘는 섬으로 이루어진 군도 국가입니다. 존재하기를 복수로 존재해, 모두 복수형으로 표현합니다.

그런데 'glasses · shoes' 등과 다른 점이 있습니다. 복수형이지만, 전체를 일체로 보고 단수동사로 받습니다.

- <u>Mathematics</u> is my favorite subject.
  수학은 내가 가장 좋아하는 과목이다.
  예 Politics is not my specialty. 정치학은 내 전공이 아니다.

주의! 학문명을 뜻하지 않으면 복수동사로 받습니다.
  * The politician's politics are extreme. 그 정치인의 정치사상은 극단적이다.
  * Statistics show the decline in Korea's birth rate.
    통계수치가 한국의 출산율 감소를 보여준다.

- The United States <u>is</u> composed of fifty states.
  미국은 50개 주로 이루어졌다.
  – 미국이라는 일체의 나라, 단수동사로 받음
  예 The Philippines is made up of over 7000 islands.
    필리핀은 7천 개가 넘는 섬으로 이루어졌다.

- Checkers <u>is</u> a popular western game for two people.
  체커는 두 사람이 하는 서양의 인기 게임이다.
  – 체커라는 일련의 게임, 단수동사로 받음
  예 Measles is generally a children's illness.
    홍역은 보통 아이들이 앓는 (이런저런 일련의 증상을 보이는) 병이다.

확인 질문입니다. 반대로, 단수형인데 복수동사로 받는 명사는? 네, 그렇습니다. 복수집합명사와 군집명사입니다.

- My family <u>are</u> all musicians.
  우리 가족은 모두 음악가다.
  ★ 복수집합명사 ☞ p. 53

- Cattle <u>are</u> grown for their meat and milk.
  우리는 고기와 우유를 얻기 위해 소를 기른다.
  ★ 군집명사 ☞ p. 56

■ 상호복수명사

교체하거나 교환할 때는 오고가거나 주고받는 것이, 즉 복수의 것이 필요합니다. '교체·교환' 등의 의미를 지닌 동사의 목적어로 복수명사가 쓰입니다. (핵심 의미가 '관계'인 with와 잘 어울립니다.)

change trains[planes]	기차[비행기]를 갈아타다
change partners[places]	파트너[위치]를 바꾸다
exchange greetings	인사를 나누다
take turns	무엇을 교대로 하다
exchange seats with	누구와 자리를 바꾸다
shake hands with	누구와 악수하다
make friends with	누구와 친구가 되다
be on good terms with	누구와 좋은 사이다
come to terms with	누구와 화해하다

상호복수명사

- You'll have to <u>change trains</u> for Gangnam at Mapo.
  마포에서 강남행 기차로 갈아타야 해요.

- Males and females <u>take turns</u> brooding the eggs.
  수컷과 암컷이 번갈아 가며 알을 품는다.

- This robot can <u>shake hands</u> with people.
  이 로봇은 사람들과 악수할 수 있어요.

- I wanted to <u>be on good terms</u> with Mike.
  마이크와 사이좋게 지내고 싶었다.

생각 더하기　　44. 복수 표지 '들'

- 저 <u>직원[직원들]</u>이 승진한다.

['저 직원'은 단수 의미고, '저 직원들'은 복수 의미입니다. 이렇듯 국어도 단복수가 구분되지만, 이는 어디까지나 의미적 구분입니다. 수를 문법으로 인정하지 않는 국어는 단복수가 문장 내 변화를 가져오지 않고 다른 말과의 어울림에 제약이 없습니다. 딱히, 문법적으로 따질 것이 없습니다. ☞ p. 16]

국어는 복수를 즐겨 쓰는 언어가 아닙니다. 의미적으로 단복수를 구분할 필요가 없으면, '들'을 붙이지 않습니다.

- 여러분들, 각국들(각 나라들) → 여러분, 각국(각 나라)
  - 여러분과 각국은 이미 복수 의미, '들'을 또 붙일 필요가 없음

- 학생들은, 닭들은 ... → 학생은, 닭은 ...
  - 일반적인 학생과 닭은, 즉 총칭은 단수로 나타냄

영어는 복수에 (이미 복수인데) s가 붙는 일은 없습니다. 하지만 국어는 있습니다. 국어의 특성으로, 복수에 '들'이 붙으면, 개별성이 드러나게 됩니다.

- <u>너희</u>는 집이 어디니?
  - 이때의 너희는 한 집에 사는 형제들
  - 단수집합명사처럼 전체를 가리킴, 단수의 전체적 단일체

- <u>너희들</u>은 집이 어디니?
  - 이때의 너희는 각자 다른 집에 사는 친구들
    (너는 집이 어디고, 또 너는 집이 어디고?)
  - 복수집합명사처럼 한 명씩 가리킴, 복수의 개별적 구성원

- 선생님은 <u>너희를</u>[<u>너희들을</u>] 사랑한단다.
  - 전체인 '너희'보다 한 명 한 명인 '너희들'이 더 애정이 담긴 말

개별성이 드러나다 보니, 상황에 따라 비하하는 말로 들릴 수 있습니다. 아래 예문을 비교해 보십시오.

- <u>국회의원</u>이 하는 일은 법을 제정하고, …
  - 국회의원: 신분·지위를 나타내는 말
- 요즘 <u>국회의원들</u>이 하는 일을 보면, …
  - 국회의원들: 복수 의미뿐 아니라, 국회의원 한 사람 한 사람 개개인을 가리키는 느낌을 줌. 신분·지위가 비하될 수 있음

'들'은 부사어에도 붙습니다.

- 잘들 해 봐.
  - 예 많이들 먹어.
    집에서들 놀아.

하지만 낱개로 인식되지 않는 물질과 추상적인 말에는 붙지 않습니다. 또한, 수사에도 붙지 않습니다.

- *NOT* 물들, 우유들, 사랑들, 자유들
- *NOT* 하나들, 둘들, 열둘들, 백들

—| 'two hundred'는 복수인데, 왜 s를 붙이지 못할까?

(three에 s가 붙은) 'threes'를 본 적이 있습니까? 그도 그럴 것이 1은 단수라 s를 붙이지 못하고, 1 이외의 수는 복수라 s를 붙일 필요가 없습니다. s는 복수를 나타내기 위해 '명사에만 붙이는' 명사 복수 표지입니다.

'dozen · hundred · thousand' 등은 수사입니다. 수사에는 s를 붙이지 않습니다.

| dozen 12 | score 20 | hundred 100 |
| thousand 1000 | million 100만 | billion 10억 |

수사

위 수사는 10 이상입니다. 대개 10 미만의 수사와 함께 쓰입니다. 10 미만의 수사는 구체적인 수입니다.

- **three <u>dozen</u> pencils** 연필 세 다스
    - 예 three score years and ten 70년 (3×20+10)
    - two hundred[thousand] dollars 2백[2천] 달러
    - two million years ago 2백만 년 전
    - four billion people 40억 명의 사람들

응용해 보겠습니다.

100달러가 'a hundred dollars'입니다. 지폐 한 장은 'a bill'입니다. 그럼 '100달러 지폐 한 장'은?

100달러가 명사 'bill' 앞에 있으니, 100달러는 형용사입니다. 형용사는 당연히 a를 쓸 수 없고, s도 붙이지 못합니다. 따라서 형용사로 쓰인 100달러는 (hundred dollars가 아닌) 'hundred dollar'입니다.

- a <u>hundred-dollar</u> bill
    - 100달러 지폐 한 장 (a bill + hundred-dollar)
    - hundred-dollar : 명사(bill) 앞에 쓰인 형용사
    - 주로 'hundred-dollar' 이렇게 하이픈(-)으로 연결
        - 예 two hundred-dollar bills
            - 100달러 지폐 두 장 (two bills + hundred-dollar)

- two hundred dollars in <u>twenty-dollar</u> bills
    - 20달러 지폐로 200달러
    - 예 a three-week holiday in Sydney
        - 시드니에서 3주간 휴가 (a holiday + three-week)

아래 예문을 비교해 보십시오.

- I have a two-<u>year</u>-old son.
    - 두 살짜리 아들이 있다. (a son + two-year-old)

- My son is two <u>years</u> old.
    - 우리 아들은 두 살이다.

—| 'a number'와 'the number'의 차이는 무엇일까?

- **dozens** of pencils 연필 여러 다스

s는 명사에만 붙습니다. 즉, 'dozens'는 (수사가 아닌) 명사입니다. s가 붙으면 (구체적인 수가 아닌) '막연한 수'를 말하게 됩니다. 이때는 (막연한 수를 말하면서 구체적인 수를 말할 수 없으므로) 10 미만의 수사와 함께 쓰이지 않습니다. 또한, 이때는 (명사는 목적어를 취할 수 없으므로) 목적어를 취할 수 있는 전치사 'of'를 씁니다.

- **scores** of times 수십 번
    - 예 hundreds[thousands] of people 수백[수천] 명의 사람들
    - hundreds of thousands of people 수십만 명의 사람들

- **millions** of dollars 수백만 달러
    - 예 billions of dollars 수십억 달러
    - tens of billions of won 수백억 원

['일백·일천·일백만'을 말할 때는 'hundred·thousand·million'에 a 또는 one을 씁니다. 보통 a를 쓰지만, 보다 정확하게 말할 때는 one을 씁니다. * I want to live for a hundred years. 100살까지 살고 싶다. / The journey took exactly one hundred days. 여행하는데 꼬박 100일이 걸렸다.]

['a hundred of them (대명사)' 이렇게 말하고, 'a hundred people (명사)' 이렇게 말합니다. 하지만 'a hundred of people (명사)' 이렇게는 말할 수 없습니다. 그런데 'a hundred of the people (the+명사)' 이렇게는 말할 수 있습니다. 이에 관해서는 한정사에서 다룹니다.]

a를 써서도 막연한 수량을 말할 수 있습니다.

- I've told you <u>a hundred times</u> to flush.
  (지금껏) 변기에 물을 내리라고 백 번을 말했다. 〉 수없이 많이 말했다.
  예 The family has farmed their land for a hundred years.
  그 가족은 100년 동안 〉 오랜 세월 농사를 지으며 살고 있다.

위 예문의 'a hundred times'는 (99번 말했고, 100번 말했다는 뜻이 아니라) 막연히, 그 정도로 수없이 많이 말했다는 뜻입니다. 이런 맥락에서, 전혀 다릅니다, 'a number of'와 'the number of'를 비교해 보십시오.

- <u>a number of</u> people (are)
  얼마간의 사람들 〉 몇 명의 사람들
  - a number of: 얼마간의 '막연한 수'를 나타냄, 복수동사로 받음
        (a large[small] number of people (are) 다수[소수]의 사람들)
  - an amount of: 얼마간의 '막연한 양'을 나타냄, 단수동사로 받음
        (a large[small] amount of salt (is) 다량[소량]의 소금)
  - numbers[amounts] of: 다수[다량]의, 복수동사로 받음
        [numbers of people (are) 많은 (수의) 사람들]
        [amounts of salt (are)] 많은 (양의) 소금

  ★ 'lots of'와 비교 ☞ p. 184

- <u>the number of</u> people (is)
  사람들 수 〉 인원수 (the number of persons 머릿수)
  - the number[amount] of: '특정한 수[량]'을 나타냄, 단수동사로 받음

  ▶ 특정한 수: "중간고사 때 수학 몇 점 맞았니?" "85점이요." – 이때의 85점은 ('높고 낮고'가 아닌, 다시 말해 복수 의미가 아닌) 0점부터 100점 중 한 점수를 뜻합니다. (0~100 사이의 숫자 중 유일) 특정한 수는 수의 크기와 상관없이, 수많은 수 가운데 한 수를 뜻합니다. 이것이 'the number of'를 단수동사로 받는 이유입니다. 특정한 양인 'the amount of'도 마찬가지입니다. 예 The amount of agricultural products has increased. 농산물 양이 증가했다.

아래 예문을 비교해 보십시오.

- There are <u>a number of</u> problems with that.
  그것과 관련해 몇 가지 문제가 있다.
  - 몇 가지 문제는 복수이므로 복수동사(were)로 받음
    - 예) A number of fish were flopping on the deck.
      물고기 몇 마리가 갑판 위에서 퍼덕거리고 있었다.
      (fish: 단복수 동형, 이때의 fish는 복수)
  - 많고 적음은 'large · small' 등을 써서 나타냄
    - 예) A large number of cars were parked outside.
      밖에 많은 차가 주차되어 있었다.
  - 엄청나게 많으면 'huge[great] numbers' 이렇게 복수로 나타냄
    - 예) Huge numbers of germs are alive.
      엄청나게 많은 세균이 살아 있다.

- <u>The number of</u> cars in Jeju is increasing rapidly.
  제주의 자동차 수가 급속히 증가하고 있다.
  - 자동차 수는 특정한 수이므로 단수동사(is)로 받음
    - 예) The number of taxies is limited.
      택시 수는 제한되어 있다.
      The number of stars in the universe is incalculable.
      우주에는 별이 셀 수 없을 정도로 많다.
  - 특정한 '시간 · 거리, 무게 · 돈의 액수' 등의 수량도 단수동사(is)로 받음
    - 예) Two years is a very long time to be without you.
      (군대 가는 남자친구에게) 2년은 너 없이 보내기에 정말 긴 시간이야.
      Ten miles is a long way for me to run.
      10마일은 달리기에 나한테는 먼 거리다.
      A tuna weighing thirty kilograms was sold for one million won.
      30킬로그램짜리 참치가 100만원에 팔렸다.
      Millions of dollars was stolen.
      수백만 달러를 도난당했다.

어떻습니까? 부정관사와 무관사, 단복수를 알고 나니, 명사가 새롭게 보이지 않습니까?

a & ∅, -(e)s
object의 언어적 산물

이동하며 살 수밖에 없는 운명, 서양인은 생존을 위해 자연을 정복해야 했고, 정복을 위해 관찰해야 했습니다. (땅을 부치며 살 수밖에 없는 운명, 동양인은 생존을 위해 자연과 화합해야 했습니다. 끝내 자연과 하나가 되었습니다.) 관찰은 서양인으로 하여금 1인칭 관점의 눈을 갖게 했고, 바라본 세상은 개체로 인식되는 'object 낱낱의 독립적/개별적 물체'의 집합체였습니다. 이를 분석하고 분류하다 보면, 자연히 수의 개념이 중요해집니다. 이는 그대로 언어에 투영되었고, 문법에 반영되었습니다. 부정관사와 무관사, 단복수는 'object의 언어적 산물'입니다.

[사물이 세상에 존재하는 양상에 따라, 서양인의 눈에는 개체로 인식되는 명사가 있고, 비개체로 인식되는 명사가 있습니다. 또한, 단수로 인식되는 명사가 있고, 복수로 인식되는 명사가 있습니다. 이에 따라 'a & ∅, -(e)s'가 선택됩니다.]

[세상을 'object의 집합체'로 본다는 말은 곧, 문장편에서 밝혀지겠지만, 영어가 명사 중심의 언어라는 뜻입니다. 국어는 동사 중심의 언어입니다.]

이제 정관사 'the'를 살펴볼 차례입니다. 관찰에서 비롯된 세계에서 나와 또 다른 세계로 들어갈 것입니다.

명사의 종류

- ✓ 보통명사
  - I baked a cake.
- ✓ 고유명사
  - Betty, Korea, April
- ✓ 집합명사
  - I have a large family.
    My family are all very well.
    Cattle are grown for their meat and milk.
    This furniture is extremely cheap.
    She was dressed in ordinary clothes.
- ✓ 물질명사
  - I had cake for breakfast.
- ✓ 추상명사
  - He often listens to music in the car.

'-(e)s'

- ✓ 총칭
  - Dogs are faithful animals.
- ✓ 복수
  - Suddenly, two fish in the fishbowl were dead.
    These glasses suit people with round faces.
    You'll have to change trains for Gangnam at Mapo.

명사 · 관사

내 것으로 만들기

a는 a고,
the는 the입니다.

'the'

Definite Article

the는 명사 앞에 쓰이는 점을 제외하면, 같은 관사지만 a와는 완전히 다른, a와는 전혀 상관 없는 말입니다. 'a와 the', 이 둘을 왜 관사로 묶었는지 의아할 정도입니다.

- the book   [the + 보통명사, 단수]
  the books   [the + 보통명사, 복수]

  the family   [the + 집합명사, 단수]
  the families   [the + 집합명사, 복수]

- the Alps   [the + 고유명사]
  the water   [the + 물질명사]
  the love   [the + 추상명사]

the는 위와 같이 단수와 복수뿐 아니라, a의 기준인 '개체냐 비개체냐'와 상관없이, 명사의 종류와 상관없이 쓰입니다.

여러분

the는 인식의 정도와 관련해 (a가 아닌) 대명사와 비교되는 말입니다. the가 끝날 때까지, a와 s는 잊어 주십시오.

관사의 종류
  └ 부정관사 'a' ('an'을 포함)
  └ 정관사 'the'
  └ 무관사 'Ø 무표'

관사는 한정어에 속하고, 한정어는 앞에서 명사를 한정하는 말입니다. 무관사 'Ø'는 명사를 한정할 필요가 없어 쓰이는 것이고 부정관사 'a'는 '개체냐, 비개체냐'를 따지는 것이라 명사를 한정한다는 느낌을 많이 주지는 않습니다. 이와 달리, 정관사 'the'는 명사 한정의 진면목을 보여 줍니다.

the로 명사를 한정함은 명사를 '특별히 지정함'을 뜻합니다. 즉 the로 한정된 명사는 '특정한 명사'입니다. the가 쓰이는 일차적인 이유는 명사를 특정할 필요가 있고, 그러한 명사를 특정하기 위해서입니다.

명사를 한정 〉 명사를 특정
한정된 명사 〉 특정한 명사

'the + 명사'에서, the는 뒤에 있는 명사가 '특정한 명사임'을 가리킵니다. 이것이 the를 '**정관사** 定冠詞 · Definite Article'로 부르는 이유입니다.

질문입니다. 아래 예문을 영작하면?

- 소파 위에 (어떤) 고양이가 (한마리) 있다. (그) 고양이는 희다.

—| 정관사 'the'는 어떤 때에 쓸까?

- A cat is on the sofa. <u>The cat</u> is white.

위 예문과 관련해 보통 문법책에 ▶ 앞서 나온 명사를 말할 때는 the를 쓴다고 나옵니다. ◀ 그럼 sofa 앞에 있는 the는? 어떻게 처음부터 the를 썼나?

위 예문은 영어다운 표현이 아닙니다.

영어답게 어떻게 표현하는지는 the를 알아 가다 보면 자연스럽게 알 수 있습니다. 아래는 the가 쓰이는 기준입니다.

the의 기준 ■ 상대방의 인지 범위 내에 있는 명사냐 아니냐
− 쉽게 말해, 상대방의 머릿속에 들어 있는 명사냐 아니냐

자, 그럼 the의 용법을 살펴보겠습니다.

> **the의 용법**

용법1 ■ 상대방이 알게 된 명사를 말할 때

- I have <u>a computer</u> and <u>a smartphone</u>.
  컴퓨터하고 스마트폰이 있어.
  - a computer[smartphone]: 불특정한 컴퓨터[스마트폰]

위 예문의 컴퓨터와 스마트폰은 화자가 처음 말한, 말하기 전에는 상대방은 모르는, 상대방의 인지 범위 내에 없는 - 머릿속에 들어 있지 않은 - 불특정한 명사입니다. 이때는 a를 씁니다.

① <u>The computer</u> is made by LG, <u>the smartphone</u> is made by Samsung.
  컴퓨터는 엘지 거고, 스마트폰은 삼성 거야.
  - The computer[smartphone]: 특정한 컴퓨터[스마트폰]
  - the는 단복수에 상관없이 쓰임
    예 The computers are made by ..., the smartphones are made by ...
    컴퓨터들은 엘지 거고, 스마트폰들은 삼성 거야.

①의 컴퓨터와 스마트폰은 화자가 앞서 말한, 이미 말해 상대방이 알게 된, 상대방의 인지 범위 내에 있는 특정한 명사입니다. 바로 이때, the를 씁니다.

용법2 ■ 상대방이 알 수 있는 명사를 말할 때

② Please close <u>the door</u>.
    (방에서) 방문 좀 닫아 줄래.

②의 방문은 화자가 앞서 말하지 않았는데, 처음부터 the가 쓰였습니다. 이유는? 네, 그렇습니다. 방문은 방에 하나밖에 없으므로 닫아 달라는 문이 어떤 문인지, 미리 말하지 않아도 상대방이 알 수 있기 때문입니다.

이제는 아래 예문이 확실히 눈에 들어옵니다.

- There is <u>a cat</u> on <u>the sofa</u>.
      소파 위에 고양이가 있다.
  - a cat: 처음으로 말한, 말하기 전에는 상대방은 모르는 불특정한 고양이
  - the sofa: 미리 말하지 않아도, 상대방이 알 수 있는 특정한 소파
  - the light / the window / the floor / the ceiling / the carpet etc.
    예 Turn on the light, please?
        불 좀 켜 줄래?
    My grandmother was looking out the window.
        할머니는 창밖을 보고 있었다.
    The baby is sleeping on the floor.
        아기가 마룻바닥에서 자고 있다.
    Rain water is dripping through a crack on the ceiling.
        빗물이 천정 틈새로 흘러내리고 있다.
    I spilt my coffee over the carpet.
        카펫 위에 커피를 쏟았다.

여러분

문법은 암기한다고 되는 일이 아닙니다.

- Please open a window.
  (교실에서) 창문 좀 열어 줄래.
  − a window: 불특정한 창문

위 예문은 ②와 달리 window에 the가 쓰이지 않고, a가 쓰였습니다. ②와 무엇이 다를까요?

위 예문은 창문이 적어도 두 개 이상 있는, 이를테면 교실에서 한 말입니다. 창문이 두 개 이상이면, 열어 달라는 창문이 어떤 창문인지 상대방이 알 수 없습니다. 상대방의 인지 범위 내에 없습니다. the가 쓰일 수 있는 상황이 아닙니다.

위 예문은 창문이 두 개 이상이고, 그 중에 아무거나 한 개를 열어 달라는 말입니다. 아래 예문과 비교해 보십시오.

- Please open the leftmost window.
  맨 왼쪽에 있는 창문 좀 열어 줄래.
  − the leftmost window: 맨 왼쪽 창문은 한 개, 어떤 창문을 말하는지 상대방이 알 수 있음, 특정한 창문
  − 수사+명사
    예 Please open two windows. 창문 두 개를 열어 줄래.
       Please open two of four windows. 창문 네 개 중에 두 개를 열어 줄래.
       Please open just one window. 창문을 딱 하나만 열어 줄래.
  − all+명사 (창문 전부는 어떤 창문인지 상대방이 생각할 필요가 없음, the를 쓰지 않아도 됨)
    예 Please open all (the) windows. 창문을 전부 다 열어 줄래.

정관사 'the'

아래 예문도 처음부터 the가 쓰였습니다.

- I went to the post office to send a parcel to Betty.
  베티에게 소포를 보내기 위해 우체국에 갔다.
  - the post office: 특정한 우체국

사회가 오늘날처럼 발달하지 않은 옛날에는 우체국이 마을에 하나뿐이었습니다. 우체국에 간다고 하면, 하나뿐이므로 어느 우체국에 가는지 상대방이 알았습니다. 이러한 유래에서 우체국은 특정한 곳이고, 오늘날에도 the가 쓰입니다.

특정한 곳으로, 우체국을 비롯해 '동사무소 · 경찰서 · 소방서'와 같은 관공서, 일상생활과 밀접한 '식당 · 시장 · 식료품점, 미용실 · 은행 · 병원, 기차역 · 정류장, 공원 · 극장' 등, 이런 곳에 간다거나 이런 곳을 언급할 때는 대개 the가 쓰입니다.

- I'll go to the market with my mother.
  엄마랑 시장 갈 거야.
  - the market: (엄마랑 평소에 가는) 특정한 시장
  예 You'd better go to the doctor right now.
    지금 당장 (의사의 진찰을 받으러) 병원에 가 보는 게 좋을 거야.
    Is this the way to the station? 이 길이 역으로 가는 길인가요?
    Let's go to the theater. 극장 가자.

주의! 위와 같은 명사라도 특정하지 않으면, 불특정하면 a를 씁니다.
* Is there a convenience store near here? 이 근처에 (어떤) 편의점이 있나요?
* A woman walked into a restaurant. (어떤) 여자가 (어떤) 식당에 들어갔다.
* Why don't we see a movie together? 같이 (어떤) 영화 보지 않을래?
  ('Why don't we go to the movie "Avatar"?'와 비교. '아바타'라는 특정한 영화)

한편, 아래 예문에서 말하는 신체 부위는 누구의 신체 부위인지 알 수 있는 특정한 신체 부위입니다. the가 쓰입니다.

- He held me <u>by the arm</u>.
    he는 (내가 가지 못하게) 내 팔을 잡았다. (NOT ... by my arm)
    - by the arm: '수단'의 by, '내 팔을 이용해 > 내 팔을 잡음으로' 나를 잡음
    - 팔보다 구속에 초점이 있음 (어디를 잡든, 나를 가지 못하게 했다는 것이 중요)
    - 'He held[caught/seized/grabbed/pulled/shook/took] me ...': 나를 구속함
        예 I caught a thief by the arm. 도둑의 팔을 잡았다.
            (도둑을 잡기 위해 팔을 잡은 것이지, 팔을 잡기 위해 팔을 잡은 것이 아님)
    - 'He held my arm.': 잡은 것이 내 팔
        예 The nurse held my arm to check the pulse.
            간호사는 맥박을 재려고 내 팔을 잡았다. (팔을 잡기 위해 팔을 잡음, 구속의 의미가 없음)
        He held his head. he는 (머리가 아파) 머리를 감싸 쥐었다.

- He hit me <u>on the head</u> (with his hand).
    he는 (손으로) 내 머리를 때렸다. (NOT ... me on my head)
    - on the head: '접촉'의 on, he의 손이 내 머리에 접촉 > 내 머리를 때림
    - 머리를 때려 내 감정을 상하게 함
    - 'He hit[beat/stroke/punched/slapped/patted/touched/kissed] me ...'
        : 내 감정이나 인격에 영향을 끼침
        예 He patted me on the shoulder. he는 내 어깨를 톡톡 쳤다. (격려함, 또는 위로함)
            She kissed me on the cheek. she는 내 뺨에 키스했다. (얼굴이 빨개짐)
    - 'He hit my head.': 때린 곳이 내 머리 (위험하게 머리를 때림)
        예 The knight kissed the Queen's hand. 기사는 여왕 손에 키스했다.

- He looked me <u>in the eye</u>.
    he는 내 눈을 쳐다보았다. (NOT ... me in my eye)
    - in the eye: '영역'의 in, he의 시선이 내 눈에 쏠림
    - 눈을 쳐다봐 신경이 쓰임, 내 감정에 영향을 끼침
    - '... looked in my eye.': 눈에 모래가 들어가 살펴봄, 또는 안과 의사가
        눈을 검사함, 내 감정에 영향을 끼치지 않음

용법3 ■ 상대방도 알고 있는 명사를 말할 때

③ Where is <u>the TV remote control</u>?

    TV 리모컨 어디 있어?

  – the TV remote control: 특정한 TV 리모컨

    예 Where is the dog?

        개는 어디 있어? (집에서 기르는 개가 있고, 식구에게 한 말)

        The telephone is ringing. Can you answer it?

        전화 왔다. 좀 받아 줄래? (전화벨 소리를 같이 들은 사람에게 한 말)

이때의 TV 리모컨은 집에서 쓰는, 상대방도 – 집안사람이면 모두 다 – 알고 있는 특정한 TV 리모컨입니다. 상대방의 인지 범위 내에 있습니다. the가 쓰입니다.

역으로, the가 쓰였다는 말은 곧 명사를 상대방도 알고 있다는 뜻입니다.

- Pass me <u>the salt</u>, please? [the + 물질명사]

    소금 좀 줄래요? (같이 식사하면서, 식탁 위에 있는 소금을 상대방이 모를 리 없음)

    예 Could we have the menu, please?

        메뉴 좀 볼 수 있을까요? (메뉴를 웨이터가 모를 리 없음)

- I don't understand <u>the question</u>. [the + 추상명사]

    그 질문이 이해가 안 가. (그 질문이 어떤 질문인지 상대방도 알고 있음)

    예 … but the music was very good.

        (같이 영화를 보고 나서) … 그런데 음악은 정말 좋았어.

        (같이 본 영화의 음악이니 상대방도 알고 있음)

용법4 ■ 누구나 아는 명사를 말할 때

④ <u>The moon</u> is a satellite, not a star.
　　　달은 위성이지 (빛을 발하는) 항성이 아니다.

위 예문과 관련해 보통 문법책에 ▶ 유일한 사물에는 the를 쓴다고 나옵니다. ◀ 고유명사도 유일한데, 그럼 모든 고유명사에 the를 써야 한다는 말인가?

지구에 살면서 달을 모르는 사람이 있을까요? '달' 하면, 어떤 달인지 누구나 압니다. 'the moon'인 이유는 세상 지식으로 누구나 달을 알기 때문입니다. 유일한 사물이라고, 무조건 the가 쓰이는 것이 아닙니다.

- <u>The earth</u> goes around <u>the sun</u>.
　　　지구는 태양 주위를 돈다.
  - the earth[sun]: 상식으로 누구나 아는 특정한 지구[태양]
  - the sun / the moon / the earth / the sky / the sea / the equator / the horizon / the north pole / the world / the universe etc.
    예) Why is the South Pole colder than the North Pole?
    　　왜 북극보다 남극이 추울까?
    The highest mountain in the world is Mount Everest.
    　　세계에서 가장 높은 산은 에베레스트 산이다.
  - 때로는 고유명사로 간주되어 대문자로 시작
    예) the Earth / the Equator / the North Pole
  - 형용사로 수식을 받으면 종류를 뜻하게 됨. 이때는 a를 써야 함
    예) a full moon 보름달 (달의 한 종류) / a new sun 새로운 항성

위와 같은 맥락에서, 유일한 사물인 고유명사와 the의 관계를 살펴보겠습니다.

널리 알려진, 세상 사람들이 아는 고유명사에도 the가 쓰입니다. 좋은 예가 세계적인 '산맥'과 '큰 강'입니다.

the Alps 알프스 산맥　　the Rockies 로키 산맥 (= the Rocky Mountains)
the Nile 나일 강　　　　the Mississippi 미시시피 강

산맥은 많은 지역에 – 여러 나라에 – 걸쳐 길게 늘어져 있어 많은 지역의 사람들이 압니다. 옛날로 치면 세상 사람들이 산맥을 안 것입니다. 큰 강도 마찬가지입니다. the가 쓰입니다.

같은 이유로 넓고 넓은 '바다·사막', 큰 강처럼 길고 긴 '해협·운하, 터널·고속도로', 세계적인 '체인 호텔·레스토랑' 등에도 the가 쓰입니다.

the Pacific (Ocean) 태평양　　the Mediterranean (Sea) 지중해
the Sahara (Desert) 사하라 사막　the English Channel 영국 해협
the Suez Canal 수에즈 운하　　the Channel Tunnel 채널 터널
the Silk Road 실크로드　　　　the Gyeongbu Line 경부선
the Hilton 힐튼 호텔　　　　　the Outback 아웃백 레스토랑

하지만 한 지역에 있는 개별적인 '산·호수, 섬·만' 등에는 타 지역 사람들은 모르므로, the가 쓰이지 않습니다.

Mt. Everest 에베레스트 산　　Mont Blanc 몽블랑 산
Lake Victoria 빅토리아 호수　　Borneo 보르네오 섬
Long Island 롱아일랜드　　　　Hudson Bay 허드슨 만

중요한 사실은 여러 산들이 the로 묶이면 '산맥 the mountains'이 된다는 것입니다. 다시 말해, the에는 '사물들을 하나로 묶는' 기능이 있다는 것입니다.

미국은 50개 주로 이루어진 나라입니다. 그런데 'united states 연합된 주들' 이렇게 the를 안 쓰고 한정하지 않으면, 나라라는 느낌이 들지 않습니다. the로 한정해 하나로 묶으면 통합된 나라가 됩니다. 아래와 같이 통합된 나라에는 the가 쓰입니다.

the United States (of America) 미합중국 (= the US)
the United Kingdom (of Great Britain) 영국 (= the UK)
the British Isle 영국 제도   the Korean Peninsula 한반도
the Japanese Islands 일본 열도   the Philippines 필리핀 군도
the Netherlands 네덜란드
(Netherlands: 'nether (해수면) 아래의'와 'lands 땅들, 간척지들'이 결합된 말)

응용하면,

- **the Kims** 김씨 일가, 또는 김씨 부부
  - the로 people을 하나로 묶어 '일가·부부' 또는 '팀·그룹, 단체·기구'를 나타냄
    예 the New York Yankees 뉴욕 양키스 (팀) / the Beatles 비틀즈 (그룹)
    the Labor Party 노동당 (단체) / the UN 국제연합 (기구)

- **the 1990s** 1990년대
  - the로 years를 통합해 '연대' 또는 '시대'를 나타냄
    예 the Joseon Dynasty period 조선시대 / the Victorian era 빅토리아 여왕 시대
    the post-war period 전후 시대 / the Jurassic period 쥐라기

- **the huge rains** 엄청난 양의 비, 큰비
    ★ 복수형으로 쓰이는 물질명사 ☞ p. 81

누구나 아는 '역사적 사실'이나 '사회적 이슈'에도 the가 쓰입니다.

- **the Industrial Revolution** [역사적 사건] 산업혁명
  - 역사적 사건인, 18세기 중엽 영국에서 시작된 경제 변혁을 말함
    ('the revolution of the industry 산업의 혁명'과 다른 말)
    예 the Watergate Affair 워터게이트 사건 / the Second World War 2차 세계대전
    the Great Depression 대공황 / the Renaissance 르네상스

- <u>The election</u> is the main event of this year. [사회적 이슈]
  선거는 올해의 주요 사건이다.
  예 The current government's welfare policy is ... 현 정부의 복지정책은 ...

도량형은 사회적 기준이고 약속으로 누구나 압니다. 도량형과 관련된 단위에도 the가 쓰입니다. ★ 기준의 by ☞ ❹ p. 268

- The store sells apples by <u>the pound</u>.
  가게는 사과를 파운드 단위로 〉 파운드로 판다.
  - 단위는 누구나 아는 사회적 기준·약속, 특정한 수량을 나타냄, the가 쓰임
    예 Cloth is sold by the yard. 옷감은 야드로 판다.
      Gasoline is sold by the gallon. 휘발유는 갤런으로 판다.
  - 시간 단위
    예 We rented the car by the day. 우리는 차를 하루 단위로 빌렸다.
      I get paid by the week. 주급을 받는다.
  - '무게·길이·부피'는 특정한 수량을 나타내는 말이 아님, the가 쓰이지 않음
    예 by weight[length/volume] 무게로[길이로/부피로]

  by the kilo[pound/gallon] 킬로[파운드/갤런] 단위로
  by the miter[yard/dozen] 미터[야드/다스]로
  by the hour[day/week/month/year] 시간[날/주/월/년]당

정리하면,

> 용법1 ■ 상대방이 알게 된 명사를 말할 때
> 용법2 ■ 상대방이 알 수 있는 명사를 말할 때
> 용법3 ■ 상대방도 알고 있는 명사를 말할 때
> 용법4 ■ 누구나 아는 명사를 말할 때

위 네 용법의 공통점은 명사가 '상대방의 인지 범위 내에' 있는 것입니다.

여러분

영미인의 대화를 듣다 보면 종종, 말끝에 'you know?'를 붙이면서 공유를 확인합니다.

서양문화는 개인주의를 바탕으로 합니다. 개인이 모인 사회나 집단에서는 '공유'가 미덕이라고 할까요? 상호 존중 속에 지식과 정보를 공유하며 관계를 발전시켜 나갑니다.

영어는 명사 중심의 언어입니다. 개인주의에 명사 중심의 언어관이 더해져 명사를 공유하고, 공유한 명사를 상대방의 인지 범위 내에 있는지 없는지를 확인하며 대화를 이어 갑니다. 이것이 영어라는 언어입니다.

생각 더하기   45. 고유명사와 'the'

유일한 고유명사는 유별하기도 합니다. 유별성을 지녀 이름만으로 고유한 제 뜻을 나타낼 수 있고, 다른 명사와 구별될 수 있습니다. 많은 고유명사가 유별한 인명·지명 등으로 인식되어 the가 쓰이지 않습니다. ('London Bridge'는 다리라는 건축물로 인식되지 않고, 지명으로 인식됩니다. 유별합니다.)

Betty, Einstein [사람]
Seoul, New York, London [도시]
California, Texas [주]
Korea, Britain, France [국가]
Asia, Europe, America, Africa [대륙]
Mt. Baekdu, Mt. Fuji [산]
Lake Nicaragua, Lake Travis [호수]
Bermuda, Easter Island [섬]
San Francisco Bay [만]
Seoul Station, Waterloo Station [역]
Inchon Airport, Kennedy Airport [공항]
London Bridge, Tower Bridge [다리]
Oxford Street, Prince Avenue, Broadway [일반도로]
Berkeley Square, Washington Square [광장]
Hyde Park, Central Park [공원]
Cambridge University [학교] (= the University of Cambridge)
Buckingham Palace, Kyongbok Palace [궁전]
Westminster Abbey, Canterbury Cathedral [종교 시설]
Christmas, Easter, St. Valentine's Day [종교 축제]
New Year's Day, Mother's Day [휴일]
Apollo 11 [우주선] / Mars [행성]

하지만 몇몇 고유명사는 유별성이 없어 the를 씁니다. 일례로, the를 쓰지 않으면, 신문 이름인 'the Times'는 'times 시대'와 구별되지 않습니다. the를 써서 유별성을 지니게 합니다.

the Washington Post, the Daily Mail [신문]
the Titanic, the Queen Elizabeth, the Mayflower [배]
  (the를 안 쓰면, 'titanic 거대한'과 'Queen Elizabeth 엘리자베스 여왕'과 'mayflower 5월 초목'과 구별되지 않음)
the White House 백악관 (a white house 하얀 집)
the British Museum 대영 박물관 (a British museum 영국의 한 박물관)

한편, the는 '상대적인, 대조적인, 양립적인' 것을 구별 짓습니다.

the left, the right 왼쪽, 오른쪽
the above, the below 위, 아래
the top, the bottom 꼭대기, 바닥
the beginning, the end 시작, 끝
the east, the west, the south, the north 동, 서, 남, 북
the morning, the afternoon, the evening 아침, 점심, 저녁
the present, the past, the future 현재, 과거, 미래

[past가 '어둡거나 복잡한 과거 경험'을 뜻할 때와 future가 '앞길·장래'를 뜻할 때는 a를 씁니다. * She is a widow with a past. 그녀는 과거가 있는 과부다. / The kid has a bright future 그 아이는 장래가 밝다.]

> 총칭의 'the'

① <u>Dogs</u> are animals. [∅+복수명사]
   - 일반적인 개. 총칭은 주로 'dogs'와 같은 '무관사+복수명사'로 나타냄

② <u>A dog</u> is a faithful animal. [a+단수명사]

'a dog'의 개 한 마리는 개 전체를 대표하는 일종의 샘플이므로 모집단에서 샘플을 꺼내면 '하나같이 > 예외 없이' 개만 나옵니다. (그래야 모집단이고 샘플입니다.) 따라서 ②는 어떤 개를 선택해도 '하나같이' 충직한 개라는 말입니다. 하지만 세상에는 충직한 개만 있지 않습니다. 'a dog'에는 '예외 없이'라는 뉘앙스가 있어 ②는 총칭 표현으로 적합하지 않습니다.

- <u>A Korean</u> is diligent.
   - 모든 한국 사람이 근면한 것은 아니므로, 총칭 표현으로 부적합

역으로, '예외 없이'라는 뉘앙스가 있어, 'a+단수명사'가 총칭 표현으로 적합한 경우가 있습니다. 다름 아닌, '영영사전의 표제어 설명'입니다.

- <u>A dog</u> is a common animal with four legs, fur, and a tail.
   (개 전체에서 어떤 개를 선택해도) 개는 다리 네 개와 털과 꼬리가 있는 흔한 동물이다.
   - 사전의 표제어 설명은 표제어의 정의와 다름없음. 예외가 있으면 안 됨
   - 개에 대한 설명이 예외 없이 모든 개에 적용됨. 총칭 표현으로 적합
   예 A computer is an electronic machine that can store and deal with large amounts of information.
      컴퓨터는 많은 양의 정보를 저장하고 처리하는 전자기기다.

아래 예문의 'a dog'와 'the dog'는 총칭을 나타내지 않습니다.

- <u>A dog</u> is running after my cat. [불특정한 개]
    - 어떤 개가 내 고양이를 쫓고 있다.
    - 예 I have a dog. 개를 길러.

- <u>The dog</u> is running after my cat. [특정한 개]
    - 그 개가 내 고양이를 쫓고 있다.
    - 예 I have the dog. 그 개를 길러.

일차적으로, 'a+단수명사'와 'the+단수명사'는 불특정한 명사와 특정한 명사를 나타냅니다. 이것이 총칭을 주로 '무관사+복수명사'인 ①로 나타내는 이유입니다. 그런데 진짜 문제는 ③입니다.

③ <u>The dog</u> is a faithful animal. [the+단수명사]

'the dog'도 총칭을 나타낸다는 것입니다. 그럼 'dogs'와 어떤 차이가 있을까요? 한번 비교해 보십시오.

① <u>Dogs</u> are animals.
③ <u>The dog</u> is an animal.

직역하면, ①은 '개라는 종은 동물이다.'입니다. 총칭 표현으로 문제될 것이 없습니다. 하지만 ③은 다소 어색하게 들립니다. 이유는 개가 동물인 것을 누구나 다 아는데, '개로 말할 것 같으면 동물이다.' 또는 '개는 식물이 아니고 동물이다.' 이렇게 들리기 때문입니다.

▣ the + 단수명사

① <u>Dogs</u> are faithful animals.

'dogs'는 개라는 종으로서 개 전체를 말합니다. 초점이 '종(種)'에 있습니다.

③ <u>The dog</u> is a faithful animal.

the는 뒤에 있는 명사가 '특정한 명사임'을 가리킵니다. 따라서 'the dog'는 개라는 특정한 동물로서 개 전체를 말합니다. 초점이 '특정한 동물'에 있습니다. 요컨대, 총칭의 'the dog'는 어감이 '개로 말할 것 같으면…….' 이렇습니다. 확실히 하면,

- <u>The giraffe</u> is the tallest of all animals.
  (유치원에서 아이들에게) 기린으로 말할 것 같으면 〉 기린은 모든 동물 중에 키가 가장 커요.

기린을 특정한 동물로 보고, '기린으로 말할 것 같으면…….' 이렇게 '기린을 특정하게' 말하는 느낌을 줍니다. 오늘의 주제가 기린인가 봅니다. 기린에 관한 이야기가 이어질 듯합니다.

- <u>The tiger</u> is becoming extinct.
  호랑이라는 특정한 동물이 〉 호랑이가 멸종되고 있다.
  – 호랑이라는 특정한 주제. 이어서 관련된 세부 내용이 나올 듯함
  ★ 주어와 주제어 ☞ p. 356

주의! 불특정한 호랑이를 말할 때는 a를 씁니다. ★ 'a+단수명사' ☞ p. 91
  * I saw a tiger at the zoo. 동물원에서 호랑이를 봤다.

특정함은 '특별함'이고, 보통의 것과 같지 않은 '다름'입니다.

③은 다른 동물에 비해 상대적으로, 개는 충직하다는 말입니다. 다름을 드러내고 싶거나 강조하고 싶으면, ③으로 총칭을 표현합니다. 그렇습니다. '개는 충직한 동물이다.'의 가장 적합한 영작은 ③입니다.

[①은 개라는 종에 대한, 일반적인 개에 관한 내용과 어울립니다. 충직하다는 말을 개에 일반화시킬 수 있는지는 개인에 따라 판단이 다를 것입니다.]

총칭의 'the+단수명사'는 단수명사를 특정함으로 주제로 들리고, 다름을 말합니다. 아래 예문을 비교해 보십시오.

- <u>Giraffe</u> need around 2 hours of sleep a day. [일반적인 기린]
  기린은 하루에 약 두 시간 정도 자면 된다. > 두어 시간 잔다.
  ('giraffe 기린·zebra 얼룩말'은 얼룩달록한 얼룩무늬를 지녀 모여 있으면 개체로 분간하기 힘듦, 'fish 물고기'와 같은 단복수 동형으로 쓰이기도 함. 이 문장의 giraffe는 복수)
  – 기린의 특성을 일반적으로 말하는 것 같아 총칭 표현으로 다소 아쉬움

- <u>A giraffe</u> needs ... [예외 없는 기린]
  – 사전의 표제어 설명이면 적합

- <u>The giraffe</u> needs ... [특정한 동물로서의 기린]
  – 다른 동물에 비해 기린은 매우 적게 잔다는 말, 특성과 다름이 드러남
  총칭 표현으로 적합 (이 문장의 giraffe는 단수)
  예 The chimpanzee lives two times longer than the giraffe.
  침팬지는 기린보다 두 배 더 오래 산다.

['the+단수명사'는 다소 격식적인 표현으로, 특정하게 여겨지는 '전문적인/학술적인/기술적인' 내용과 관련된 명사를 말할 때 많이 씁니다. * The semiconductor is the mainstay of Korean exports. 반도체는 (다른 수출 품목보다) 한국 수출의 대들보다.]

처음으로 되돌아가 보겠습니다.

- A cat is on the sofa. The cat is white.

'a cat'은 '불특정한 고양이'고, 상대방이 모르는 '어떤 고양이'입니다. 불특정한 만큼 그다지 중요하지 않습니다. 특히, '어디에 어떤 것이 있다.'라는 표현에는 '어떤 것'보다 '있다'가 중요합니다. 'a+명사'를 문두에 쓰지 않고, '있다'가 중요해 아래와 같이 존재구문으로, 'There+be동사'로 표현합니다. (이때의 there는 약하게 발음)

또한, '불특정한 어떤 고양이'는 the를 써서 가리킬 정도로 특별하거나 유별하지 않습니다. 더구나, 영어는 연이은 명사 반복을 무척 꺼립니다. '대명사'를 주로 씁니다. 영어다운 표현은 아래와 같습니다.

- There is a cat on the sofa. It's white.
  소파 위에 고양이가 있다. 고양이는 희다.

용법1은 주로 'the+단수명사' 대신 대명사로 표현합니다.

- I have bought a book. It costs ten dollars.
  책을 하나 샀어. 10달러 줬어.
- I met a man, and he showed me the way.
  어떤 남자를 만났어. 그 사람이 나에게 길을 알려줬어.
  - 대명사에서 밝혀지겠지만, 영어는 대명사를 즐겨 쓰는 언어
  - 'the man'으로 말할 정도가 되려면, 이야깃거리인 주제나 화제가 되어야 함
    예 I met a man, but the man followed me.
    어떤 남자를 만났는데, 그 남자가 나를 따라왔어.

단, '대비·대조'의 말은 'the + 단수명사'로 나타냅니다.

I have a computer and a smartphone.
- The computer is made by LG, the smartphone is made by Samsung.
  컴퓨터와 스마트폰이 있어. 컴퓨터는 엘지 거고, 스마트폰은 삼성 거야.

A man and a woman were waiting for a bus.
- The man was holding an umbrella, the woman was wearing a raincoat.
  한 남자와 한 여자가 버스를 기다리고 있었다. 남자는 우산을 들고 있었고, 여자는 비옷을 입고 있었다.

위와 같은 맥락에서, 비교급에 the가 쓰입니다.

- The more we have, the more we want.
  가질수록 더 많은 것을 원한다. (= The more we have, we want more.)
  예 The sooner, the better. 빠를수록 좋다.

- Of the two, Mike is the cooler.
  두 녀석 중에 마이크가 더 멋지다.
  예 This is the more expensive of the two. 두 개 중에 이것이 더 비싸다.

- I like Mike all the better for his faults.
  결점 때문에 그만큼 더 〉 결점이 있어 오히려 마이크를 좋아한다.
  - all the better[worse]: 그만큼 더 낫게[나쁘게]
  예 Betty is loved all the better because she is honest.
  베티는 정직하기 때문에 그만큼 더 사랑을 받는다.

총칭의 the로 되돌아가겠습니다.

the의 특정함은 사물이 지닌 특성을 나타냅니다.

- **Who invented the telephone?** [발명품] 누가 전화기를 발명했습니까?
    - the telephone: 떨어져 있는 사람과 말을 주고받을 수 있는 통신수단으로써 '특정한 기능이 있는' 특정한 기계
        - 예 The computer is useful for doing many things. 컴퓨터는 많은 일에 유용하다.
        - He was listening to the radio. he는 라디오를 듣고 있었다.
    - 특정한 기능에 초점이 없고, 기계 자체에 초점이 있으면 a를 씀
        - 예 I bought a telephone yesterday.
        - 어제 전화기를 한 대 샀다. (a telephone: 전화기라는 제품이나 물건)
    - 총칭의 '무관사 복수형'은 사물의 특성을 내포하지 않음

- **Betty plays the piano very well.** [악기] 베티는 피아노를 아주 잘 친다.
    - the piano: 음악을 연주하는 데 쓰는, '특정한 소리를 내는' 특정한 악기
        - 예 Can you play the guitar? 기타 칠 줄 아니?
        - He teaches (how to play) the piano to children.
        - he는 아이들에게 피아노를 가르친다.
    - 음악 연주에 초점이 없고, 악기 자체에 초점이 있으면 a를 씀
        - 예 There is a piano in the living room. 거실에 피아노 한 대가 있다.
        - I want to buy a guitar. 기타를 사고 싶다.

사물이 지닌 특성은 추상적 의미로 나타나기도 합니다.

- **The pen is mightier than the sword.**
    - 文은 武보다 강하다. (군인의 총칼보다 문인의 붓끝이 더 힘이 있다.)
    - 예 She felt the mother rise in her breast.
    - she는 모성애가 이는 것을 느꼈다. (the father: 부성애 / the patriot 애국심)
    - When one is poor, the beggar will come out. 가난하면 거지 근성이 나온다.
    - What is learned in the cradle is carried to the grave.
    - 어릴 때 배운 것이 죽을 때까지 간다. 〉 세살 버릇 여든까지 간다.

▣ the + 복수명사

- <u>The teachers</u> of our school are over sixty.
    우리 학교 선생님은 60명이 넘는다. (우리 학교 선생님으로 특정됨)
    예 The actors in the Academy Awards are ...
        아카데미 시상식에 참석한 배우들은 ... (시상식에 참석한 배우들로 특정됨)
    The stars are shining brightly tonight.
        오늘 밤 별들이 밝게 빛나고 있다. (오늘 밤 별들로 특정됨)

위 예문은 the와 함께 복수명사를 특정하게 말하고 있습니다. 중요한 점은 아래 예문과 같이, the를 써서 (특정한 〉 특별한 〉 다른) '한 나라 사람들, 국민'을 나타낼 수도 있다는 것입니다.

- <u>The Koreans</u> are fond of singing.
    한국 사람들은 노래를 부르는 것을 좋아한다. (한국 사람들을 콕 집어 특정하게 말함)
    - the Koreans: 한국 사람들, 한국 국민, 한국인 (복수 의미라는 것에 주의)
            (the Koreans = Korean people = the people of Korea)
                특정한 총칭, 총칭에 특정함을 더하고 싶으면 the를 씀
                국가라는 개념이 포함되어 있음 (이 점이 총칭의 'Koreans'와 다름)
        예 The Koreans got over the IMF crisis in only five years.
            한국 국민은 (타 국민과 달리) 단 5년 만에 IMF 위기를 극복했다. ['Korea (got)'도 가능]
            The Japanese have about 1500 earthquakes a year.
            일본 국민은 1년에 1500번 정도 지진을 겪는다. ['Japan (has)'도 가능]
    - 무관사 복수형 'Koreans': 일반적 총칭 (국가라는 개념이 포함되어 있지 않음)
        예 She likes Koreans. she는 한국인을 좋아한다.
    - 고유명사 'Korea': 국명
        예 Korea is located in East Asia. 한국은 동아시아에 위치해 있다.

the Americans 미국 사람들	the Greeks 그리스 국민
the Belgians 벨기에 사람들	the Italians 이탈리아 국민
the Finns 핀란드 사람들	the Poles 폴란드 국민
the Germans 독일 사람들	the Turks 터키 국민

확실히 하면,

- He was born in England. He is <u>British</u>. [보어로 쓰인 형용사]
  he는 영국(국가)에서 태어났다. 영국인(국적)이다.

- <u>Chinese</u> characters [명사를 수식하는 형용사] 중국 문자 〉 한문

'British · Chinese'가 위 예문은 형용사로 쓰였고, the를 쓴 아래 예문은 명사로 쓰였습니다. 특히, '단복수 동형'입니다.

- <u>The British</u> are known as gentlemen. [특정한 총칭]
  영국인은 신사로 알려져 있다. (이때의 영국인은 복수 의미, 즉 '영국 사람들, 영국 국민')

- <u>The Chinese</u> are known for their pride.
  중국인은 자존심이 세기로 유명하다. (중국인을 콕 집어 특정하게 말함)
  예 The Japanese speak Japanese. 일본인은 일본어를 말한다.
  　　(단복수 동형 – 일본인 한 명: a Japanese / 일본인 두 명: two Japanese)
  – 'man/men'을 붙여 단수/복수로 개인을 나타내는 경우에 주의
  예 영국인 한 명: a British man / 영국인 두 명: two British men
  　　(이때의 영국은 국적을 뜻함. 이때의 British는 형용사)
  　　프랑스인 한 명: a Frenchman / 프랑스인 세 명: three Frenchmen

['영국 사람들, 영국 국민'을 뜻하는 영국인은 ('the English'가 아닌) 'the British'입니다. ('the British'는 'the English 잉글랜드인 · the Scots 스코틀랜드인', 'the Welsh 웨일스인 · the Northern Irish 북아일랜드인'을 모두 포함하는 말입니다.)]

- the French 프랑스인
- the Spanish 스페인인
- the Polish 폴란드인

　the Swiss 스위스인
　the Portuguese 포르투갈인
　the Vietnamese 베트남인

- **the + 형용사**

- <u>The young</u> are the hope of the future.
  젊은이는 미래의 희망이다.

위 예문과 관련해 보통 문법책에 ▶ '형용사 young' 앞에 the를 쓰면 '복수 보통명사 young people'가 된다고 나옵니다. ◀ 'the young'과 'young people'은 엄연히 표현이 다른데, 차이점이 있을 것이 아닌가? 'the young'으로 표현하는 이유가 있을 것이 아닌가?

위 예문을 두고 이러쿵저러쿵 말이 많습니다. 어떤 문법책은 아래와 같이 설명합니다.

> 관사는 명사 앞에만 쓴다. 형용사 앞에는 쓰지 못한다.
> 문법적으로, 'the young'의 young은 (형용사가 아닌) 명사다.
> 'the young'은 'the+명사=전체를 대표하는 명사'다.

'the young'만 보면, 일리가 전혀 없는 것은 아닙니다. 관사는 형용사 앞에는 쓰지 못하므로, 명사 앞에만 쓰므로, young을 명사로 볼 수도 있습니다. 'the young'이 총칭의 개념으로 전체를 대표할 수도 있습니다. 하지만 young이 명사가 되면 단수명사가 됩니다. 단수명사인데, 왜 복수 취급? 이런 문제가 또 생깁니다.

'젊은이는 미래의 희망'이라고 말하면, 의미상 이때의 젊은이는 한 명을 뜻하지 않습니다. 복수 의미인 '젊은 사람들'을 뜻하고 누구나 이렇게 알아듣습니다.

여러분

'the young'은 뒤에 'people'이 생략된 것으로 보는 것이 수의 일치도 보이고, 의미적으로도 문법적으로도 타당합니다.

관사나 형용사 다음에는 명사가 옵니다. 'the young'이라고 말하면, 누구나 people이 생략된 줄로 압니다. people이 생략돼도 의미상 복수 의미인 줄로 압니다. 이렇게 관용적으로 굳어진 말이 'the young'입니다. 복수 의미라 복수동사로 받습니다.

그럼 왜 'young people'로 말하지 않고, 'the young'으로 말할까요? 네, 그렇습니다. 특정하게 말하고 싶어서입니다. 특정하게 말하므로, 젊은이가 강조되기도 합니다.

the young[old or elderly] 젊은이[노인]
- 명사가 쓰인 'The youth'와 비교
  예 The youth 청년 (젊은이들로 이루어진 특정한 계층)
  ★ 특정한 조직·계급[계층] ☞ p. 59

the rich[poor/weak] 부자[빈자/약자] (the idle rich 놀고먹는 부자)
the dead[alive] 사망자[생존자] (the dead and wounded 사상자)
the sick[injured] 환자[부상자] / the unemployed[homeless] 실업자[노숙자]
the disabled[blind/deaf] 장애인[시각/청각 장애인]
the idle[brave] 게으른 자[용감한 자]

- The rich are apt to look down on the poor.
  부자는 가난한 사람을 얕잡아 보기 쉽다.
  − ('부자로 말할 것 같으면, ...' 이러한 어감으로) 부자와 빈자를 특정하게 말함
    예 The injured were all children. 부상당한 사람들은 모두 아이들이었다.
       We want to create jobs for the unemployed.
       우리는 실업자들을 위한 일자리를 창출하길 원한다.
  − 한 명을 말하고 싶으면 'person'이나 'man'을 씀. 단수동사로 받음
    예 The injured person was my brother. 부상당한 사람은 내 동생이었다.

주의! 'the accused 피고'와 'the deceased 고인'은 뒤에 people이 생략된 말이 아닙니다. 의미상, (피고와 고인은 한 명을 뜻하므로) 뒤에 person이 생략된 말입니다. 단수동사로 받습니다.

* The accused was sentenced to death. 피고는 사형선고를 받았다.
* The deceased was a patriot. 고인은 애국자였다.

아래 예문의 'the+형용사'는 추상적 의미입니다. 뒤에 'thing'이 생략된 말입니다. 추상적 의미라 단수동사로 받습니다.

- The good does not always go with the beautiful.
  善은 항상 美와 어울리는 것이 아니다.
  − 추상명사 'truth · goodness · beauty 진 · 선 · 미'보다 격식적이면서 세련된 말
    예 The unknown is mysterious and attractive.
       알려지지 않은 것은 신비롭고 매력적이다.
       The most beautiful thing we can experience is the mysterious.
       우리가 경험할 수 있는 가장 아름다운 것은 신비한 것이다.

the true[good/beautiful] 진[선/미]
the false[evil] 거짓[악한 것]
the unknown[real] 미지의[실제적인] 것
the mysterious[supernatural] 신비한[초자연적인] 것
the inevitable 필연적인 것

> 'the＋명사'와 수식과 설명

◼ the＋수식어＋명사

'only · next'와 같은, 유일한 의미의 형용사가 명사를 수식하면 유일한 명사로 한정되고, 특정한 명사가 됩니다. the가 쓰입니다.

- He's <u>the only lawyer</u> I know.
    he는 내가 아는 유일한 변호사다.
  − the only ... / the sole ... / the very ... / the right ... / the same ... etc.
    예 He's the sole survivor of the war. he는 전쟁에서 살아남은 유일한 생존자다.
    That was the very thing I wanted. 그것이 바로 내가 원한 것이었다.
    the right size 맞는 사이즈 / different people with the same name 동명이인

- The voices of people in <u>the next room</u> can be heard.
    옆방에서 사람 말소리가 들린다.
  − the next ... / the following ... / the opposite ... etc.
    예 Send the following message by fax, please. 다음 내용을 팩스로 보내 주세요.
    The opposite of love is indifference. 사랑의 반대는 무관심이다.

최상급과 서수도 유일하고 특정하니, the가 쓰입니다.

- <u>the tallest boy</u> in the class [최상급] 반에서 키가 가장 큰 아이
    예 the best friend 가장 친한 친구

- <u>the first chapter</u> [서수] 제1장
  − the first ... / the second ... / the fourth ... / the last ... etc.
    예 He's the last man to do such a thing. he는 그런 짓을 할 사람이 아니다.
    They fought to the last man. 그들은 최후의 한 사람까지 싸웠다. 〉전멸했다.

■ the + 명사 + 설명어 (★★★ 매우 중요)

- He's <u>the teacher</u> of this school.

위 예문과 관련해 보통 문법책에 ▶ 'of this school'이 'teacher'를 뒤에서 수식한다고 나오고, 이렇게 teacher가 후위수식을 받으면 앞에 the를 써야 한다고 나옵니다. ◀ 그럼 'a teacher'는 안 된다는 말인가?

보통 문법책을 따르면, 아래 예문에는 a가 쓰였으니 문법적으로 틀린 문장이어야 합니다.

- He's <u>a teacher</u> of this school.

하지만 틀린 문장이 아닙니다. 얼마든지 쓸 수 있는 문장입니다. 'the teacher'와의 차이는 우리가 이미 알고 있습니다.

- He's <u>a teacher</u>. he는 교사다.
  - a teacher: 교사라는 부류에 속한 한 명. 교사라는 직업을 가진 사람
    불특정한 (어떤) 교사, a가 쓰임
- He's <u>the teacher</u>. he가 (내가 전에 말한) 교사다.
  - the teacher: 이미 언급된 적이 있는, 상대방이 알고 있는 교사
    특정한 (그) 교사, the가 쓰임

'of this school'은 '이 학교의'라는 뜻입니다. 'teacher'와 얼마나 상관이 있는지, 뒤에 한번 붙여 보겠습니다.

- He's <u>a teacher</u> of this school.
    he는 이 학교 교사 중 한 명이다. 〉이 학교 교사다.
    - 불특정한 교사, a가 쓰임
        예 I met a student of English literature.
            영문과에 다니는 (처음 보는 어떤) 학생을 만났다.

- He's <u>the teacher</u> of this school.
    he는 (내가 전에 말한) 이 학교 교사다.
    - 특정한 교사, the가 쓰임
        예 I met the student of English literature.
            영문과에 다니는 (너도 알고 있는 그) 학생을 만났다.

살펴본 바와 같이, 'of this school' 때문에 teacher가 어떻게 되는 것이 아닙니다. 이는 관사 선택이 명사 자체의 문제라는 의미입니다. 아래 예문을 비교해 보십시오.

- as <u>a result</u> of the experiment
    (특정한) 실험의 한 결과로
    - a result: 불특정한, 여러 결과 중 한 결과
        예 a reason for my success 내가 성공한 (여러 이유 중) 한 이유

- as <u>some results</u> of the experiment
    (특정한) 실험의 몇몇 결과로
    - some results: 불특정한, 여러 결과 중 몇몇 결과
        예 some reasons for my success 내가 성공한 (여러 이유 중) 몇몇 이유

- as <u>the result</u> of the experiment
    (특정한) 실험의 결과로
    - the result: 특정한 결과
        예 the reason for my success
            내가 성공한 (특정한) 이유

['말(語)'이라는 것은 본디 앞말이 있고 뒷말이 있는 것입니다. 결코, 뒷말이 있고 앞말이 있는 것이 아닙니다. 영향을 미치면, 순서와 순리대로, 앞말이 뒷말에 영향을 미치는 것입니다. 어떻게 뒷말이 앞말에 영향을 미친단 말입니까? 보통 문법책의 심각한 문제는 뒷말에 따라 앞말이 어떻게 된다고 보는 역행적 사고, '후위수식'입니다.]

['of this school'은 앞에 있는 teacher를 수식하는 말이 아닙니다. 수식은 명사 뒤에서는 하지 않습니다. 'a tall boy 키 큰 아이'처럼 명사 앞에서만 합니다. 누누이 강조하지만, 뒤에서 명사를 수식하는 '후위수식'이라는 것은 영어문법에 없습니다.]

여러분

생각문법에서 앞으로 두고두고, 마지막까지, 줄기차게 강조하는 말이 있습니다. 다름이 아니라, 영어문장이 앞말을 뒷말이 설명해 나가는 '서술식 구조'라는 것입니다. (서술 = 설명 = 풀이)

"설명"이란 상대방이 (대)명사에 대해 모르거나 모를 것 같아 알 수 있도록 뒤에서 (대)명사를 풀이하는 것을 말합니다. (모르니까 뒤에서 설명) 수식은 앞에서, 뒤에서는 설명!

앞선 예문에서, 'of this school'은 수식어가 아닙니다. 'a[the] teacher'를 설명하는 '설명어'입니다. '명사 설명어'입니다.

- He's the principal <u>of this school</u>.
    he는 이 학교 교장이다.
    - the principal [앞말]: 학교에 교장은 한 명. 특정한 교장
    - 이때의 of는 '소속'을 의미 (이 학교에 속한 〉 소속된 〉 이 학교의)
    - of this school [뒷말]: 교장인데 어느 학교 교장? '이 학교의' 교장이라고
        교장에 대해 설명 (앞말을 뒷말이 설명)
        선행명사 'the principal'의 설명어

밑줄 친 말을 (뒤에서 명사를 설명하는) 명사 설명어로 보고, 아래 예문을 비교해 보십시오.

- He's a mayor in Korea. he는 대한민국의 (여러 시장 중) 한 시장이다.
  - a mayor: 시장은 도시 수만큼 있음. 그 중 한 명. 불특정한 시장
  - in Korea: 시장이 '대한민국의' 시장이라고 a mayor를 설명
    선행명사 'a mayor'의 설명어
  - 예 Seoul is a city in Korea. 서울은 한국에 있는 (여러 도시 중) 한 도시다.

  He's the Mayor of Seoul. he는 서울시장이다.
  - the Mayor: 서울시장은 한 명. 특정한 시장
    (Mayor: 대문자로 표현. 불특정한 시장과 구분)
  - of Seoul: 시장이 '서울의' 시장이라고 the Mayor를 설명
    선행명사 'the Mayor'의 설명어
  - 예 Seoul is the capital of Korea. 서울은 한국의 수도다.

- a picture of the[a] house
    그[어떤] 집을 찍은 어떤 사진 한 장
  - a picture: 불특정한 사진 한 장 / the[a] house: 특정한[불특정한] 집
  - of the[a] house: 사진이 '그[어떤] 집을 찍은' 사진이라고 a picture를 설명
    예 a woman with the[a] dog 그[어떤] 개를 데리고 다니는 어떤 여자

  the picture of the[a] house
    그[어떤] 집을 찍은 그 사진
  - the picture: 특정한 사진
  - of the[a] house: the picture를 설명
    예 the woman with the[a] dog 그[어떤] 개를 데리고 다니는 그 여자

후위수식은 역행적 사고! 앞말을 뒷말이 수식한다고 하면 영어는 끝! 후위설명은 순행적 사고! 앞말을 뒷말이 설명한다고 하면 영어는 만사형통!

아래 예문의 밑줄 친 말은 모두 명사 설명어입니다.

- My grandson is a child <u>of five</u>.

    우리 손자는 다섯 살짜리 아이 중 한 명이다. 〉 다섯 살이다.
    - a child [앞말]: 불특정한 한 아이
    - of five [뒷말]: 아이가 '다섯 살짜리' 아이라고 a child를 설명

        예 a son of my friend (아들인데 누구 아들?) 내 친구 아들
        a book of 300 pages (책인데 몇 쪽짜리 책?) 300쪽짜리 책

- She is a woman <u>of the name</u> <u>of Betty</u>.

    she는 베티라는 이름의 여자야.
    - a woman: 불특정한 한 여자
    - of Betty: 이름이 '베티'라는 이름이라고 the name을 설명
    - of the name of Betty: 여자가 '베티라는 이름의' 여자라고 a woman을 설명

- The height <u>of Mt. Halla</u> is 1950 meters.

    한라산의 높이는 1950 미터다.
    - the height: 특정한 높이 (산 높이는 특정하므로 the가 쓰임)
    - of Mt. Halla: 높이가 '한라산'의 높이라고 The height를 설명

        예 The Himalayas are the roof of the world. 히말라야 산맥은 세계의 지붕이다.
        on the ceiling[floor] of the kitchen 부엌 천장[바닥]에
        at the top[bottom] of page 147 147쪽 상단[하단]에

- Do you know the title <u>of the book</u>?

    그 책의 제목을 아니?
    - the book: 특정한 책 (책 제목은 특정하므로 the가 쓰임)
    - of the book: 제목이 '그 책'의 제목이라고 the title을 설명

[국어문장은 '수식 구조'입니다. 반면에, 영어문장은 '설명 구조', 즉 '서술식 구조'입니다. 명사 설명어는 서술식 영어 문장구조의 진면목을 보여줍니다. 하지만 우리가 인식하기에, 처음에는 낯설고 다소 어려울 수밖에 없습니다. 어마어마하게 중요하니 각별히 신경을 써야겠습니다. ★ 명사 설명어 ☞ ❷ p. 305, ❹ p. 63, 119]

응용해 보겠습니다. 아래는 명사 설명어로서, 관계사절이 형용사절로, 부정사구가 형용사구로 쓰인 예문입니다.

- The man <u>who lives next door</u> is a teacher. [관계사절]
    옆집에 사는 남자는 선생님이다.
    - 'who ... door': (남자가 '옆집에 사는' 남자라고) 선행명사 'The man'을 설명
        뒤에서 명사를, 즉 선행명사를 설명하는 절, 형용사절
        (역할로 말하면 형용사절, 형태로 말하면 관계사절)
    - 예 He works for a company <u>that publishes books</u>.
        he는 책을 출판하는 회사에 다닌다.
            ('that publishes books': 회사가 '책을 출판하는' 회사라고 a company를 설명)
        Who is the woman (who is) singing on the stage?
            무대에서 노래 부르고 있는 여자는 누구지?
        The Japanese people (whom) I know drink a lot of tea.
            내가 아는 〉 내가 알기로는 일본 사람들은 차를 많이 마신다.

- Have you got a key <u>to open the door</u>? [부정사구]
    문 열쇠를 갖고 있니?
    - to open: (열쇠가 '문을 여는 열쇠 〉 문 열쇠'라고) 선행명사 'a key'를 설명
        뒤에서 명사를, 즉 선행명사를 설명하는 구, 형용사구
        부정사의 형용사적 용법 (역할로 말하면 형용사구, 형태로 말하면 부정사구)
    - 예 Do you remember the promise <u>to buy a car</u> for me.
        나에게 차를 사주겠다는 약속 기억하죠?
            (to buy a car: 약속이 '차를 사주겠다는' 약속이라고 the promise를 설명)

관사 선택은 명사 자체의 문제! 비개체 명사면 무관사를 씁니다.

- He lost <u>command</u> of himself. [∅ + command]
    he는 자제력을 잃었다.
    - 예 I entered Hanguk University by <u>recommendation</u> of the principal.
        교장 선생님의 추천으로 한국대학에 진학했다.
        <u>freedom</u> of assembly 집회의 자유

—| 무관사 'ø'는 어떤 때에 쓸까?

'ø 무표', 즉 무관사는 명사를 특정할 필요가 없거나 특정할 수 없을 때 씁니다.

① 명사를 특정[한정]할 필요가 없을 때

> 호칭 · 작위

- <u>Waiter</u>, a glass of beer, please. [호칭]

  웨이터, 맥주 한 잔 주세요.

  − waiter: 이미 특정된 상대방을 부르는 말이므로 특정할 필요가 없음

  예 Are you ready to order, sir?

   주문하시겠어요, 손님? (여자 손님이면 'Ma'am')

   Officer, this man stole my bag.

   경찰관님, 이 남자가 내 가방을 훔쳤습니다. (Mr. President 대통령님)

   Your Honor, I didn't do it on purpose.

   재판장님, 그것은 고의가 아니었습니다. (Your Majesty 폐하 / my Lord 주인님)

   Come here, boy, quickly. 이리 와, 꼬마야, 어서.

  − 인명 앞에 쓴, 관직 이름인 직함도 일종의 호칭

  예 President Obama [직함] 오바마 대통령

   (Dr. Robert 로버트 의사 / Prof. Robert 로버트 교수 / Mr. Robert 로버트 선생 /
   Captain Cook 쿡 선장 / Prince Charles 찰스 왕자 / Uncle John 존 삼촌)

  − 식구를 부르는 말도 마찬가지

  예 father/dad/daddy[mother/mom/mommy], uncle[aunt]

   (단, 형제[자매]는 'brother[sister]'로 부르지 않고 이름을 부름)

- He was given the title of <u>duke</u>. [작위]

  he는 공작의 작위를 받았다.

  − duke: 작위는 이미 특정된 특정한 지위이나 벼슬, the를 쓸 필요가 없음

시간 · 요일, 주/달/년 · 계절

- at seven[noon/midnight], at night[dawn] [시간]

  7시에[정오에/자정에], 밤에[새벽에]
  - at seven: 7시라는 시점. 시점은 이미 한정된 시간이므로 한정할 필요가 없음
  - at night: 잠들면 무의식의 세계, 자고 나면 한 순간, 시점으로 인식됨

    예) I don't want to work at night. 밤에는 일하고 싶지 않다.

    The attack began at dawn. 공격이 새벽에 개시되었다.

  I'll call you tomorrow morning[afternoon/evening].

  내일 아침[오후/저녁]에 전화할게.
  - tomorrow morning: 시점으로 인식되는 아침
  - in the morning[night]: 언제부터 언제까지로, 특정한 시간대로 한정된 시간

    '시간대'로 인식되는 아침[밤] (= during the morning[night])

    예) I'll give you a call in the morning tomorrow.

    내일 오전 중에 〉아침나절에 〉아침에 전화할게.

    I woke up several times in the night. 밤사이 여러 번 잠을 깼다.

    I studied really hard all through the night[day].

    밤새도록[온종일] 정말 열심히 공부했다. (= all night[day] long)

- We'll meet on Sunday. [요일] 우리는 일요일에 만날 거야.

  - 시점으로 인식되는 일요일
  - 특정한 요일을 말할 때는 the를 씀. 이때는 주로 on을 생략

    예) "When did the accident happen?" "It was (on) the Sunday."

    "그 사고가 언제 발생했죠?" "일요일이었어요."

    He didn't call me, but he visited me the next Sunday.

    he는 나에게 전화하지 않았지만, 그 다음 일요일에 나를 찾아왔다.

    He visited me the Sunday before last.

    he는 지지난 주 일요일에 나를 찾아왔다. (the Sunday after next 다음다음 일요일)

  - 불특정한 어느 한 요일을 말할 때는 a를 씀

    예) He died on a Tuesday. he는 (어떤) 화요일에 사망했다.

    Don't call me on a Monday. (어떤 월요일이든) 월요일에는 전화하지 마라.

- I'll visit you next week[month/year]. [주/달/년]

    다음 주에[다음 달에/내년에] 찾아갈게.
    - next week[month/year]: 시점이나 시기, 즉 '한때'로 인식되는 주[달/년]

        예 I was born in December. 12월생입니다.
    - the next week[month/year]: 지금부터 앞으로 일주일간[한 달간/1년간] 시간대로 인식됨, 특정한 한 주, the가 쓰임

        예 The next week[few days] will be difficult.

        다음 주는[앞으로 며칠은] 어려울 것이다.

- Spring has come. [계절]

    봄이 왔다.
    - spring: 시점이나 시기, 즉 '한철'로 인식되는 봄

        예 The leaves on the trees turn yellow in autumn.

        가을에는 단풍이 든다. (in autumn = 영 in the fall)

        My business is good and busy in summer.

        여름에는 장사가 잘된다.

        I was born in winter.

        겨울에 태어났습니다.
    - the spring: 3월부터 5월까지 시간대로 인식되는 봄

        특정한 기간, the가 쓰임

        예 I'm planning to go to Jeju in the spring.

        봄 사이에 (3월에서 5월 사이에) 〉 봄에 제주에 갈 예정입니다.

        I go fishing very often in the summer.

        여름 기간 동안 〉 여름에 낚시하러 자주 갑니다. (= during the summer)
    - 특정한 계절을 말할 때는 the를 씀

        예 The winter of last year was very cold.

        작년 겨울은 몹시 추웠다. (the winter before last 재작년 겨울)
    - 불특정한 어느 한 계절을 말할 때는 a를 씀

        예 I spent a spring in Jeju and went back to Seoul.

        제주에서 봄을 보내고 서울로 돌아갔다.

무관사 'ø'

② 명사를 특정[한정]할 수 없을 때 – 동적 의미의 명사

운동

- My son is playing baseball.
    아들은 야구를 하고 있다.
    - 야구라는 운동. 운동은 동적이라 어느 한 동작으로 특정[한정]할 수 없음
        예) Soccer is called "football" in England. 영국에서는 축구가 "football"로 불린다.
        I enjoy skiing in winter. 겨울에 스키를 즐긴다.
    - a baseball: 야구공
        예) I was hit by a baseball on the head. 야구공에 머리를 맞았다.

시청

- My son is watching TV.
    아들은 TV를 보고 있다.
    - 시청 대상은 TV라는 기계가 아님. TV 화면 영상임. 영상은 움직임
    - 영상도 동적이라 어느 한 장면으로 특정[한정]할 수 없음
        예) I watched the World Cup on TV. TV 방송으로 〉TV로 월드컵을 봤다.
    - TV · 라디오 등을 제품이나 물건으로 볼 때는 기계 자체에 초점이 있으므로 the나 a를 씀
        예) I bought a television yesterday.
            어제 TV라는 기계[제품]을 〉 TV를 한 대를 샀다.
        The TV remote control is on the television. Turn the television off.
            TV 리모컨이 TV 위에 있다. TV를 꺼라.
        My daughter is listening to the radio. 딸은 라디오를 듣고 있다.
            [귀를 기울이고 있는 대상이 (소리가 아닌) 소리를 내는 라디오라는 기계]
        There is a radio on the table.
            탁자 위에 라디오 한 대가 있다.

식사

- He was having <u>breakfast[lunch · supper]</u>.
    he는 아침[점심 · 저녁]을 먹고 있었다.
    - '무엇을 먹느냐'보다 '언제 먹느냐'가 중요, 즉 '밥때'
    - 밥때 먹는 식사는 초점이 (음식이 아닌) '먹음'에 있음. 동적 의미
    - 동적 의미라 특정[한정]할 수 없음
        예) How about a drink after dinner?
            저녁 먹고 나서 술 한잔 할래요?
        I invited Betty to dinner yesterday.
            어제 저녁 식사에 베티를 초대했다.
    - at lunch: 점심 먹을 때에 〉 점심때에
        예) He visited me at lunch yesterday.
            he는 어제 점심때 나를 찾아왔다.

아래 예문과 비교해 보십시오.

- <u>The dinner</u> was very delicious.
    (오늘) 저녁 식사 정말 맛있었어요.
    - 식사를 특정하거나 지정할 때는 the를 씀
        예) I'm still waiting for the breakfast I ordered.
            주문한 아침 식사가 아직 나오지 않았다.

- I had <u>a big lunch</u> with my family.
    가족과 함께 푸짐한 저녁을 먹었다.
    - a big lunch: 형용사(big)로 수식을 받으면 음식에 초점이 있게 되고
                    음식의 '종류'를 뜻하게 됨. a를 씀
        예) I ate a hurried breakfast and left. 서둘러 아침밥을 먹고 떠났다.

- How about going out for <u>a meal</u>?
    외식하는 게 어때?
    - a meal: 끼니때 먹는 음식. 초점이 음식에 있음. a를 씀
        예) Enjoy your meal. 밥 맛있게 먹어.

무관사 'Ø'

장소 본래의 목적

'go to school[work]'의 school[work]은 '공부하다[일하다]'라는 의미로 쓰였습니다. 이렇듯 무관사가 쓰인 명사는 장소 본래의 목적을 나타내고, 동적 의미를 지닙니다. 동적 의미라 특정[한정]할 수 없어 무관사가 쓰입니다.

go to school	(공부하러) 학교에 가다
go to class	(수업하러) 교실에 가다
go to work	(일하러) 회사에 가다
go to church	(예배 보러) 교회에 가다
go to hospital	(치료 받으러) 병원에 가다
go to bed	(잠자러) 침대에 가다
go to market	(장 보러) 시장에 가다
go to town	(볼 일 보러) 시내에 가다
go to prison	(복역하러) 감옥에 가다
go to court	(재판 받으러) 법원에 가다
go to sea	(고기 잡으러) 바다에 가다

at school 수업 중	at anchor 정박 중
at class 수업 중	at sea 항해 중
at work 근무 중	
at church 예배 중	in school 재학 중
at play 노는 중	in hospital 입원 중
at table 식사 중	in bed 취침 중
at lunch 점심식사 중	in prison 복역 중
at war 전쟁 중	in jail 수감 중

- My son has gone to school. He is at school now.
  아들은 (공부하러) 학교에 갔다. 지금 (공부하는 곳인) 학교에 있다.
  예 Do you still go to hospital?
  아직도 (치료 받으러) 병원에 다니세요?
  You can leave hospital. 퇴원해도 됩니다.
  Boys, it's time to go to bed.
  얘들아, (잠자러) 침대에 갈 > 잠자리에 들 > 잘 시간이다.
  He was sent to prison for five years. he는 5년형을 받아 수감되었다.
  How many years have you been in prison?
  수감생활을 몇 년 하셨죠?
  He made up his mind to go to sea.
  he는 바다로 나가기로 > 선원이 되기로 결심했다.
  The fishing boats are at sea. 어선은 (고기 잡는 것을 목적으로) 출어 중이다.
  fishermen who go to sea for two weeks at a time
  (고기 잡으러) 바다로 한 번 나가면 2주를 보내는 어부들
  ★ in school, at school ☞ ❹ p. 370

하지만 '특정한 장소나 건물'을 말할 때는 the를 씁니다.

- She's gone to the school to meet her son's teacher. She's at the school now.
  she는 아들이 다니는 학교의 선생님을 만나러 학교(장소)에 갔다. 지금 학교(건물)에 있다.
  예 I went to the hospital to visit my uncle. (병원 건물에) 삼촌 병문안을 갔다.
  Let's go to the sea in the summer. 여름에 바다로 가자. (장소인 바다)
  - 불특정한 장소나 건물을 말할 때는 a를 씀
  예 Is there a school near here? 이 근처에 학교가 있나요? (건물인 학교)

주의! 미국영어는 장소 본래의 목적을 나타낼 때에도 종종 the를 씁니다.
  ✳ 영 in hospital / at university, 미 in the hospital / at the university

주의! 'at home[go to home]'의 home은 명사고, 'go home'의 home은 부사입니다. ✳ He is at home. he는 (쉬고자) 집에 있다. / He went home. he는 집으로 갔다.

무관사 'ø'

② 명사를 특정[한정]할 수 없을 때 – 추상적 의미의 명사

관직·신분

- Obama was elected <u>president</u> of the U.S. [관직]
  오바마는 미국 대통령으로 선출되었다.
  - 보어로 쓰인 이때의 president는 추상적 의미인 '대통령직'을 뜻함
    예 He became King of England. he는 영국의 왕이 되었다.
    He made me leader of the club. he는 나를 클럽의 리더로 만들었다.
    He appointed me manager. he는 나를 매니저로 지명했다.
  - the president: 특정한 '자리, 위치', 즉 '지위'
    예 He is the president of the company. he는 회사 회장이다. (가장 높은 자리)
    The tiger is the king of the jungle. 호랑이는 밀림의 왕이다. (최고 위치)
    He became the king. he는 왕의 자리에 올랐다. 〉 왕이 되었다.

- He attended the meeting as <u>chairman</u>. [신분]
  he는 의장의 신분으로 〉 자격으로 〉 의장으로서 회의에 참석했다.

교통·통신 수단

- I sometimes go to work <u>by taxi</u>. [교통수단]
  이따금 택시를 타고 출근한다.
  - by car[bicycle/bus/taxi/plane/ship], by land[sea/air], by express etc.
    예 Please send it by air[sea]. 그것을 항공편[배편]으로 보내 주세요.
    I want to send it by express. 그것을 속달로 보내고 싶습니다.
  - on foot: 걸어서 (이때의 on은 '의지·의존'을 의미. '발에 의지해 〉 걸어서')
    예 I go to school on foot.
        걸어서 학교를 다닌다. (= I walk to school.)
    He came on horseback.
        he는 말에 의존해 〉 말을 이용해 〉 말을 타고 왔다.

- We communicate <u>by email</u>. [통신수단]
    우리는 이메일로 연락을 주고받는다.
    - by telephone[post/letter/email/fax/telegram/satellite/cable/radio] etc.
        예 Can you send it to me by fax? 그것을 팩스로 보내 줄 수 있으세요?
            He contacted me by radio. he가 무선으로 내게 연락했다. (= by wireless)
            The rumor spread by word of mouth. 소문은 입에서 입으로 전해졌다.

아래 예문과 비교해 보십시오.

- He was <u>on the bus</u>. / He got <u>on the bus</u>. [운송 차량]
    he는 버스에 (타고) 있었다. / he는 버스에 (올라) 탔다.
    - 이때의 on은 '접촉 〉 탑승'을 의미
    - on the bus: 특정한 차량에 탑승
        예 He travelled on the train. he는 기차를 타고 여행했다.
            He was in the car. / He got in the car.
                he는 차 안에 있었다. / he는 차 안에 들어갔다. 〉 차를 탔다.

- He came <u>in a limousine</u>.
    [이를테면, (출세하고 금의환향한 친구를 보고) 서울에서 사업한다더니 성공했나봐.]
    he가 리무진을 타고 고향에 왔어.
    - 이때의 in은 '형식'을 의미
    - in a limousine: 리무진이라는 특정한 형태, 특정한 형식의 차량에 탑승
        예 They arrived in a helicopter. 그들은 헬리콥터를 타고 도착했다.
            They crossed the river in a canoe. 그들은 카누를 타고 강을 건넜다.

- He's talking <u>on the phone</u>. [통신 장비]
    he는 통화 중이다.
    이때의 on은 '접촉 〉 연결'을 의미
    - on the telephone: 특정한 통신 장비와 연결
        예 He heard the news on the radio. he는 그 소식을 라디오에서 들었다.

무관사 'ø'

학문명

- He took courses in <u>history</u> and <u>economics</u>.
  he는 역사와 경제학을 들었다.
  - 학문명을 비롯해 학과명·과목명은 추상명사
    예 He majored in politics in college. he는 대학에서 정치학을 전공했다.
    My favourite subject is English. 내가 가장 좋아하는 과목은 영어다.

질병명

- The old man died of <u>cancer</u>.
  그 노인은 암으로 사망했다.
  - 질병명도 추상명사
    예 He suffered from pneumonia[leukemia].
       he는 폐렴[백혈병]으로 고생했다.
    Many children catch cold in winter.
       많은 아이들이 겨울에 감기에 걸린다. (이때의 cold는 '감기 바이러스'를 뜻함)
  - 일상생활에서 흔히 걸리는, 한 차례의 '기침·재채기, 발열·통증'과 같은 증상이나 이러한 증상을 보이는 질병명에는 a가 쓰임
    (a cough 기침 / a sneeze 재채기 / a fever 발열 / a headache 두통
     an itch 가려움증 / an allergy 알레르기 반응 / a sore throat 인후염 / a fit 발작
     a heart attack 심장마비 / a stroke 뇌졸중 etc.)
    예 I can't smell because I have a cold.
       감기에 걸려 냄새를 맡지 못한다. (이때의 cold는 '일련의 증상을 보이는 감기'를 뜻함)
    I have a headache when I drink wine.
       와인을 마시면 머리가 아프다.
    He died from a heart attack. he는 심장마비로 사망했다.
  - 여드름처럼 형태가 있는 질병명에도 a가 쓰임
    예 I got a pimple on my face and squeezed it.
       얼굴에 뾰루지가 나서 짰다.

생각 더하기 46. '전치사+무관사+명사' 표현

아래는 전치사와 함께, 추상적 의미의 명사 앞에 무관사가 쓰인 말입니다.

by accident 우연히   by chance 우연히
by ear 악보 없이   by election 선거로
by force 힘으로   by heart 외워서
by mistake 실수로   by nature 본래, 선천적으로

in cash 현금으로   in danger 위험에 처한
in detail 상세히   in fact 사실은
in fashion 유행하여   in haste 서둘러
in ink 잉크로   in order 알맞은
in person 직접, 몸소   in place 제자리에
in practice 실제로   in secret 비밀리에
in short 한마디로   in time 시간에 맞춰

on business 업무로   on duty 당번인
on holiday 휴가로   on loan 빌려서
on occasion 때때로   on order 주문하여
on purpose 고의로   on time 정각에

at fault 잘못해서   at will 뜻대로
for life 평생, 죽을 때까지 out of breath 숨이 차서
under repair 수리 중   with care 신중히

무관사 'ø'

> 관사의 생략

관용적으로, 아래와 같은 경우에 관사를 생략합니다.

① '상대적인/대조적인/양립적인' 말이 'and'나 'or'로 이어질 때

  father and son 부자   husband and wife 부부
  doctor and patient 의사와 환자 mother and baby 산모와 아기
  old and young 노소   body and soul 몸과 마음
  day and night 밤낮   left and right 좌우
  either boy or girl 남학생도 여학생도
  neither child nor adult 아이도 아니고 어른도 아니고

② 'from ... to ...'로 이어질 때

  from beginning to end 처음부터 끝까지
  from first to last 처음부터 마지막까지
  from head to foot 머리끝에서 발끝까지
  from top to bottom 위에서부터 아래까지, 샅샅이
  from morning to night 아침부터 밤까지, 하루 종일
  from right to left 오른쪽에서 왼쪽으로
  from west to east 서에서 동으로
  from hand to mouth 하루살이 생활로
  from end to end 끝에서 끝까지
  from door to door 집집마다
  from place to place 이곳저곳

③ '밀접한 관계에 있는 두 명사'가 'and'로 이어질 때

: 두 번째 명사 앞에 있는 관사 생략
관사 생략으로, 앞 명사와의 밀접한 관계를 나타냄

a cup and saucer (한 쌍의) 받침 접시가 딸린 컵
[a cup and a saucer: (별개의) 컵 하나와 접시 하나]
a knife and fork (한 벌의) 나이프와 포크
the bride and bridegroom 신랑 신부
the King and Queen 국왕 부처
a man and woman (커플인) 남자와 여자

④ '동일한 명사가 반복'될 때

day by day 나날이
side by side 나란히
back to back 연이어
man to man 개인 대 개인으로
arm in arm 서로 팔짱을 끼고
year after year 매년

little by little 조금씩
step by step 한걸음씩
face to face 얼굴을 맞대고
toe to toe 정면으로 맞선
hand in hand 손에 손을 잡고
word for word 말한 그대로

이밖에 '신문의 헤드라인', '광고나 홍보의 제목' 등에서 곧잘 관사를 생략합니다.

- <u>Government</u> builds new <u>airport</u>
  정부 새 공항을 짓다 (= The government builds a new airport.)
  예 House to let 세놓음 (= the house)
  Don't park in front of gate 대문 앞 주차 금지 (= the gate)
  Fax list immediately 팩스로 리스트를 당장 보낼 것 (= the list)

the의 용법

- ✓ 상대방이 알게 된 명사
  - The computer is made by LG.

- ✓ 상대방이 알 수 있는 명사
  - Please close the door.

- ✓ 상대방도 알고 있는 명사
  - Where is the TV remote control?

- ✓ 누구나 아는 명사
  - The moon is a satellite, not a star.

총칭의 the

- ✓ the + 단수명사
  - The giraffe is the tallest of all animals.

- ✓ the + 복수명사
  - The Koreans got over the IMF crisis in only five years.

- ✓ the + 형용사
  - The young are the hope of the future.

무관사

✓ 명사를 특정할 필요가 없을 때
- Waiter, a glass of beer, please.
  I'll call you tomorrow morning.
  Spring has come.

✓ 명사를 특정할 수 없을 때 (동적 의미)
- My son is playing baseball.
  My son is watching TV.
  He was having breakfast.
  My son has gone to school.

✓ 명사를 특정할 수 없을 때 (추상적 의미)
- Obama was elected president of the U.S.
  I sometimes go to work by taxi.
  He took courses in history and economics.
  The old man died of cancer.

Unit 14

한정사 · 대명사
Determiners · Pronouns

한정사와 대명사는 명사와 관련된 품사로, 말 그대로 한정사는 명사를 한정하고, 대명사는 명사를 대신합니다.

대명사는 그리 낯설지 않은데, 한정사는 다소 낯섭니다. 영어문법에서 한정이 무엇을 의미하는지, 한정의 개념부터 잡겠습니다.

한정사

Determiners

- some (old) books
  (오래된) 책 몇 권
  - old: 형용사, 수식어 / some: 한정사, 한정어

old은 형용사로 '수식어'에 속합니다. 수식어는 명사 앞에 꼭 있어야 하는 말이 아닙니다. 없을 수 있는 '선택적인' 말입니다.

명사는 문장에서 '한정어+명사'로 존재

some은 한정사로 '한정어'에 속합니다. 한정어는 명사와 불가분의 관계에 있습니다. 말인즉, 한정어는 (a든 the든, some이든 any든 아니면 무관사라도) 명사 앞에 반드시 있어야 하는, 없어서는 안 되는 '필수적인' 말입니다. 명사는 문장에서 명사로만 존재하지 않습니다. '한정어+명사'로 존재합니다. 요컨대 '명사구'로 존재합니다.

[형용사는 명사를 앞에서 수식뿐 아니라, 뒤에서 설명도 합니다. 비교급·최상급이나 파생어로 어형 변화를 합니다. 형용사는 대명사로 쓰일 수 없습니다. 이와 달리 한정사는 앞에서 명사를 한정만 하고, 어형 변화를 하지 않습니다. 대명사로 쓰일 수 있습니다. (형용사는 '-er ·-est'를 붙여 비교급·최상급을 만들 수 있지만, some/this/my와 같은 한정사는 만들 수 없습니다.) 어떤 문법책은 한정사를 형용사로 보기도 하는데, 영어문법에서 한정사는 형용사와 쓰임이 엄연히 다를뿐더러, 수라는 명사문법과 밀접한 관련이 있어 형용사와 엄격히 구분합니다. 한정사와 형용사를 철저히 구분해야겠습니다.]

〉한정의 개념

궁금합니다. 명사를 왜 한정할까요? 명사를 한정한다는 말이 무엇을 의미할까요? 영어문법에서 말하는 한정은 사전적 의미와는 다릅니다.

- BOOK [명사 관념]
    - 한정어+명사: a book, some books, the book(s), this book, my book(s) etc.

대문자 BOOK은 '책' 하면 떠오르는, 머릿속에 그려지는 관념으로서의 책을 말합니다. 이런 BOOK을 한정어로 한정함으로써 책이라는 관념을 – 명사의 의미를 – 명시하고 규정하고 특정합니다.

질문입니다. 내가 말하는 책이 상대방이 모르는, 상대방의 인지 범위 내에 없는 책이면? 네, 그렇습니다. 'a book'입니다. 상대방이 아는, 상대방의 인지 범위 내에 있는 책이면? 네, 그렇습니다. 'the book'입니다.

중요한 사실은 한정사마다 '한정의 정도'가 다르다는 것입니다.
(한정의 정도 = 한정성)

부정관사 'a'는 뒤에 있는 명사가 불특정한 명사임을 가리키고 상대방의 인지 범위 내에 없는 명사를 말하므로, 명사에 대한 한정성이 매우 약합니다. 반면에, 정관사 'the'는 뒤에 있는 명사가 특정한 명사임을 가리키고, 상대방의 인지 범위 내에 있는 명사를 말하므로, 명사에 대한 한정성이 강합니다.

한정어의 한정성은 아래와 같습니다.

> a · some 매우 약함
> such a 약함
> this[that] 보통
> the 강함
> my[his] 매우 강함

'명사에 대한 한정어의 한정성', 이는 곧 '인식적 거리감', 즉 '인식의 정도'를 뜻합니다. 'a book'과 'my book'은 book에 대한 인식의 정도가 극과 극으로, 차이가 매우 큽니다.

명사 한정은 명사의 의미를 명시하고, 규정하고, 특정할 뿐 아니라, 강조합니다. 명사에 대한 '인식의 정도'를 나타냅니다. 한정성이 강해질수록 인식의 정도가 높아집니다. 높아질수록, 명사는 점점 더 대화 속으로 들어오고, 더욱더 가깝게 느껴집니다.

[한정어는 명사에 대한 '인식의 정도'를 나타내기에, 한정사는 근본적으로 수식어인 형용사와 다른 것입니다. 한정한다는 말을 단순히, 보통 문법책처럼, 명사의 의미를 제한하는 수준에서 생각하면 안 되겠습니다.]

주의! 고유명사는 유일하고 유별해 더는 한정할 것이 없고, 총칭 명사는 전체를 말해 더는 한정할 것이 없습니다. 대명사는 상대방의 인지 범위 내에 있는 '**구정보**'라 그 자체로 안전히 한정된 말이라 – 한정할 필요가 없습니다 고유명사와 총칭 명사, 대명사 앞에는 한정어가 쓰이지 않습니다. 무관사!

　　　* Betty is ... [고유명사] / Dogs are ... [총칭 명사] / He is ... [대명사]

> 한정사의 종류와 용법

한정사는 의미에 따라 다섯 가지로 나눕니다.

      한정사의 종류 (의미를 기준으로)
        └ 소유한정사 Possessive Determiners
        └ 지시한정사 Demonstrative Determiners
        └ 의문한정사 Interrogative Determiners
        └ 수량한정사 Quantifiers
        └ 준한정사 Semi-Determiners

또한, 위치에 따라 세 부류로 나눕니다.

      한정사의 종류 (위치를 기준으로)
        └ 전치한정사 Predeterminers
        └ 중앙한정사 Central Determiners
        └ 후치한정사 Postdeterminers

주의! 보통 문법책은 명사 앞에 있기만 하면 '○○형용사'로 – 소유/지시/의문/수량 형용사로 – 부릅니다. 확실히 짚고 넘어가겠습니다. '고유형용사'와 '서술형용사'를 제외하고, '○○형용사'는 없습니다. 모두 '○○한정사'입니다.

▶ 고유형용사: ('나라·국민·언어'를 뜻하는) 고유명사에서 나온 형용사를 말합니다.
    예) Korea, China, France [고유명사] / Korean, Chinese, French [고유형용사]

▶ 서술형용사: (앞에서 명사를 수식하지 않고) '뒤에서 명사를 설명하는' 형용사를 말합니다. 수식하는 형용사가 아니므로, 구분해 서술형용사로 부릅니다. ☞ p. 214
    예) He's still alive. [서술형용사] he는 아직 살아 있어요.

─ | 왜 'two of students'로 말하지 못할까?

◘ 소유한정사

'I 주격, my 소유격, me 목적격' 하면서, my를 인칭대명사표를 보며 외우다 보니, 많은 사람이 my를 인칭대명사로 알고 있는 듯합니다. 'My is …' 이런 말을 보셨는지요? my가 인칭대명사 면 주어 자리에 쓰여야 하는데, 쓰이지 못합니다. 이렇듯 my는 인칭대명사가 아닙니다. ★ 인칭대명사와 소유한정사 ☞ p. 201

- <u>my</u> friend [소유한정사] 내 친구

my를 비롯해, 소유관계를 나타내는 소유격 'your/his/her/its · our/your/their'는 명사 앞에만 쓰이고, 명사를 한정만 합니다. 즉, 소유격은 한정사입니다. 다른 한정사와 구분하기 위해, 인칭대명사의 소유격을 '소유한정사'로 부릅니다.

소유한정사: 앞에서 명사를 한정하는 인칭대명사의 소유격

여러분

우리 머릿속에는, 국어문법에는 영어문법의 한정 개념이 없습니다. 없다 보니, 'a my friend'가 우리 눈에는 '한 명의 내 친구 〉 내 친구 한 명'으로 의심쩍지 않고, 별문제 없이 보입니다. 하지만 'a my friend'는 올바른 영어 표현이 아닙니다. 왜일까요?

- He's <u>a friend of mine</u>.

위 예문과 관련해 보통 문법책에 ▶ "명사는 'a my friend' 이렇게 두 번 한정할 수 없다. 'a friend of mine' 이렇게 이중소유격을 써야 한다."라고 나옵니다. ◀ 소유격이 어떻게 이중? mine은 전치사의 목적어고, 목적격인데?

- a friend (인식적으로 막연한, 불특정한 어떤) 친구 한 명

  my friend (인식적으로 확실한, 특정한) 내 친구

a와 my는 인식의 정도를 나타내는 한정사이기 때문에, 인식의 정도로 봐야 하는 문제입니다. (이중소유격? 소유격과 아무 상관 없습니다.)

'a my friend'는 '막연하고 불특정하면서, 확실하고 특정한' 내 친구라는 뜻입니다. (차가우면서 뜨거운 물처럼) 상극인, 모순된, 말이 안 되는 말입니다. (인식의 정도를 말하므로, 명사를 두 번 이상 한정하면 안 되고, 한 번만 한정해야 합니다. 'a friend'나 'my friend', 둘 중에 하나로)

- a friend of mine 내 친구 중 한 명 (mine = my friends)
  - of: 이때의 of는 '소속의 of' ☞ ❹ p. 237
  - 친구가 어디에 '속한(of)' 친구? 내 친구들에 〉 내 친구들 중 한 명의 친구 〉 내 친구 중 한 명

[영어문장은 앞말을 뒷말이 설명해 나가는 '서술식 구조'입니다. 이에 맞게, 한 명의 친구(a friend)가 '내 친구들에 속한(of mine)' 친구라고, 'a friend'를 'of mine'이 설명한다고 생각해야 합니다. ('of mine'은 'a friend'를 설명하는 형용사구) 한편, of가 소유를 의미하는 전치사고, mine이 소유대명사라, 'a friend of mine'을 이중소유격으로 부르는 것 같습니다. 하지만 이때의 of는 (소유가 아닌) 소속의 의미로 '속하다'라는 뜻이고, 이때의 mine은 전치사의 목적어고 '목적격'입니다. (어디에도 '소유'는 없음)]

- *NOT* two them → two of them
    - (상대방이 알고 있는) 그들 중 두 명 (이때의 two는 대명사)

them은 구정보로, 상대방이 '알고 있는' 그들입니다. 인원수가 이미 특정된, 한정된 대명사입니다. 'two them'으로 인원수를 또 한정할 필요가 없는 것입니다. (them이 다섯 명이라고 가정하면, 두 명의 다섯 명의 그들? 이미 다섯 명인데 다시 두 명?) two가 them에 속하는[of] two라고 'two of them (다섯 명 중 두 명)'으로 표현합니다.

- *NOT* two of students → two students
    - (상대방이 모르는) 학생 두 명 (이때의 two는 수사, 한정어)

students는 신정보로, 상대방이 '모르는' 학생들입니다. 인원수가 특정되지 않은, 한정되지 않은 명사입니다. 한정할 필요가 있습니다. 'two students'로 인원수를 한정하고 있습니다.

그럼 '학생들 중 두 명'은? 네, 그렇습니다. 알고 있는 학생들이어야 하니, the를 써서 '특정한[한정된]' 학생들로 말합니다.

- two of the students
    - (상대방이 알고 있는) 학생들 중 두 명
    - '(둘 이상) 중에[의]'를 뜻하므로, of 다음에는 복수 (대)명사가 옴
        예 two of you 너희 중 두 명 (이때의 you는 복수, 목적격)
            [you가 두 명이면, 너희 두 명 [= you two (이때의 you는 복수, 주격)]
            two of us 우리 중 두 명 [us가 두 명이면, 우리 두 명 (= we two)]
            two[some/many] of them 그들 중 두 명[몇 명/많은 사람들]
    - 'a hundred people', 'a hundred of the people' 이렇게는 말할 수 있음
        하지만 ('two of students'처럼) 'a hundred of people' 이렇게는 말할 수 없음
        예 the younger of the two 둘 중 젊은 쪽

◨ **지시한정사**

<u>This</u> is my book. 이것은 내 책이다.
- This: 주어 자리에 쓰였으니 대명사, 즉 '지시대명사'

- <u>This</u> book is mine.
  이 책은 내 것이다. (This book: 주어)
  - This: 앞에서 명사(book)를 한정하니 '지시한정사'
    예 That child is seven years old. 저 아이는 7살이다.
    These[Those] books are Betty's. 이[저] 책들은 베티 거야.
  - 부사 'that': '그렇게, 그만큼, 그 정도로'의 뜻으로, 앞에서 형용사나 부사를 수식
    예 It's not that hot. [형용사 수식] 그 정도로 뜨겁지 않아.
    I can't walk that far. [부사 수식] 그렇게 멀리 걸을 수 없어.

◨ **의문한정사**

<u>Which</u> is your book? 어느 것이 네 책이니?
- Which: 주어 자리에 쓰였으니 대명사, 즉 '의문대명사' ☞ 210

- <u>Which</u> book is yours?
  어느 책이 네 것이니? (Which book: 보어)
  - Which: 앞에서 명사(book)를 한정하니 '의문한정사'

  의문한정사: which, what / 의문소유한정사: whose

  예 "<u>Which season</u> do you like best?" [목적어] "I like spring best."
     "어떤 계절을 가장 좋아하니?" "봄을 가장 좋아해."
  <u>What colour</u> is this? [보어] 이것은 무슨 색이니?
  <u>Whose car</u> is that outside? 밖에 있는 저것은 누구 차니?
  - which of + 복수 (대)명사
    예 <u>Which of the books</u> do you like best? [목적어]
       그 책들 중에 어떤 책을 가장 좋아하니?
    <u>Which of us</u> will go there? [주어]
       우리 중에 누가 그곳에 가니?

— | 'some money'와 'any money'의 차이는 무엇일까?

■ 수량한정사

한정사가 명사를 한정하는 또 다른 이유가 있습니다. 다름 아닌 '수량을 한정하기 위해서'입니다. 이때의 한정사를 "수량한정사 Quantifier"라고 합니다.

some	any	no	many	much
few	little	several	enough	all
both	double	twice	half	quite
each	every	either	neither	more
most	less	least		

수량한정사

영미인에게 수는 개체로 인식되고, 양은 비개체로 인식됩니다. 이런 인식은 문법에 그대로 반영되어, 수는 '개체 명사'와 관련이 있고, '복수명사'와 잘 어울립니다. 양은 '비개체 명사'와 관련이 있고, '단수명사'가 따릅니다.

[인식의 정도를 관사만으로 – 'a'와 'the'만으로 – 전부 나타낼 수 있을까요? 해서 한정사가 있는 것입니다. (넓게 보면, 관사도 수사도 모두 한정사에 속합니다.) 인식의 정도를 나타내는 한정사가 한 축을 이루고, 또 다른 한 축으로 '수량'을 나타내는 한정사가 있습니다. 수량한정사 또한 각별히 신경을 써야겠습니다.]

some · any

some · any는 그리 많지 않은, 대강 어림잡은, 막연한 수량을 나타냅니다. 핵심은 '전체 중 일부'를 의미한다는 것입니다. 전체는 개체일 수도 있고, 비개체일 수도 있습니다. 이는 some · any가 '개체냐, 비개체냐'를 따지지 않고, 수와 양에 모두 쓰인다는 의미입니다. '수(몇몇의)'를 뜻하며 개체 명사 앞에도 쓰이고, '양(약간의)'을 뜻하며 비개체 명사 앞에도 쓰입니다.

- I need <u>some</u> new <u>clothes</u>. [긍정문]
    새 옷이 좀 필요하다. (clothes: 복수 개체 명사)
    예 There's still some wine in the bottle.
        병에 포도주가 아직 좀 남았다. (wine: 단수 비개체 명사)
    − some of them: 이때의 some은 대명사 (of 앞에 쓰이면 대명사)
    − some: 긍정적인 뉘앙스, 긍정문에 쓰임
        의문문에 쓰이면 긍정의 답을 기대하거나 유도
    예 Have you got some money? [의문문] 돈 좀 있지? (일종의 확인의문문)
        Would you like some more coffee? 커피 좀 더 드실래요?

- I didn't eat <u>any meat</u>. [부정문] 고기 한 점도 안 먹었다.
    − any: 부정문에 쓰임. 부정문이니 'not, never, hardly'와 같은 부정 부사나
        'without, forbid'와 같은 부정 의미를 지닌 말과 함께 쓰임
    예 I've never seen any of these films. 이 영화들 중에 어떤 것도 보지 못했다.
        We have hardly any money left. 우리는 돈이 거의 남지 않았다.
        You can't go out without any shoes. 신발을 신지 않고는 나갈 수 없다.
        He forbids any talking in class. he는 수업 중 이야기를 못 하게 한다.

- Have you got <u>any money</u>? [의문문]
    돈 좀 있니? (몰라서 묻는 일반의문문)
    예 Are there any other questions about this? 이것에 대해 다른 질문 있으세요?

주의! any는 '단수 개체 명사[단수 보통명사]' 앞에도 쓰입니다. 선택의 폭이 넓거나 여지가 충분한 상황에서, '아무나, 누구라도, 어떤[어느] 것이든 무엇이든'의 뜻으로 쓰입니다. 이때는 긍정문에도 쓰입니다.

* Ask any teacher. 아무 선생님이나 붙잡고 물어 봐.
* Any child can solve the problem. 어떤 아이라도 그 문제를 풀 수 있다.
* Take any doll you like. 어느 인형이든 맘에 들면 가져.
* Do you have any question? 어떤 질문이든 있나요? 〉 무엇이든 물어 보세요.

no

no는 'not any' 또는 'not a'의 의미입니다.

- I've got <u>no money</u> to spare this week.
  이번 주에 쓸 돈이 한 푼도 없다.
  - no 다음에 보통명사가 올 때는 대개 복수명사가 옴. 'not any'의 의미
    예 He has no children. he는 자식이 없다. (no children = not any children)
      There are no chairs around the table. 탁자 주위에 의자가 없다.
  - 단수명사가 올 때는 의미상 'not a'의 의미
    예 He has no wife. he는 아내가 없다. (no wife = not a wife)
  - no는 'not'보다 의미가 강함. 안내문 등에서 '금지'를 나타냄
    예 No Parking 주차 금지 / No Smoking 금연
  - 'no+명사'는 주어 자리에 쓰일 수 있음
    예 No students passed the exam. 그 시험에 합격한 학생이 한 명도 없었다.

주의! 'some[any] of them 그들 중 몇 명', 이렇게 some[any]는 대명사로 쓰일 수 있습니다. 하지만 no는 대명사로 쓰일 수 없습니다. 대명사는 'none'입니다. 즉 ('no of them'이 아닌) 'none of them'입니다. (단수도 되고 복수도 됨)

* None of my friends live(s) near me. 우리집 근처에 사는 친구는 아무도 없다.
* Some are good, but some are bad. (전체 중에) 일부는 좋지만, 일부는 나쁘다.

한정사

many · (a) few, much · (a) little

many는 '많은 수'를, (a) few는 '적은 수'를 나타냅니다. much는 '많은 양'을, (a) little은 '적은 양'을 나타냅니다.

- **We haven't got <u>many books</u> for children.** [many+복수 개체 명사]
  우리는 아동 도서가 많지 않다.
  - 예 How many children do you have? 자녀가 몇이세요?
    Few students learn Latin now. [few+복수 개체 명사]
    이제 라틴어를 배우는 학생은 거의 없다.

- **I didn't eat <u>much rice</u> this morning.** [much+단수 비개체 명사]
  오늘 아침에 밥을 많이 먹지 않았다.
  - 예 How much money do you need? 돈이 얼마나 필요하세요?
    We don't have much time. Let's hurry. 우리 시간이 별로 없다. 서두르자.
    Cactuses need little water. [little+단수 비개체 명사]
    선인장은 물이 거의 필요 없다.

- many[much]는 주로 부정문과 의문문에 쓰임
- 긍정문에는 주로 'so/too+many[much]'로 쓰임, 또는 'a lot of'가 쓰임
  - 예 There are too many mistakes in this report. 이 보고서에는 오류가 너무 많다.
    There was so much traffic. 길이 그렇게나 많이 〉 너무 막혔다.
- many[much] of: many of them 그들 중 많은 수의 사람 〉 많은 사람들
  much of the money 그 돈 중 많은 양의 돈 〉 많은 돈
  (이때의 many[much]는 대명사, of 앞에 쓰이면 대명사)
- a few[little]: 적은 수량이지만 예상이나 기대보다 많음, 긍정적 뉘앙스
  - 예 I've had a few letters. 몇 통의 편지를 받았다.
    Give the flowerpot a little water. 화분에 물 좀 줘라. (많이는 아니지만, 어느 정도)
- a few[little] of: a few of them 그들 중 몇몇 / a little of the wine 그 와인 조금
- few[little]: 거의 없는 미미한 수량, 생각보다 적음, 부정적 뉘앙스
  - 예 Few people understand the difference. 그 차이를 이해하는 사람은 많지 않다.
    There is little hope for success. 성공할 가능성이 거의 없다.

several, enough

several은 ('a few'보다는 많은) 'some 정도의 수'를 나타냅니다.

- <u>Several letters</u> arrived this morning. [several+복수 개체 명사]
    몇 통의 편지가 오늘 오전에 도착했다.
  - several: (숫자상) 몇몇의, 양은 나타내지 않음
             '불특정한 어떤'이라는 뉘앙스가 없음, 몇몇의 수적인 뜻만 있음
             (some: '전체 중 일부'라는 의미, 조금[몇몇의/약간의], 양도 나타냄)
             (a number of: 격식체 ☞ p. 109)
    예 I go abroad several times a year 일 년에 여러 번 외국에 나간다.
       He's written several books on economy.
       he는 경제에 관한 책을 몇 권 썼다.
  - several of: several of them 그들 중 몇 명
    예 I've read several of his books. 그이가 쓴 책 중에 서너 권을 읽었다.
       Several of the paintings were destroyed in the fire.
       그 그림들 중 몇 점이 화재로 소실되었다.

enough는 필요하거나 원하는 만큼 많은 '충분한'을 뜻합니다.

- There aren't <u>enough chairs</u> for us. [enough+복수 개체 명사]
    우리가 앉을 의자가 충분하지 않다.

- Have you got <u>enough money</u>? [enough+단수 비개체 명사]
    돈이 충분한가요?
    예 Is there enough room for me? 내가 들어갈 만한 공간이 있니?
  - enough of: enough of them 그것들의 충분한 수량
    예 I didn't buy enough of the pencils[paper].
       그 연필[종이]를 충분히 사지 않았다. (수[량]이 부족)
  - I've had enough of: '지긋지긋하게 몹시 싫다'
    예 I've had enough of your stupid remarks.
       바보 같은 네 말은 더는 못 들어 주겠다.

each, every

each는 '각각[각자]의'라는 뜻입니다. 구성원을 분리해 하나씩 보고, 하나하나, 하나씩 가리킵니다.

- **Each student has his[their] own desk.** [each + 단수명사]
  학생들은 각자 자기 책상이 있다.
  - each + 단수명사(student): (하나씩 가리킴) 단수동사(has)로 받음
    예 I enjoyed the party each moment. 파티를 매 순간 즐겼다.
  - 단수의 소유한정사(his)도, (성구별이 필요 없으면) 복수의 소유한정사(their)도 가능
  - 복수대명사(they) + each: 복수동사(have)로 받음
    예 They each have different purposes. 그들 각자는 목적이 다르다. 〉동상이몽이다.
  - each는 부정문에 쓰이지 않음, 부정문에는 none이 쓰임
    예 None of the answers was correct. 맞는 답이 하나도 없다.
  - each of: each of us, each of the children 그 아이들 각자
    예 Each of us sees the world differently. 우리는 저마다 세상을 보는 눈이 다르다.

every는 '모든 하나하나 다'라는 뜻입니다. 구성원을 분리하지 않고 전체를 하나로 보고, 전체를 하나로 가리킵니다.

- **Every student has his[their] own desk.** [every + 단수명사]
  모든 학생은 (예외 없이) 자기 책상이 있다.
  - every + 단수명사(student): (전체를 하나로 가리킴) 단수동사로 받음
    예 Every rock looks the same to me. 모든 돌이 나에게는 똑같아 보인다.
    Not every man can be a poet. 모든 사람이 시인이 될 수 있는 것은 아니다.
  - every + 복수명사: 빈도나 간격을 나타낼 때는 복수명사가 옴
    예 I get paid every two weeks. 2주마다 〉격주로 급여를 받는다.
    (every two weeks = every second week = every other week)
  - every는 대명사로 쓰일 수 없음 (*NOT* every of us)
  - every one of: every one of us, every one of the children 그 아이들 전원
    예 Every one of us was crying. 우리는 모두 울고 있었다. (= all of us)

either, neither

either는 '둘 중 어느 하나'라는 뜻입니다.

- I can meet you on Monday or Tuesday —
  <u>either day</u> is good for me. [either + 단수명사]
  월요일이나 화요일에 너를 만날 수 있어. (둘 중) 어느 날이라도 좋아.
  - either + 단수명사(day): 단수동사(is)로 받음
  - either of: either of us 우리 둘 중 한 명
    예 Choose either of the two cards. 카드 둘 중에 하나를 골라라.
       (카드가 세 장이면, 'Choose any of the three cards.')
  - 부정문에 쓰이면 '둘 중 어느 것도 아니다'라는 뜻. 둘 다 부정
    예 I don't like either of you. 너희 둘 다 좋아하지 않는다.
  - either ... or ...: 둘 중 어느 하나를 가리키거나 선택 (이때의 either는 접속사)
    예 I'm going to buy either a camera or a DVD player with the money.
       그 돈으로 카메라나 DVD 플레이어를 살 거야.
       I don't think she's either Russian or Polish.
       she는 러시아인도 아니고 폴란드인도 아닌 것 같아.

neither는 '둘 중 어느 하나도 아닌'이라는 뜻입니다.

- "Can you come on Monday or Tuesday?"
  "<u>Neither day</u> is possible." [neither + 단수명사]
  "월요일이나 화요일에 올 수 있어?" "둘 다 가능한 날이 아니야."
  - neither + 단수명사(day): 단수동사(is)로 받음
  - neither of: neither of us, neither of the two cards 카드 둘 중 어느 하나도 아닌
    예 Neither of us can drive. 우리 둘 다 운전을 못한다.
  - neither ... nor ...: 둘 다 부정 (이때의 neither는 접속사, 'both ... and ...'의 반의어)
    예 I neither smoke nor drink. 담배도 안 피우고, 술도 안 마신다.

한정사

more, most

more는 '더 많은 수량의'라는 뜻입니다.

- I need <u>more coins</u>. [more+복수 개체 명사] 더 많은 동전이 필요하다.
   예 More and more people have moved out to the suburbs.
   점점 더 많은 사람들이 시외로 이주했다.

- I need <u>more money</u>. [more+단수 비개체 명사] 더 많은 돈이 필요하다.
   − more of: 한정사(a·the, my·this)와 대명사(him·them) 앞에 쓰임, 또는
       인명이나 지명 앞에 쓰임
   예 It's more of a guideline than a rule. 그것은 규칙이라기보다 기준이다.
   I hope I'll see more of you. 너를 좀 더 자주 만나기를 바란다.
   It would be nice for you to read more of Shakespeare. [인명]
   네가 셰익스피어 작품을 좀 더 읽는 것이 좋을 것이다.

most는 '대부분의'라는 뜻입니다.

- <u>Most children</u> love ice cream. [most+복수 개체 명사]
   아이들 대부분은 아이스크림을 정말 좋아한다.
   예 Most bags are made in China. 가방 대부분은 중국에서 만들었다.

- <u>Most water</u> was polluted. [most+단수 비개체 명사]
   물 대부분이 오염되었다.
   − most of: 한정사(a·the, my·this)와 대명사(him·them) 앞에 쓰임, 또는
       인명이나 지명 앞에 쓰임
   예 He's eaten most of a chicken. he는 통닭 한 마리 대부분을 먹었다.
   Most of my friends are working. 내 친구 대부분은 일하고 있다.
   The Romans conquered most of England. [지명]
   로마인은 영국 대부분을 점령했다.
   − 최상급 'the most'와 혼동하지 말 것 ★ 최상급 ☞ p. 218
   예 Make the most of your opportunity. 기회를 최대한 만들어라.

less, least

less는 '더 적은 양의'라는 뜻입니다.

- He earns <u>less money</u> than me. [less+단수 비개체 명사]
    he는 나보다 벌이가 적다.
    예 If you want to lose weight, eat less food.
        살을 빼고 싶으면 먹는 음식 양을 줄여라.
    - '더 적은 수의'는 'fewer'
        예 There were fewer cars on the road then. [fewer+복수 개체 명사]
            그때는 도로에 차들이 더 적었다.
    - less of
        예 Do you think less of me? 나를 깔보는 거니?
            I want to spend less of my time watching TV.
            TV를 보는 데 보내는 시간을 줄이고 싶다.

the least는 최상급으로, '가장 적은 양의'라는 뜻입니다.

- He does <u>the least work</u> in the office. [the least+단수 비개체 명사]
    he는 사무실에서 가장 일을 적게 한다.
    - 최상급이라 the와 함께 쓰임
        예 He has the least experience. he는 경험이 가장 적다.
            He never had the least idea what to do about it.
            he는 그것을 어떻게 해야 할지 전혀 알지 못했다.
    - '가장 적은 수의'는 'the fewest'
        예 He made the fewest mistakes. [the fewest+복수 개체 명사]
            he는 실수를 가장 적게 했다.
    - the least of
        예 That's the least of it. Just forget it.
            그거 별것 아니야. 그냥 잊어버려.
            That's the least of my worries.
            그건 내게 가장 하찮은 걱정거리야. 〉 전혀 걱정 안 해.

▣ 준한정사

아래는 한정사에 준하는 '준한정사 Semi Determiners'입니다.

| such | other | another | same | next | last |

준한정사

- such a man 그런 남자 / such a thing 그런 것 / such a decision 그런 결정
  such people 그런 사람들 / such ideas 그런 생각들 / such behavior 그런 행동

  such 앞서 언급한[언급된], 그런
  예 I've never seen such a beautiful woman.
  　　아름다운 그런 여자를 본 적이 없다.
  　　Such bridges are called "Suspension Bridges."
  　　그런 다리는 "현수교"로 불린다. 〉 "현수교"라고 한다.

- the other shoe (두 짝 중) 다른 신발 한 짝 / other shoes (한 켤레의) 다른 신발
  my other sister 다른 한 내 언니 / two other teachers 다른 선생님 두 명
  some other clothes 어떤 다른 옷 / some other time 어떤 다른 때
  any other questions 어떤 다른 질문 / many other problems 많은 다른 문제
  one or other of your parents 부모님 두 중 어느 한 분

  other (이것 말고, 그 밖의) 다른
  예 I can't find my other shoe. 신발 (다른) 한 짝을 못 찾겠어.
  　　I'd rather make it some other time. 그것은 나중에 하는 것이 좋겠어.
  　　Are there any other questions? 다른 질문 있으세요?
  　　He's much brighter than all the other children in his class.
  　　he는 자기 반에서 다른 모든 아이보다 훨씬 더 밝습니다. (much: 비교급 강조, 훨씬)

- another car 또 하나의 차 / another Madonna 다른 한 명의 마돈나
  another three questions 세 가지 다른 질문 / another few weeks 몇 주 더
  another of my friends 내 친구 중 또 다른 친구 한 명

  another   (추가적인) 또 하나의, 다른 하나의 (another = an + other)
  - 하나를 말하므로 단수명사가 옴
    예) Would you like another drink? 한 잔 더 하시겠어요?
  - 수사와 함께 복수명사가 올 수 있음
    예) We've still got another forty miles to go.
    우리는 아직 40마일을 더 가야 한다.
  - another of: '(둘 이상) 중에[의]'를 뜻하므로, of 다음에는 복수명사가 옴
    예) Is this another of your love stories?
    이건 너의 또 다른 러브 스토리니?

- the same car 같은 차 / the same idea 같은 생각

  same   똑같은, 동일한, 아주 비슷한 (other의 반의어)
  - 앞서 언급한[언급된] 동일한 대상이 있으므로, the와 함께 쓰임
    예) I bought the same car as yours. 네 차와 같은 차를 샀어.
    You've got the same idea as me. 나와 같은 생각을 하고 있구나.

- next door 옆집 / my last book 마지막 내 책 〉 내가 쓴 가장 최근 책

  next 다음[뒤/옆]의 / **last** 지난, 마지막의, 가장 최근의, 바로 앞의
    예) She used to live next door. she는 옆집에 살았다.
    We caught the last bus home. 우리는 집으로 가는 마지막 버스를 탔다.
    It's the last house on the left. 그 집은 왼쪽 편에 있는 마지막 집이다.
  - next[last] week 다음[지난] 주 (월요일부터 일요일까지)
    예) Did you see the game on TV last night? 어젯밤에 그 경기 TV로 봤니?
  - the next[last] week: 지금부터 앞으로[지난] 7일간 (오늘이 수요일이면 화요일까지)
    예) The next few days will be difficult. 앞으로 며칠은 어려울 것이다.
    The last few days have been busy. 지난 며칠간 바빴다.

◼ **한정사구**

　a lot of, lots of

　구어에서, 특히 긍정문에서 ('many·much' 대신) 'lots[a lot] of'를 많이 씁니다.

　'lots[a lot] of'는 [many(수)·much(량) 대신 쓰는 말이므로] 개체 명사 앞에도, 비개체 명사 앞에도 쓰입니다. 수와 양을 나타냅니다.

　['many·much'는 격식을 좀 더 차린 말이고, 부정문과 의문문에 주로 쓰입니다.]

　['lot'은 명사입니다. (대)명사는 목적어를 취할 수 없으므로, 목적어를 취할 수 있도록 전치사 'of'를 씁니다. ＊ lots(명사) of, some(대명사) of]

- A lot of people are coming to the party tomorrow.
  　내일 많은 사람들이 파티에 올 예정이다. [복수 개체 명사(people), 복수동사(are)]
  - 일상회화에서는 'lots of'가 많이 쓰임
    　예 Lots of them[my friends] went to the party.
    　　　그들 중 많은 수가[내 친구 중 많은 수가 > 많은 내 친구가] 파티에 갔다.
  - 'years[days]'와 함께 쓰이지 못함 (NOT lots[a lot] of years → many years)
  - 'many[much]'는 격식체, 'a large number[amount] of'는 더 격식체
    　(lots of > a lot of > many[much] > a large number[amount] of)
  - 비교급 강조 / 대명사 / 부사
    　예 He looked a lot older than me. he는 나보다 나이가 더 많이 들어 보였다.
    　　He meets lots more people than I do. he는 나보다 더 많은 사람들을 만난다.
    　　I still have a lot to learn. [대명사]
    　　　배울 것이 아직 많다.
    　　Thanks a lot for your help. [부사]
    　　　도와줘서 정말 고마워요.

- **A lot of time** is needed to learn English.
  영어를 배우는 데 많은 시간이 필요하다. [단수 비개체 명사(time), 단수동사(is)]
  예) I paid lots of money for it. 그것에 많은 돈을 지불했다.
  I like lots of jam on my toast. 잼을 많이 바른 토스트를 좋아한다.

[굳이 따지자면, 'a lot of people'는 '사람들 한 무리'고, 'lots of people' '사람들 여러 무리'입니다. 액면은 'lots of'가 많아 보이지만, 그렇다고 'a lot'과 수량에 큰 차이를 두는 것은 아닙니다. 둘 다 '많은'입니다.]

plenty of

'plenty of'는 구어에서 많이 쓰이며, 'lots[a lot] of'와 의미가 같습니다. '충분히, 넉넉히'라는 뉘앙스를 풍깁니다.

- **Plenty of people** are coming to the party tomorrow.
- **Plenty of time** is needed to learn English.

a number of, an amount of

- **a number of** people (are) 얼마간의 사람들 [수]
- **an amount of** money (is) 얼마간의 돈 [양]
  - a large number of: many / a large amount of: much
    예) a large number of students (are) 많은 수의 학생
    a small amount of sugar (is) 적은 양의 설탕
  ★ the number[amount] of ☞ p. 109

한정사

the rest of

- **The rest of** the book is very boring.
  그 책의 나머지 부분은 아주 지루하다. [단수 개체 명사(book), 단수동사(is)]
  예 I'd like to have the rest of the day off. 오늘 그만 조퇴하고 싶습니다.

- **The rest of** the students are to stay behind.
  나머지 학생들은 남을 것이다. [복수 개체 명사(students), 복수동사(are)]
  예 The rest of us are not married. 우리 중 나머지는 결혼을 안 했다.

- **The rest of** the money was used to pay for it.
  나머지 돈은 그것을 지불하는 데 사용되었다. [단수 비개체 명사(money), 단수동사(was)]
  예 for the rest of my life 평생 동안, 죽을 때까지

kind of, sort of, type of

- What **kind of** cake do you like best?
  어떤 종류의 케이크를 가장 좋아하니?
  – kind: 같은 종류로 분류되는 것, 공통적인 성질이나 모양을 지님

- I don't like that **sort of** game.
  그런 종류의 게임은 좋아하지 않는다.
  – sort: kind보다 포괄적, 성질이나 모양이 닮음

- This **type of** book is called "an audio book."
  이런 형태의 책은 "오디오북"으로 불린다. 〉 "오디오북"이라고 한다.
  – type: 다른 것과 차별되는 특정한 종류/형태/유형, 공통적인 특색을 지님

['a cup of ...'와 같은 물질명사의 수량 표시어도, 'a piece of ...'와 같은 추상명사의 수량 표시어도 한정사구입니다. ☞ p. 79, 85]

〉 한정사의 어순

한정사는 '앞에, 가운데, 뒤에' 이렇게 위치에 따라 세 부류로 나뉩니다.

한정사 앞에 쓰이는 한정사를 "전치한정사"라고 합니다.

> 수량한정사: all, both, quite
> 준한정사: such
> 배수사: double, twice, three times, ...
> 분수: half, one-half, two-thirds, three-fourths, ...

전치한정사

- all animals 모든 동물 / all directions 사방 / all music 모든 음악
  all (of) the men 모든 남자 / all (of) my friends 모든 내 친구
  all (of) my money 내 돈 모두 / all five men 남자 다섯 모두
  all of them 그들 모두 / all five of us 우리 다섯 명 모두
  all day 하루 종일 / all year 일 년 내내 / all the time 내내

  all 모든
  - all + 복수 개체 명사(animals, directions), 복수동사로 받음
  - all + 단수 비개체 명사(music, money), 단수동사로 받음
  - all이 전치한정사가 된, of가 생략 가능한 이유는 '모두'를 뜻하기 때문
    예 all (of) my friends (= every one of my friends = every friend I have)
  - 대명사 앞에는 of 생략 불가 (NOT all them) ('all of'의 all은 대명사)
  - all day[week/year] 하루 종일[일주일/일 년 내내]: 기간 내내 일이 계속됨
    예 all (of) my life 내 평생 (= my whole life)

한정사

- both hands 양손 / both parents 양친 / both women 두 여자 다
  both (of) the women 그 여자들 둘 다 / both (of) my brothers 우리 형 둘 다
  both (of) Tom's friends 탐 친구 둘 다 / both (of) these apples 이 사과 둘 다
  both of us 우리 둘 다

    both 둘 다, 양쪽 (각각) 모두
    - both + 복수 개체 명사(hands, women), 복수동사로 받음
    - '(둘 중) 둘 모두'를 뜻해 both도 전치한정사가 되고, of도 생략 가능
    - 대명사 앞에는 of 생략 불가 (NOT both us) ('both of'의 both는 대명사)
    - 각각의 둘이 아니고, 함께하는 둘이면 two를 씀
        예 My two brothers built a hut in the woods.
            두 형이 (함께) 숲 속에 오두막을 지었다.

- <u>All (of) the people</u> you invited are coming tomorrow.
    당신이 초대한 사람들은 내일 모두 올 예정이다.
    예 All of the money was spent. 그 돈을 다 썼다.

- <u>Both (of) the women</u> were French.
    그 여자들은 둘 다 프랑스인이었다.
    예 Both of us don't like each other.
        우리는 둘 다 > 피차간 서로 좋아하지 않는다. (both of us = we both)

- quite a few 꽤 여럿 > 상당수 / quite a nice day 꽤 좋은 날씨
- such a man 그런 남자 / such people 그런 사람들 / such behavior 그런 행동

    quite 꽤, 상당히 / **such** 앞서 언급핸[언급된], 그런
    - 'quite a'로 쓰인, 이때의 quite는 전치한정사
        예 I've been there quite a few times. 그곳에 꽤 여러 번 가 봤다.
            I read quite an interesting novel last night. 어젯밤 상당히 재밌는 소설을 읽었다.
    - 'such a'로 쓰인, 이때의 such도 전치한정사
        예 It's no use (in) learning such a thing. 그런 걸 배워도 아무 소용없다.
            Don't cry at such a trifle. 고까짓 일로 울지 마라.

한정사 뒤에 쓰이는 한정사를 "후치한정사"라고 합니다. 수사를 포함해, 몇몇 수량한정사가 후치한정사로 쓰입니다.

전치와 후치 사이에 쓰이는 한정사를 "중앙한정사"라고 합니다. 인식의 정도를 나타내는, 관사를 포함해, '소유·지시·의문' 한정사가 중앙한정사로 쓰입니다.

'전치·중앙·후치'는 부류가 다른 한정사가 두 개 또는 세 개일 때의 순서를 말합니다. 다른 부류면, 한정사는 아래와 같이 삼중으로도 명사 앞에 쓰일 수 있습니다.

전치한정사 − 중앙한정사 − 후치한정사 − 형용사 − 명사
　　all　　　　the[my]　　　　three

all the[my] three cute cats
귀여운 그[내] 고양이 세 마리 모두

* 전 − 중: all the boys / both my sisters / double the size / half an hour

주의! 인식의 정도를 나타내므로, 중앙한정사끼리는 이중 사용 불가!
* NOT a my friend → a friend of mine
* NOT my uncle's the car → the car of my uncle's

every는 중앙한정사와 함께 쓰이지 않습니다.
* NOT every my friend → all my friends
　[every two days 이틀마다 〉 하루걸러 격일로 (two: 수사)]
　[every few days 며칠마다 (few. 수량한정사)]

	개체 명사	비개체 명사
단수	복수	단수
each car	–	–
every car	every two days	–
either car	–	–
neither car	–	–
no car	no cars	no money
–	some cars	some money
any car	any cars	any money
–	many cars	–
–	–	much money
–	few cars	–
–	–	little money
–	several cars	–
–	enough cars	enough money
–	more cars	more money
–	most cars	most money
–	–	less money
–	–	the least money
–	all cars	all money
–	both cars	–

수량한정사

생각 더하기   47. 수사와 수 읽는 법

'1, 2'와 같은 숫자를 문법에서 "수사 數詞·Numeral·셈씨" 라고 합니다. 수사에는 정수를 나타내는 '기수'와 순서를 나타내는 '서수'가 있습니다.

기수: one, two, three, four, five, ...
(철자 주의: fifteen, forty, fifty)

서수: first, second, third, fourth, fifth, ...
(철자 주의: fifth, eighth, ninth, twelfth, twentieth)

[1st (first), 2nd (second), 3rd (third), 4th (fourth), 11th (eleventh) 12th (twelfth), 20th (twentieth), 21st (twenty first), 22nd (twenty second) 23rd (twenty third), 24th (twenty fourth), 31th (thirty first)]

영어는 '천 단위' 언어입니다. 천 단위로 표기하고, 끊어 읽습니다. [thousand의 천 배가 'million(100만)'이고, million의 천 배가 'billion(10억)'이고, billion의 천 배가 'trillion(1조)'입니다.]

- 1,234,567,890
  : one billion, two hundred thirty-four million, five hundred sixty-seven thousand, eight hundred ninety
  – 보통 hundred 다음에 and를 넣어 읽음 (two hundred and thirty-four)
  – 21부터 99까지의 수에는 하이픈(-)을 사용

[국어는 '만 단위' 언어입니다. (1의 만 배가 '1만'이고, 1만의 만 배가 '1억' 이고, 1억의 만 배가 '1조'입니다. ※ 12,3456,7890' 12억 3천4백5십6만 7천8백9십) '천 단위'로 표기하면, 큰 수일수록 우리가 읽기에 상당히 불편합니다.
※ 국어: 100,0000 백만 / 1000,0000 천만 vs. 영어: 1,000,000 / 10,000,000]

- ⑪ July 4th / ㉩ 4th July [월, 일] 7월 4일
  [July (the) fourth / the fourth of July]
  - 독립기념일은 항상 'the Fourth of July'

- 1987: nineteen (hundred and) eighty-seven [연도]
  1907: nineteen seven (or, nineteen hundred and o[ou] seven)
  1900: nineteen hundred
  2002: two thousand (and) two
  2012: two thousand (and) twelve
  2112: twenty-one (hundred and) twelve

- the 1980s: the nineteen eighties [연대] 1980년대
  - 복수로 읽음
    예 the late[mid/early] 1980s 1980년대 후반[중반/초반]
    BC 기원전 (Before Christ) / AD 서기 (Anno Domini 주님의 해)
    the 19th century 19세기

- 2시: two o'clock [시간]
  2시 10분: ten past[after] two (or, two ten) 10분이 지난 2시
  2시 15분: quarter past two (or, two fifteen)
  2시 30분: half past two (or, two thirty)
  2시 45분: quarter to[before] three (or, two forty-five) 3시 15분 전
  2시 50분: ten to three (or, two fifty) 3시 10분 전

- 567-0321: five six seven, o[ou] three two one [전화번호]
  555-4420: triple five, double four two zero
  - 번호 한 자씩 읽음
  - 'O'번은 '[ou]'로 읽거나 'zero'로 읽음
  - 연속된 같은 숫자는 'double'이나 'triple'로 읽을 수 있음

- 0.23: nought[zero] point two three [소수]

  23.45: twenty-three point four five

  - 소수점은 'point'로, 소수점 이하는 한 자씩 읽음

- 1/2: a half (or, one half) [분수]

  1/4: a quarter

  1/3: a third

  - (1/2과 1/4를 제외하고) 분자는 기수, 분모는 서수

  2/3: two thirds

  - 분자가 2 이상이면, 분모에 s를 붙임

  3/4: three quarters, or three fourths

  2 5/8: two and five eighths (2와 8분의 5)

- 3+2=5: Three plus two equals[is] five. [수식]

            (or, Three and two is[makes] five.)

  6-2=4: Six minus two equals[is] four.

            (or, Take two from six is[leaves] four.)

  3×2=6: Three multiplied by two equals[is] six.

            (or, Three times two is six.)

  6÷2=3: Six divided by two equals[is] three.

            (or, Two into six goes three.)

- $ 9.45: nine dollars (and) forty-five (cents)

  - dollar는 '돈의 크기'라 복수형이 있음

  ₩ 12,000: twelve thousand won

  - won[yen]은 '화폐 단위'라 항상 단수형

  36℃: thirty-six degrees Centigrade[Celsius]

  -2℃: two degrees below zero Centigrade

            (or, minus two degrees Celsius)

  page 5: the fifth page (or, page five)

아래는 주의해야 할 수사의 쓰임입니다.

- **Two <u>hundred</u> passengers** 승객 200명
    - 정확한 수를 말할 때는 단수형

    <u>Hundreds</u> of passengers 승객 수백 명
    - 막연한 수를 말할 때는 복수형 ☞ p. 108

- **This is a <u>two-meter-long</u> table.** 2미터짜리 탁자
    - 명사를 수식할 때의 단위 명사는 단수(meter), 하이픈(-)으로 연결
        - 예) a six-year-old girl 여섯 살 된 소녀
        two hundred-dollar bills 100달러 지폐 두 장
        a four-day journey 4일간의 여행
        a ten-minute rest 10분간 휴식

    This table is <u>two meters</u> long.
    이 탁자는 길이가 2미터다.
    - 보어로 쓰인, 명사를 설명할 때의 단위 명사는 복수(meters)

- **the first girlfriend** 첫 번째 여자친구
    - 명사를 수식하는 서수는 보통 the가 쓰임
        - 예) The second girlfriend 두 번째 여자친구
        a second girlfriend 또 다른 여자친구 (= another girlfriend)

    I met Betty <u>first</u> last month. [부사]
    베티를 지난달에 처음 만났다.
    - 이때의 서수는 부사, 당연히 the가 쓰이지 않음 (the는 명사 앞에만)
        - 예) First come, first served 선착순 먼저

국어문법도 알아야 할 것은 알아야 합니다. 영어문법만 하다 보면, 자칫 국어문법을 영어문법처럼 쓰게 됩니다. 질문입니다. 아래 예문에서 국어다운 문장은?

① <u>싸움닭 두 마리</u>가 죽기 살기로 싸우고 있었다.
② <u>두 마리의 싸움닭</u>이 죽기 살기로 싸우고 있었다.

국어는 일반적으로 수사보다 명사를 먼저 씁니다. 국어다운 문장은 ①입니다. 영어의 영향을 받아 ②로 표현하면 안 되겠습니다. * 학생 두 명, 학생 둘, 커피 한 잔, 커피 하나

[싸우고 있다고 하면, 우리는 누가 싸우고 있는지 주체가 궁금하지 그 수가 궁금하지 않습니다. ("싸우고 있어."라고 하면, 바로 묻는 말은 "누가?"입니다. "몇 명?"이 아닙니다.) 명사를 한정부터 하는 영어와 다릅니다.]

수사를 먼저 쓸 수 있긴 한데, 매우 제한적입니다.

- 이번 대회에 <u>열 나라</u>가 참가했다.
    - 나라 열 개? 집단이나 조직 등, 수량 단위가 마땅히 없는 경우
- 왕자와 거지, <u>두 사람</u>은 …
    - 명사가 언급된 경우, 또는 앞으로 펼쳐질 이야기의 주인공인 경우
- 하나의 조국 / 2의 제곱
    - 관용적인 경우
    - '수사+의+명사'는 가급적 안 쓰는 것이 좋음

한정사

- ✓ **소유한정사**
  - He's my friend.

- ✓ **지시한정사**
  - This book is mine.

- ✓ **의문한정사**
  - What color is this?

- ✓ **수량한정사**
  - I need some new clothes.
    I didn't eat any meat.
    I've got no money to spare this week.
    We haven't got many books for children.
    I didn't eat much rice this morning.
    Few students learn Latin now.
    Cactuses need little water.
    Several letters arrived this morning.
    There aren't enough chairs for us.
    Each[Every] student has his[their] own desk.
    I like either[neither] of my friends.

- ✓ **준한정사**
  - I've never seen such a beautiful woman.
    I can't find my other shoe.
    Would you like another drink?

- ✓ **한정사구**
  - A lot of people are coming to the party tomorrow.
    The rest of the book is very boring.
    What kind of cake do you like best?

대명사
Pronouns

한정의 개념에서 살펴보았듯이, 명사에 대해 (한국인은 별다른 생각을 하지 않지만) 영미인은 '인식적 거리감'을 느끼고, '인식의 정도'를 따집니다. 그렇기 때문에 영어는 '신정보냐 구정보냐', '상대방이 알고 있느냐, 모르고 있느냐', 이것이 중요한 언어입니다.

- <u>Betty</u> went to the party yesterday. <u>She</u> met Mike.
  베티는 어제 파티에 갔다. 베티는 마이크를 만났다.
  – Betty: 명사, 신정보 / She: 인칭대명사, 구정보

she와 같은 대명사는 명사를 대신하는, 앞서 언급된 명사를 가리키는 말로, 상대방이 들어서 알고 있는, 상대방의 인지 범위 내에 있는 '구정보'입니다.

주의! 대명사는 상대방의 인지 범위 내에 있는 구정보입니다. 한정성이 매우 강한, 그 자체로 완전히 한정된 말입니다. 한정할 필요가 없으므로, 대명사 앞에는 한정어가 쓰이지 않습니다. * NOT The she is …

영어에서 명사는 '신정보'입니다. 신정보를 반복한다? 들어서 알고 있는데? 영어는 명사의 반복을 꺼릴 수밖에 없습니다.

한 번 언급되면 구성보가 됩니다. 구정보는 인식적 거리감이 가깝고, 인식의 정도가 높습니다. 이것이 영어가 대명사를 즐겨 쓰는 이유입니다. 국어와 비교해 보겠습니다.

- Betty usually gets up at six.
  She has breakfast at seven. [대명사 반복 (O)] / Betty has ... [명사 반복 (X)]
  She goes to school at eight.
  She comes home at six.

두 번째 문장부터, 구정보인데, ('She'가 아닌) 'Betty'를 반복한다? 'Betty, Betty, Betty' 이것은 영어가 아닙니다. 인식의 정도를 따지는 영어는 대명사(she)를 반복하는 것이 자연스럽습니다. 대명사를 즐겨 쓰는 언어인 것입니다.

- 베티는 보통 6시에 일어난다.
  베티는 7시에 아침을 먹는다. [명사 반복 (O)] / 그녀는 7시에 ... [대명사 반복 (X)]
  베티는 8시에 학교에 간다.
  베티는 6시에 집에 온다.

두 번째 문장부터 ('베티는'이 아닌) '그녀는'을 반복한다? '그녀는 그녀는, 그녀는' 이것은 국어가 아닙니다. 인식의 정도를 따지지 않는 국어는 명사(베티)를 그대로 반복하는 것이 자연스럽습니다. 대명사를 즐겨 쓰는 언어가 아닌 것입니다.

[영문을 번역하는 사람이 겪는 고충 중에 하나가 대명사가 가리키는 명사를 찾아 영어 대명사를 적절한 국어 명사로 옮기는 일입니다.]

[국어에 '그녀'라는 여성대명사가 있는데, 성을 문법으로 인정하는 서양말을 번역하는 과정에서 만들어진 말입니다. 본디 국어에 없던 말이고, 말맛도 그다지 좋지 않습니다. '그녀'는 되도록 안 써야 하는 말입니다. ('그녀는'을 발음을 잘못하면 '그 년은'이 되어 여자를 낮잡아 부르는 말로 오해 받기 쉽습니다.) 생각문법에서는 she/he를 '그녀/그'로 해석하지 않고, she/he를 그대로 쓰고 있습니다.]

[대명사는 명사를 대신하되, 의미뿐 아니라 역할까지 대신합니다. 즉, 대명사도 문장에서 명사와 같은 역할을 하고, 그 역할을 격을 통해 나타냅니다.]

대명사는 단순히, 명사를 대신만 하는 말이 아닙니다. 인식의 정도가 다르고, 강조되는 말이 다릅니다. 확인 질문입니다. 아래 예문의 차이점은?

① Mike loves Betty.
② He loves her.

명사는 상대방에게 아직 인식되지 않은 신정보입니다. 마땅히 강조됩니다. ①은 명사 Mike와 Betty가 강조되는 말로, 사랑하되 누구와 누구가 사랑하는지가 중요합니다. '(누구도 아닌) 마이크가 (누구도 아닌) 베티를 사랑한다'는 말입니다. Mike와 Betty를 강하게 발음합니다. (Mike loves Betty.)

대명사는 앞서 언급된, 상대방에게 이미 인식된 구정보입니다. 당연히, He와 her는 강조되지 않습니다. ②는 동사 loves가 강조되는 말로, '마이크가 베티를 (좋아하는 정도가 아니라) 사랑한다'는 말입니다. loves를 강하게 발음합니다. (He loves her.)

어떻습니까? 대명사가 실감 나십니까?

이제는 '신정보, 구정보'라는 말이 더는 낯설지 않습니다. 영어를 정말 잘하려면, 대명사를 잘 쓸 줄 알아야 합니다. 신경을 써야겠습니다.

> 대명사의 종류와 용법

대명사의 종류
└ 인칭대명사 Personal Pronoun
└ 소유대명사 Possessive Pronoun
└ 재귀대명사 Reflexive Pronoun
└ 지시대명사 Demonstrative Pronoun
└ 의문대명사 Interrogative Pronoun
└ 부정대명사 Indefinite Pronoun
└ **관계대명사** Relative Pronoun

[관계대명사는 일종의 접속사고, 접속사가 있는 문장은 복문입니다. 관계대명사에 관한 자세한 내용은 **생각문법 ❹** 〈접속사〉에서 다룹니다.]

어린 학생들이 영어문법을 처음 배울 때, 인칭대명사표를 보며 아직도 하나같이 'I, my, me, mine / you, your, you, yours / he, his, him his / …' 이렇게 외우는데…….

'사람을 가리키는 대명사', 인칭대명사부터 살펴보겠습니다.

─| 왜 인칭에 따라 be동사가 다를까?

▣ 인칭대명사

		인칭대명사		소유한정사	소유대명사
		주격	목적격	소유격	
1인칭	단수	I am 나는	me 나를	my 나의	mine 나의 것
	복수	we are 우리는	us 우리를	our 우리의	ours 우리의 것
2인칭	단수	you are 너는	you 너를	your 너의	yours 너의 것
	복수	you are 너희는	you 너희를	your 너희의	yours 너희의 것
3인칭	단수	he is 그는	him 그를	his 그의	his 그의 것
		she is 그녀는	her 그녀를	her 그녀의	hers 그녀의 것
		it is 그것은	it 그것을	its 그것의	×
	복수	they are 그들은	them 그들을	their 그들의	theirs 그들의 것

두 개씩 'I·me, my·mine / you·you, your·yours / …'
이렇게 인칭은 인칭끼리, 소유는 소유끼리 익히는 것이 바람직!

[be동사 'am'이 뒤따르는 인칭대명사는 'I'라는 단 한 글자뿐입니다. * I am … / My father is … (나의 아버지는 3인칭)]

대명사

[you는 단수도 you고, 복수도 you입니다. 왜일까요? you는 '상대방을 가리키는 말'입니다. 그런데 상대방이, 다시 말해 내 말을 들어 주는 사람이 꼭 한 명만 있으라는 법은 없습니다. (청중 앞에서 연설하는 연설자를 떠올리면 쉽게 이해됩니다.) 이런 이유로 you는 단수도 되고 복수도 되는 것입니다. '너/당신'뿐 아니라 '너희/당신들/여러분'도 되는 것입니다. ＊ <u>You</u> are a student. (단수의 you) / <u>You</u> are students. (복수의 you)]

[소유격 'her'에 '-s'를 붙이면 소유대명사 'hers'가 됩니다. 그런데 소유격 'his'는 '-es'를 붙이면 발음하기가 힘들어, 소유대명사도 'his'입니다.]

[3인칭 단수는 (단수라 성구별이 되니) 'he, she' 이렇게 성구별을 하고, 성구별이 안 되면 'it'으로 받습니다. ＊ "Someone is knocking at the door. 누군가 문을 두드려요." "Go and see who <u>it</u> is. 가서 누군지 봐라." 이와 달리, 복수는 (남성과 여성이 섞여 있을 수 있고, 성을 구별해 말하기 힘드니) 남성과 여성을 묶어 'they'라고 합니다.]

- <u>We</u> must love <u>our</u> neighbors. (우리는) 이웃을 사랑해야 한다.
    - 문맥상, 이때의 we[you/they]는 일반인을 가리킴 (해석을 안 해도 됨)
        예 You must be careful when driving a car. 차를 운전할 때는 조심해야 한다.
            What language do they speak in Brazil? 브라질에서는 어떤 언어가 사용됩니까?
    - we와 복수의 you는 복수명사 앞에 쓸 수 있음
        예 we Koreans[women] 우리 한국인[여자들] / you guys[two] 자네들[너희 둘]

- "Who's it?" "It's <u>me</u>." "누구니?" "나야."
    - 인칭대명사가 보어로 쓰이면 주격(I)를 쓰지 않고, 목적격(me)을 씀
        예 "Who do you want to see?" "It's him." "누구를 만나고 싶나요?" "그 사람이요."
            "Who's there?" "only me." "거기 누구 있니?" "나뿐이야."
    - 비교급에도 목적격을 씀
        예 You're taller than me[him]. 너는 내[그이]보다 키가 크다. (than me = than I am)

be동사는 특별한 불규칙 동사로, 인칭과 시제에 따라 다릅니다. 단수동사로 'am/was, are/were, is/was'가 쓰이고, 복수동사로 단복수가 같은 2인칭의 'are/were'가 쓰입니다.

- I am/was ..., You are/were ..., He is/was ... [현재형/과거형]

be동사의 현재형/과거형이 인칭에 따라 다른 이유는 (개인 중심의 사회에서 자기중심적인 사고방식을 가진) 영미인이 자신으로부터 인칭에 따른 인식적 거리감을 느끼고, 이를 내재적으로 의식하기 때문입니다. (영미인은 '1인칭 관점'의 관찰자의 눈을 지녔습니다. 사람과 사람, 사람과 사물에 대한 인식의 정도, 인식적/심리적 거리에 예민합니다.) ★ 1인칭과 3인칭의 과거형이 'was'로 같은 이유 ☞ ❷ p. 185

[3인칭은 삼자인 '남(他)'입니다. 남인 만큼 인식적/심리적 거리가 멉니다. 이를 느끼며 인식하고 있고, 이를 문법적으로 표시하며 언어로 나타냅니다. 3인칭 단수 주어일 때 동사에 '-(e)s'가 붙는 것입니다.]

참고로, 아래는 동사에 '-(e)s'가 붙거나 안 붙는 구문적인 이유입니다.

① Mike wants ... [Mike: (명사) 주어 / wants: (일반동사) 서술어]
: 동사에 '-(e)s'를 붙임으로, 3인칭 단수 주어와 서술어를 - 명사와 일반동사를 - 구분 짓습니다. 역으로, 이 둘을 구분 짓기 위해 동사에 '-(e)s'를 붙입니다. 주어가 '3인칭 단수 주어'임을 알립니다. 이는 3인칭 단수 주어가 대명사일 때도 적용됩니다.
* He wants ... ['-(e)s'는 현재시제를 나타내지 않습니다. ★ 현재시제 문법형태 'ø' ☞ ❶ p. 76]

② Mike will want ... / Mike doesn't want ...
: '조동사[will/does]'로 주어[명사]와 서술어[일반동사]가 구분됩니다. 이때는 동사에 '-(e)s'를 붙이지 않습니다.

③ The students want ... [students: 복수명사 / 복수명사 표지 '-(e)s']
: 복수명사에 '-(e)s'가 붙어 있어, 복수명사로 주어와 서술어가 구분됩니다. 이때도 동사에 '-(e)s'를 붙이지 않습니다. (3인칭이라고 복수 주어일 때도 동사에 '-(e)s'를 붙이면, 주어에도 서술어에도 두 군데나 '-(e)s'가 붙게 됩니다. 정신없을 뿐더러 발음도 힘들어집니다.)

■ **소유대명사**

소유대명사를 알려면 '명사의 소유격'을 먼저 알아야 합니다.
명사에 '아포스트로피(')+s'를 붙이면 명사의 소유격이 됩니다.

> 명사의 소유격
> └ 단수명사+'s
> └ 복수명사+' (s 생략)
> └ 불규칙 복수명사+'s

- my <u>sister's</u> room [단수명사+'s]
    내 여동생의 방 〉내 여동생 방 (her room)
    예) Betty's book 베티 책 (her book) / Betty's friends 베티 친구들 (her friends)
    a woman's hat 여자 모자 / a boy's name 남자 이름 / a bird's egg 새알

- my <u>sisters'</u> room [복수명사+' (s 생략)]
    내 여동생들 방 (their room)
    예) my parents' bed 부모님 침대 (their bed)
    a boys' school 남학교 / ladies' room 여자 화장실
    the Browns' house 브라운 씨 부부의 집, 또는 브라운 가족의 집

주의! 'Lewis'처럼 s로 끝난 사람 이름은 (이때의 s는 복수 표지가 아니므로) "'s'로 소유격을 나타냅니다. * Lewis's book / Chris's car / Charles's room

주의! s로 끝난 사람 이름이라도, 신화나 문학 작품 등에 나오는 인물과 중세 시대의 인물 등에는 일반인과 구별하기 위해 아포스트로피(')만 붙입니다.
   * Achilles' tendon 아킬레스건 / Moses' Ten Commandments 모세 십계명 /
   Jesus' disciples 예수님 제자 / Socrates' ideas 소크라테스 사상 /
   Dickens' novels 디킨스 소설 / Columbus' discovery 콜럼버스의 (미대륙) 발견

- a <u>children's</u> book [불규칙 복수명사+'s] 아동 도서
    - 예 men's clothes 남성복 / an old people's home 양로원
    - 구는 구 전체에 "s"를 붙임
        - 예 my brother-in-law's new car 처남의 새 차
            the woman next door's husband 이웃집 여자의 남편
            the Queen of England's birthday 영국 여왕의 생일
    - 공동 소유와 개별 소유를 구별할 것
        - 예 Tom and Jane's car (is) [공동 소유]
            탐과 제인의 차 (두 사람이 차 한 대를 공유)
            Tom's and Jane's cars (are) [개별 소유]
            탐의 차와 제인의 차 〉 탐과 제인의 차들 (차가 두 대 이상)

소유대명사를 소유한정사와 구별하십시오.

This is <u>my[his]</u> book. [소유한정사 (인칭대명사의 소유격)] 이것은 내[그의] 책이다.

- This book is <u>mine[his]</u>. [소유대명사] 이 책은 내[그의] 것이다.
    - 소유대명사 = 소유한정사+명사. 즉 'mine[his] = my[his] book'
    - 특히, whose의 쓰임을 혼동하지 말 것
        - 예 <u>Whose</u> car is that outside? [의문소유한정사] 밖에 있는 저것은 누구 차니?
            <u>Whose</u> is this car? [의문소유대명사] 이 차는 누구 거니?

This is <u>Betty's</u> book. [소유한정사 (명사의 소유격)] 이것은 베티의 책이다.

- This book is <u>Betty's</u>. [독립소유격] 이 책은 베티의 것이다.
    - Betty's: 반복된 book을 생략 (= Betty's book). 이를 "독립소유격"이라고 함
        - 예 a portrait of my father's [of+주어] 아버지가 소유한 초상화
            ('a portrait of my father [of+목적어] 아버지를 그린, 아버지 초상화'와 비교)
            My camera is smaller than Mike's. 내 카메라는 마이크의 카메라보다 작다.
    - 'house · shop · office', '공공건물' 등의 생략
        - 예 I'm staying at my aunt's (house). 나는 고모 댁에 묵고 있다.
            My mom goes to the baker's (shop) everyday. 엄마는 매일 빵집에 가신다.
            Have you been to St. Paul's (Cathedral)? 성 바울 대성당에 가 본 적이 있니?

| 생각 더하기 | 48. 무생물의 소유격? |

- the legs **of** a desk 책상 다리
  - 소속의 of: 다리가 책상에 '속한[의]' 다리라고 다리를 설명

소유는 의지가 있는 생물이 하는 것이지, 의지가 없는 무생물이 하는 것이 아닙니다. 무생물은 의지가 없으므로 소유할 수 없습니다. ★ 소속의 of ☞ ❹ p. 237

of는 '소유·구성·소속' 등을 의미하는 전치사고, 품사고, 단어입니다. (''s'와 같은) 소유격을 나타내는 문법형태가 아닙니다. 'the legs of a desk'는 '책상에 속한 다리'라는 어휘적 표현입니다. 문법적인 '소유격'이 아닙니다.

아래는 무생물이라도 ''s'를 붙이는 경우입니다.

- Korea's history [국명] 한국사 (America's population 미국의 인구)
- today's news [시간] 오늘의 뉴스 (three hours' delay 3시간 지연)
- ten miles' distance [거리] 10마일 (five minutes' walk 걸어서 5분)
- a pound's weight [무게] 1파운드 (two kilograms' rice 2킬로 쌀)
- ten dollars' worth [가격] 10달러어치 (a dime's worth 10센트짜리)
- nature's wonders [의인화] 자연의 경이로움 (fortune's smile 행운)
- the car's design [일상생활과 밀접한 관련이 있는 사물] 그 차의 디자인
- by a hair's breadth [관용어구] 간신히 (for mercy's sake 제발)

[개화기에 일본어 격조사 'の'의 영향을 받아, 그 당시 지식인들이 무분별하게 쓰기 시작한 격조사가 바로, '의'입니다. ('의': 체언을 관형어로 만드는 관형격 조사, 관형화소) 국어답게, '의'는 안 쓸 수 있으면 안 쓰는 것이 좋습니다. * 책상의 다리 → 책상 다리, 물가의 상승 → 물가 상승]

▣ 재귀대명사

	재귀대명사	
	단수	복수
1인칭	myself	ourselves
2인칭	yourself	yourselves
3인칭	himself, herself, itself	themselves

'자신'을 뜻하는 재귀대명사는 주어의 동작이 다시 주어로 되돌아가는 관계를 나타냅니다. '재귀 용법'과 '강조 용법'이 있습니다.

- **She's looking at <u>herself</u> in the mirror.** [재귀 용법]
    - she는 거울에 비친 자기 모습을 보고 있다. 〉 거울을 보고 있다.
    - 목적어가 주어와 동일인[동일물]이면 재귀대명사를 씀. 생략 불가
        - 예 Let me introduce myself. 내 소개를 할게.
        - He came to himself soon. he는 곧 정신을 차렸다.
        - He killed himself with a gun. he는 총으로 자살했다.
            - (He와 himself는 같은 사람, 'He killed him.'에서 He와 him은 다른 사람)
        - for oneself 혼자 힘으로, 자력으로 / by oneself 홀로, 다른 사람 없이, 외로이
        - in itself 그것 자체로, 본질적으로 / of itself 저절로, 자연히

- **I <u>myself</u> saw it.** [강조 용법]
    - 그것을 내 눈으로 보았다. (= I saw it myself.)
    - (대)명사 뒤나 문미에 재귀대명사를 써서 (대)명사 강조
        - 예 He <u>himself</u> will meet the president. he가 직접 대통령을 만날 것이다.
        - He'll meet the president <u>himself</u>. he는 다른 사람이 아닌 대통령을 만날 것이다.
    - 재귀대명사에 따라 강조하는 말이 달라짐
        - 예 He killed the cat <u>himself</u>. (he가 직접 죽임)
        - He killed the cat <u>itself</u>. (바로 그 고양이를 죽임)

◪ **부정대명사**

부정대명사는 '불특정한 사람·사물을 가리키는 말'로, 사람·사물을 구체적으로 지칭하지 않은, 정해져 있지 않은 대명사입니다.

주의! 한정사가 명사 없이 단독으로 쓰이거나 of를 수반하면, 이때는 (한정사가 아닌) 대명사입니다. * some of them (이때의 some은 대명사, 즉 부정대명사)

- <u>Each</u> is worth 5 points. [부정대명사] 각각은 5점이다.
  - 명사 앞에서 명사를 한정하는 한정사와 비교
    예 Each answer is worth 5 points. [한정사+단수명사] 각각의 정답은 5점이다.
  - (대명사는 구정보라 뒤에서 설명하지 않지만) 부정대명사는 불특정한 정해져 있지 않은 대명사라 설명이 필요. 뒤에서 설명이 가능
    예 I need something <u>to drink</u>. [형용사구] 마실 것 좀 주세요. (something을 설명)

  ▶ 부정대명사1: some, any, many, much, few, little, none, several, enough, each, either, neither, more, most, less, least, all, both, such, one, other, another
  - 수량한정사 대부분이 부정대명사로 쓰임 (이때의 대명사를 '수량대명사'로 부르기도 함)
    예 Some say it was an accident, but I don't believe it.
       몇몇은 그것이 사고였다고 말하지만, 나는 그 말을 믿지 않는다.
    Would you like some? 좀 드시겠어요?
    All are invited. 모두가 초대되었다. / All are silent. 모두가 조용했다.
       [all이 사람을 뜻하면 복수 취급 (= all the people)]
    All is destroyed. 모든 것이 파괴되었다. / All is silent. 모든 것이 조용했다.
       [all이 사물이나 주변을 뜻하면 단수 취급 (= all things)]

  ▶ 부정대명사2: everyone[-body], everything, someone[-body], something, anyone[-body], anything, no one[nobody], nothing
  - '-one[-body], -thing' 형태의 부정대명사
  - someone과 anyone의 차이는 some과 any의 차이와 같음
    (someone보다 somebody가 구어적, 구어에서는 '-body'를 많이 씀)
    예 There's someone at the door. 문에 어떤 사람이 있다.
    Is anybody there? 거기 누구 있어요?

- <u>Each of the answers</u> is worth 5 points. [부정대명사+of+복수명사]

  각각의 정답은 〉 정답은 각각 5점이다. (of the answers: 형용사구)

  예 Some of them are old. 그들 중 몇몇은 나이가 많다. /
  Not all of them are old. 그들 모두 나이가 많은 것은 아니다.
  All of them are old. 그들 모두 나이가 많다. /
  None of them are old. 그들 중 누구도 나이가 많지 않다.

- This hat is too small. I want another <u>one</u>.

  이 모자는 너무 작아요. (같은 종류의) 다른 걸로 주세요.
  — one: 'a+명사'로 같은 종류 (it: 'the+명사'로 앞서 말한 것과 동일한 것)

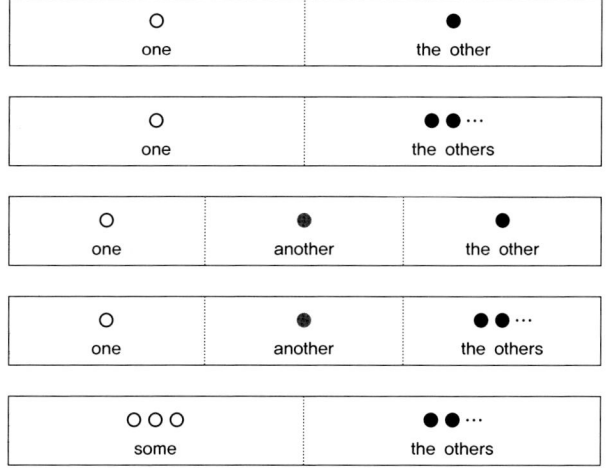

예 One is white, the other is black. 하나는 흰색이고, 나머지는 검은색이다.
One is white, the others are black. 하나는 흰색이고, 나머지들은 검은색이다.
One is white, another is gray, the other is black.
  하나는 흰색이고, 다른 하나는 회색이고 나머지는 검은색이다.
One is white, another is gray, the others are black.
  하나는 흰색이고, 다른 하나는 회색이고 나머지들은 검은색이다.
Some are white, the others are black.
  몇몇은 흰색이고, 나머지들은 검은색이다.

◉ **지시대명사** this, that, it

- <u>This[That/It]</u> is a book. 이것[저것/그것]은 책이다.
   (복수: These[Those/They] are books.)
   − this: 가까이 있는 것, 현재의 일이나 (아직 지나지 않은, 이제 나올) 후자를 가리킴
   − that: 멀리 있는 것, 과거의 일이나 (이미 지난, 앞서 나온) 전자를 가리킴
     예 This is Mike speaking. Is that you, Betty? (전화 통화) 마이크야. 베티니?
        This is the first time. 이번이 처음이야. / That was nice. 그거 멋졌어.
        these days 요즘 / those days 당시
        Drinking and smoking are both injurious; but this is more injurious
         than that. 술과 담배는 둘 다 해롭다. 하지만 후자(담배)가 전자(술)보다 더 해롭다.
   − it보다 that이 관심도가 높음
     예 Who is that? 저 사람 누구야? (눈에 보이는 저 사람, 관심이 보다 많이 감)
        Who is it? 누구세요? (눈에 안 보이는 누구, 관심이 보다 적게 감)

◉ **의문대명사** who, whom, which, what

- <u>Who</u> loved Betty? [주어] 누가 베티를 사랑했니?
   − who: 주어[주격]
     예 Who was happy? [주어] 누가 행복했니?
        Who(m) did you love? [목적어] 너는 누구를 사랑했니? (whom: 목적격)

- <u>Which</u> is better, A or B? [주어] A와 B 중 어느 것이 낫니?
   − which: 주어[주격], 선택 범위가 있음 (which는 보어로 쓰이지 않음)
     예 Which do you prefer, A or B. [목적어]
        A와 B 중 어느 것을 더 좋아하니? (which: 목적격)

- <u>What</u> makes you laugh? [주어] 뭐가 그렇게 웃기니?
   − what: 주어[주격], 선택 범위가 없음
     예 What do you want? [목적어] 무엇을 원하세요? (what: 목적격)
        What's the price of that? [보어] 그것의 가격이 얼마입니까?

대명사

- ✓ **인칭대명사**
    - We must love our neighbors.

    "Who's it?" "It's me."

- ✓ **소유대명사**
    - This book is mine.

    This book is Betty's.

- ✓ **재귀대명사**
    - She's looking at herself in the mirror.

    I myself have never done it.

- ✓ **부정대명사**
    - Each is worth 5 points.

    Each of the answer is worth 5 points.

    This hat is too small. I want another one.

- ✓ **지시대명사**
    - This is a book.

    Those are books.

- ✓ **의문대명사**
    - Who loved Betty?

    Which is better, A or B?

    What makes you laugh?

생각 더하기   49. 형용사와 부사의 역할

■ 수식어로 쓰인 형용사와 부사

["수식"이란 명사에 대해 알고, 아는 만큼 의미를 더하며, 앞에서 명사를 꾸며 주는 것을 말합니다. 수식은 앞에서!]

[수식어는 수식하는 대상에 따라 나뉩니다. 명사를 수식하는 형용사가 있고, (명사를 제외한) 동사·형용사, 다른 부사·문장 전체를 수식하는 부사가 있습니다.]

- **This is a fast car.** [형용사]
  이것은 빠른 차다.
  - fast: 명사 수식어인 형용사, 앞에서 명사(car)를 수식

  all the three pretty young Korean girls
  귀엽고 어린 한국 소녀 세 명 모두
  - all the three: '전치+중앙+후치' 한정사
  - pretty young Korean (명사 앞에 형용사가 무려 세 개)
    : 명사(girls)에서 멀어질수록 '주관적', 더 주관적인 말을 먼저 씀
      (pretty가 young보다 더 주관적인 말)
    명사에 가까워질수록 '객관적' (Korean은 객관적 사실)
    예 a big old wooden house 오래된 큰 목조 가옥

- **He always eats breakfast.** [부사]
  he는 항상 아침을 먹는다.
  - always: 동사 수식어인 부사, 앞에서 동사(eats)를 수식
    예 Within a few minutes she was fast asleep. [형용사(asleep) 수식]
    she는 몇 분 이내에 금세 잠이 들었다.
    He speaks English very well. [다른 부사(well) 수식]
    he는 영어를 매우 잘한다.
    Unfortunately, I've lost the key. [문장 전체 수식]
    불행히도, 그 열쇠를 잃어버렸다.

■ 설명어로 쓰인 형용사와 부사

[영어는 말의 '위치'나 '순서'로 문법적인 관계를 나타내는 '구조어'입니다. ("I love you."에서, you가 목적어인 이유는 love '뒤에' 있기 때문이고, love '앞에' 있어 I가 주어입니다.) 위치나 순서가 다르면 역할이 같을 수 없습니다.]

["설명"이란 상대방이 (대)명사에 대해 모르거나 모를 것 같아, 알 수 있도록 뒤에서 (대)명사를 풀이하는 것을 말합니다. 뒤에서는 설명!]

'I need something. 뭔가가 필요합니다.' 이렇게만 말하면 상대방은 뭔가가 뭔지를 알 수 없어, '뭔가가 뭔데요?' 이렇게 묻게 됩니다. 아래 예문과 같이, 뭔가가 뭔지를 설명을 해 주어야 합니다.

- I need something <u>to drink</u>. [형용사어]
  마실 것 좀 주세요.
  - something: 부정대명사, 불특정한 사물을 가리키는 말
    뭔가가 뭔지를 모르는데 어떻게 앞에서 수식?
    (이것이 부정대명사를 앞에서 수식할 수 없는 이유)
    모르니까 뒤에서 설명!
  - to drink: something이 무엇인지 뒤에서 설명, 후위설명
    something을 후위수식을 한다고 하면, 영어는 끝!
    형용사적 용법의 부정사 ☞ ❷ p. 290

- Birds fly <u>to catch</u> the worm. [부사어]
  새는 벌레를 잡기 위해 난다. ('Birds fly.': 온전한 문장)
  - to catch: 온전한 문장 다음에 온 말, 즉 **부사어**
    목적의 부사적 의미를 나타내며 뒤에서 동사(fly)를
    부연 설명. 부사적 용법의 부정사 ☞ ❷ p. 307

- This car is <u>fast</u>. [형용사] 이 차는 빠르다.
    - fast: 형용사, 뒤에서 명사(this car)를 설명. 명사 설명어
    - 이때의 fast는 주어를 설명하는 주보어
    - 수식어로 쓰인 부사와 구별할 것
        예 Night was <u>fast</u> approaching. [부사] 밤이 빠르게 다가오고 있었다.
            (fast: 진행분사 'approaching'을 수식)

- This car runs <u>fast</u>. [부사] 이 차는 빨리 달린다.
    - fast: 부사, 뒤에서 동사(runs)를 부연 설명. 동사 설명어
        예 You should listen <u>carefully</u>. 새겨들어야 한다. (listen을 부연 설명)
            Turn the TV <u>off</u>. TV를 꺼라. (Turn을 부연 설명)
    - 부사절은 주절을 부연 설명 ☞ p. 321
        예 I missed the train <u>because I overslept</u>. [부사절]
            늦잠을 자는 바람에 기차를 놓쳤다. (기차를 놓친 이유를 부연 설명)

- The baby fell <u>asleep</u>. [서술형용사: 설명어로만 쓰이는 형용사]
    아기는 잠이 들었다. (수식어로 쓰이지 못함 NOT the asleep baby)

    ▶ 서술형용사: aboard, afloat, alert, alike, alive, alone, ashamed
    asleep, awake, aware, fond, glad, pleased, sorry, upset, well, worth etc.
        예 He's still alive. he는 아직 살아 있어요.
            I was ashamed of myself. 내 자신이 부끄러웠다.
            I don't feel very well. 몸이 별로 좋지가 않다.

    주의! 설명 구조와 수식 구조는 어감이 다릅니다.
        * This water is <u>hot</u>. [설명어] 이 물은 뜨거워. (그러니까 조심해.)
        * This is <u>hot</u> water. [수식어] (저것은 찬물이고) 이것은 뜨거운 물이야.

        또한, 뜻이 달라지기도 합니다.
        * It is <u>certain</u> that ... 확실한 / I'm <u>late</u>. 늦은 [설명어]
        * a <u>certain</u> man 어떤 / the <u>late</u> Mr. Jones 작고한 [수식어]

생각 더하기   50. 비교 - 원급·비교급·최상급

정도나 수량의 대소 등을 나타내기 위한 형용사/부사의 어형 변화를 "비교 Comparison"라고 합니다. '원급·비교급·최상급'이 있습니다.

■ 원급

- I'm as tall as you. [동등 비교]
  - 나는 너만큼 키가 크다.
  - 원급: 형용사[부사]의 기본형
  - 동등 비교: 사람 또는 사물의 동등함을 나타냄

    as + 형용사[부사] + as   …만큼 …한

    예 He's as brave as any man in the village.
        he는 마을에서 어떤 남자 못지않게 용감하다.
  - as 뒤 '목적격 대명사': 비격식체, 이때의 as는 전치사 (앞의 as는 부사)

    예 He doesn't earn as much as me.
        he는 나만큼 돈을 많이 벌지 못한다.
    I play as well as you. 너만큼 운동을 잘한다.
    I haven't known him as long as you.
        그이를 안 지가 너만큼 오래 되지 않았다.
  - as 뒤 '주어+서술어': 격식체, 이때의 as는 접속사

    예 He doesn't earn as much as I do.
        he는 내가 버는 만큼 돈을 많이 벌지 못한다.
    He hasn't got as much money as I thought.
        he는 내가 생각한 만큼 돈이 많지 않다.
  - 수[량] 앞에 'as many[much] as'를 쓰면 수[량]이 많음이 강조됨

    예 There were as many as 200 people at the lecture.
        강연에는 무려 200명이나 되는 사람들이 있었다.
    Temperatures can fluctuate by as much as 10 degrees.
        기온이 무려 10도나 변동될 수 있다.
  - 부정문에는 'so ... as'를 쓸 수 있음

    예 He's not so[as] rich as I am. he는 나만큼 부자가 아니다.

- Run as fast <u>as possible</u>.

    힘껏 달려. (as possible = as you can)
  - as 다음에 형용사나 부사가 올 수 있음
    - 예 I'll meet as many people as <u>possible</u>.

      가능한 많은 사람들을 만날 거야. (as possible = as I can)

      This used car is as good as <u>new</u>. 이 중고차는 새 차나 다름없다.

      You're as beautiful as <u>ever</u>. 너는 여전히 아름답구나.

      <mark>as ... as can be</mark>   매우 ~하다

      예 He is as poor as can be. he는 (가난할 대로) 매우 가난하다
  - 형용사의 비유 표현
    - 예 as busy as a bee 벌처럼 바쁜

      as light as a feather 깃털처럼 가벼운

      as white as snow 눈처럼 하얀

      as wise as Solomon 솔로몬처럼 지혜로운

■ 비교급

- I'm <u>taller than</u> you. [우등 비교]

    너보다 키가 크다.

    <mark>우등 비교1: 원급 + -er + than</mark>

    예 Can you come earlier? 좀 더 일찍 올래?

- This ring is <u>more beautiful than</u> that one.

    이 반지가 저 반지보다 아름답다.

    <mark>우등 비교2: more + 원급 + than</mark>

    예 Could you talk more quietly? 조금만 조용히 말씀해 주시겠어요?

- That is <u>less beautiful than</u> this. [열등 비교]

    저것이 이것보다 덜 아름답다. (= That is not as[so] beautiful as this.)

    <mark>열등 비교: less + 원급 + than</mark>

    예 He's drinking less than before. he는 전보다 술을 덜 마시고 있다.

no ... more[less] than A는 B와 마찬가지로 C가 아니다[이다]
예 A whale is no more[less] a fish[mammal] than a horse.
고래는 말과 마찬가지로 물고기가 아니다[포유동물이다].

not ... more[less] than A는 B 이상은 아니다[B 못지않다]
예 He is not more[less] diligent than you are.
he는 너만큼 근면하지 않다[너 못지않게 근면하다].

much more[less] 더욱더 B이다[하물며 B는 더더욱 아니다]
예 You should know their customs, much more the law.
여러분은 그들의 관습을 알아야 합니다. 법은 더욱더 알아야 합니다.
He doesn't speak English, much less French.
he는 영어를 못한다. 하물며 불어는 더더욱 못한다.

no more than 겨우, 단지 / **no less than** …만큼이나
예 Ella is no more than three years old. 엘라는 겨우 세 살이다.
Home education is no less important than school education.
가정 교육은 학교 교육만큼이나〉학교 교육 못지않게 중요하다.

not more than 많아야, 기껏해야 / **not less than** 적어도
예 not more[less] than ten people 많아야[적어도] 열 명
(not more than = at most / not less than = at least)

- **He is three years junior to me.** [라틴계 비교 표현]
 he는 나보다 세 살 아래다. (= He is three years younger than me.)
 – 라틴어에서 온 형용사는 (than이 아닌) to를 써서 비교를 나타냄
  (to의 핵심 의미는 '붙음', 즉 A를 B에 붙임〉대봄〉견줌〉비교)
 예 The Korean War is posterior to World War II.
 한국전쟁은 2차 세계대전보다 나중에 일어났다.

주의! 라틴어에서 온 형용사

* **senior** (= older) / **junior** (= younger)
* **superior** (= better) / **inferior** (= worse)
* **major** (= more) / **minor** (= less)
* **interior** (= inner) / **exterior** (= outer)
* **anterior** (= earlier), **prior** (= before) / **posterior** (= later)

- **최상급**

- He's <u>the tallest</u> of my friends. [최상급]
  he는 내 친구들 중에서 가장 키가 크다.

  최상급1: the + 원급 + -est

- This is <u>the most beautiful</u> temple I've ever visited.
  이곳은 내가 방문해 본 곳 중에서 가장 아름다운 사찰이다.
  (= I've never seen such a beautiful temple.)

  최상급2: the + most + 원급

  − 최상급은 최상의 하나로 특정되므로 the가 쓰임
    예 The flood is one of the most common natural disasters.
       홍수는 가장 흔한 자연 재해 중 하나다.
       He enjoys skiing the most. he는 스키 타는 것을 가장 즐겨요.
       (= There is nothing he enjoys more than skiing.)
  − 최상급에 the가 쓰이지 않는 경우
    예 This lake is deepest at this point. [동일한 것을 비교한 경우]
       이 호수는 이 지점이 가장 깊다.
       This soldier is bravest of all. [보어로 쓰인 경우]
       이 군인이 가장 용감하다.
       Mother gets up earliest in our family. [부사의 최상급]
       우리 식구 중 어머니가 가장 일찍 일어나신다.
       Most books were burnt. [뜻이 '대부분'일 때]
       책 대부분이 타버렸다.
       his most excellent work [소유한정사 뒤] 그의 가장 훌륭한 작품
       a most difficult situation ['a most = very'일 때] 매우 어려운 상황

  주의! 불규칙 변화

* many[much]	more	most
* good[well]	better	best
* little	less	least
* bad[ill]	worse	worst

6장
문장편
Sentences

Zoom in Grammar

'문법'과 '문장'
Grammar & Sentences

운전하려면 운전하는 법을 알아야 하고,
수영하려면 수영하는 법을 알아야 하고,
요리하려면 요리하는 법을 알아야 하고,
…….

그럼 '말하려면' 무엇을 알아야 할까요? 네, 그렇습니다. '말하는 법'을 알아야 합니다. 운전하는 법을 모르면 운전할 수 없듯이 말하는 법을 모르면 말할 수 없습니다.

여러분

'말하는 법', 이것이 문법입니다. 혹여, 영어로 말하는 법을 잘 모르고 영어로 말하려던 우리는 아니었을까요?

혹자는 문법을 안 해도 된다거나 몰라도 된다고 하는데, 문법이 말하는 법인 것을 안다면, 아무도 그렇게 말하지 못할 것입니다. 우리는 말하려고 문법을 배우는 것이고, 문법을 배워 말하려는 것입니다. 그 이상도 그 이하도 아닙니다.

─| 문장은 무엇으로, 어떻게 이루어졌을까?

말의 목적은 의사소통입니다.

① 전국 비 오다 오후 남부지방 그치다
② 전국에 비가 오다가 오후에 남부지방부터 그치겠습니다.

①은 단어의 나열에 불과합니다. 의사소통이 원활하지 않을 뿐더러, 애써 읽어야 합니다. 반면에, ②는 어디 한군데 나무랄 데 없는 문장입니다. 의사소통도 원활하고 술술 잘 읽힙니다. 이러한 문장으로 우리는 말하며 생각과 감정을 나타냅니다.

문장은 기본적으로 '주어'와 '서술어'가 있고, '주어+서술어'로 이루어졌습니다.

- 새가 난다. [주어: '새가' / 서술어: '난다']
- A bird flies. [주어: 'A bird' / 서술어: 'flies']

주어는 '문장의 주체가 되는 말'입니다. 말할 때 말하고자 하는 바가 있듯이, 문장에는 주어가 있습니다. 없으면 횡설수설입니다. 그렇다고 주어만 있으면 안 됩니다. '주어를 설명하는 말', 서술어가 있어야 합니다. 있어야 의사소통이 됩니다.

[주어를 설명하는 서술어, 주어가 '어찌하다/어떠하다/무엇이다/있다'고 풀이합니다. 참고로, '서술하다, 설명하다, 풀이하다'-이 세 말은 모두 같은 말입니다. '설명'을 어렵게 말하면 '서술'이고, 쉽게 말하면 '풀이'입니다. (서술 = 설명 = 풀이)]

> 문법과 문장

문장에는 주어와 서술어가 있습니다. 우리는 아무렇게나 말하지 않고, '주어+서술어'의 형식을 갖춘 '문장'으로 말합니다.

"**문장** 文章·Sentences·글월"이란 '말 단위'로, 구성 성분이 '주어+서술어'의 형식과 문법적인 형태를 두루 갖추고, 구성 원리에 따라 생각과 감정을 나타낸 온전한 의미입니다.

문법을 온전히 정의하면, 말하는 법이되, 말은 문장으로 하니 "(영어) **문법** 文法·Grammar·말본"이란 '(영어) 문장으로 말하는 법'입니다. (문장으로 말하는 법을 두 글자로 줄이면, '문'과 '법', 문법입니다.)

문장으로 말하려면 문장을 만들 수 있어야 합니다. (우리가 국어를 자유자재로 구사할 수 있는 이유는 국어문장을 자유자재로 만들 수 있기 때문입니다.) 문장을 만들려면, 문장에 대해 알아야 하지 않을까요?

문장을 알아야 한다며, 문장의 정의가 우리에게 내준 숙제는 '문장의 구성성분'을 알아보는 것과 '문장의 구성원리'를 깨치는 것입니다. 아래의 두 문제를 풀고 또 푸는 것입니다.

문제1 ■ 문장은 '무엇으로' 이루어졌을까? [문장의 구성성분]
문제2 ■ 문장은 '어떻게' 이루어졌을까? [문장의 구성원리]

그럼 문제1부터 풀겠습니다. (문제2가 문장편의 주된 내용입니다.)

〉품사

품사가 한문으로 '品 갈래 품, 詞 말 사'입니다. '갈래'가 동사로 '가르다'니, 품사가 '말을 가르다 〉나누다', 즉 '단어를 분류하다'라는 말 같은데, 한 번에 와 닿지는 않습니다.

[우리가 지금 배우고 있는 문법용어는 특별히 영어문법과 관련된 말이 아닙니다. 중학생이 국어시간에 배우는 말입니다. 한마디로, 교양 수준입니다. 이러한 문법용어 때문에 영어문법이 어렵다고 한다면, 영어문법을 배울 의지가 없는 사람입니다.]

책상 위에 색색의 구슬이 있습니다. 구슬을 아무렇게나 섞어 놓지 않고, 색깔을 기준으로 노란색끼리·초록색끼리, 빨간색끼리·파란색끼리, ……. 이렇게 구분해 모아 놓았습니다. 이런 식으로 갖가지 단어를 '의미'를 기준으로 분류해 묶어 놓았습니다.

'이름'을 나타내는 단어끼리 묶어 놓고,
'동작'을 나타내는 단어끼리 묶어 놓고,
'성질'을 나타내는 단어끼리 묶어 놓고,
'시간'을 나타내는 단어끼리 묶어 놓고,
…….

이렇게 분류해 묶어 놓은 '단어들의 집합체' 하나하나를 "**품사** 品詞 · Word Class · 씨"라고 합니다.

이런, 문제가 생겼습니다.

이름을 나타내는 단어들의 집합체도 품사고, 동작을 나타내는 단어들의 집합체도 품사고, ……. 이것도 품사 저것도 품사, 서로 구별이 안 됩니다. 해서, 품사마다 이름을 붙여 주었습니다.

'이름'을 나타내는 품사는 "명사"라고,
'동작'을 나타내는 품사는 "동사"라고,
'성질'을 나타내는 품사는 "형용사"라고,
'시간'을 나타내는 품사는 "부사"라고,
…….

영어에는 아래와 같은 품사가 있습니다.

1. 명사어
   ① 명 사 Noun
   ② 대명사 Pronoun
   ③ 동명사 Gerund

2. 동사어
   ④ 동 사 Verb
   ⑤ 분 사 Participle
   ⑥ 조동사 Modal Verb

3. 한정어
   ⑦ 관 사 Article
   ⑧ 한정사 Determiner
   ⑨ 수 사 Numeral

4. 수식어
   ⑩ 형용사 Adjective
   ⑪ 부 사 Adverb

5. 연결어
   ⑫ 접속사 Conjunction
   ⑬ 관계사 Relative
   ⑭ 전치사 Preposition

6. 독립어
   ⑮ 감탄사 Interjection

단어를 분류하는 기준에는 의미뿐 아니라 '기능'과 '형태'도 있습니다. '명사어·동사어', '한정어·수식어', '연결어·독립어'는 기능을 기준으로 분류한 말입니다. 형용사(happy)에 '-ness'가 붙으면 명사(happiness)가 되고, '-ly'가 붙으면 부사(happily)가 된다는 말은 형태를 기준으로 분류한 것입니다.

기능은 품사가 문장에서 수행하는 문법적인 역할로, '주어·서술어' '한정어·수식어'와 같은 역할을 말합니다. 이러한 기능을 기준으로 이를테면 '주어·목적어·보어' 역할을 하는 말을 "명사어"라고 하고 서술어 역할을 하는 말을 "동사어"라고 합니다. [국어는 전자를 "체언(體言)"이라고 하고, 후자를 "용언(用言)"이라고 합니다.]

알아 두면 좋습니다. 국어에는 아래와 같은 품사가 있습니다. 한글 이름이 참 예쁩니다.

1. **체언** 몸말
   ① **명 사** 이름씨
   ② **대명사** 대이름씨
   ③ **수 사** 셈씨

2. **용언** 풀이말
   ④ **동 사** 움직씨
   ⑤ **형용사** 그림씨
   ⑥ **존재사** 있음씨: 있다
   ⑦ **지정사** 잡음씨: 이다

3. **수식어** 꾸밈말
   ⑧ **관형사** 매김씨
   ⑨ **부 사** 어찌씨

4. **독립어** 외딴말
   ⑩ **감탄사** 느낌씨

궁금합니다. 품사가 왜 필요할까요?

단어는 문장에서 문법적인 역할을 합니다. 그럼 어떤 '단어'가 주어 역할을 할까요? 답하려니 엄두가 나지 않습니다. 왜냐하면 주어 역할을 할 수 있는 단어가 한두 개가 아니기 때문입니다.

이름을 나타내는 단어는 모두 주어 역할을 할 수 있고, 사물의 이름만 해도 헤아릴 수 없을 정도로 너무 많습니다. 해서, 기준을 정하고 단어들을 분류해 끼리끼리 묶어 놓은 것입니다. 한번 생각해 보십시오. 낱낱이 다루기 힘든 단어들을 의미나 기능이 같은 단어들끼리 묶으면, 다루기가 한결 편하지 않을까요? 일일이 답하기 어려운 단어들을 하나로 묶어 이름을 붙이면, 질문에 답하기도 훨씬 쉽지 않을까요? 질문을 다시 하겠습니다.

어떤 '품사'가 주어 역할을 할까요? 네, 그렇습니다. '명사'입니다. 이제는 쉽게, 바로 답할 수 있습니다.

여러분

동사는 문장에서 서술어 역할을 합니다. 그럼 역으로, 서술어 역할을 하는 품사는? (동사로 답하면 25점) 동사뿐 아니라 형용사도 부사도, 심지어 명사도 서술어 역할을 합니다. (이렇게 답해야 100점)

동사와 서술어는 절대 같은 말이 아닙니다. 서술어는 문장성분입니다. 품사인 동사와 차원이 다른 말입니다. 문장성분을 살펴볼 차례입니다.

생각 더하기　　51. 주어와 동사를 찾아라?

- I <u>want</u> to <u>go</u> abroad to <u>study</u>.
  유학을 가고 싶다.
  − 서술어: want + ∅ [현재형]
  − 동사: want, go, study [동사원형]

문장에 주어가 하나면 서술어도 하나지만, 동사는 위 예문과 같이 두 개 이상일 수 있습니다.

주어를 설명하는 서술어, 아래 예문에서 밑줄 친 말은 모두 서술어입니다. (이때의 서술어를 관용적으로, "보어"라고 합니다.)

- He is <u>a chef</u>. [명사]
  he는 주방장이야.

- He is <u>tall</u> and <u>handsome</u>. [형용사]
  키도 크고 잘 생겼어.

- He is <u>off</u>. [부사]
  쉬는 날이야.

서술어 역할은 동사만 하는 것이 아닙니다. 주어를 설명하는 말이면 그것이 어떤 말이든 − 명사든 형용사든 부사든 − 서술어입니다. 동사만 한다고 여기지 마십시오.

[혹자는 독해할 때 주어와 함께 동사를 먼저 찾으라고 하는데, 찾으려면 서술어를 찾아야 합니다. 그런데 찾는 것이 중요한 것이 아닙니다. 그 전에 서술어를 서술어로 볼 줄 알아야 합니다.]

〉문장성분

'문장은 단어로 이루어졌다.' 좀 유식하게, '품사로 이루어졌다.' 이렇게 말하면 문장에 눈을 못 뜬 것입니다.

문장은 '주어·서술어, 한정어·수식어' 등으로 이루어졌습니다. 문장을 이루는 한 부분인, 주어나 한정어와 같은 말을 "**문장성분**"이라고 합니다. 문장은 문장성분으로 이루어졌습니다.

문장성분에는 아래와 같은 주요성분과 부속성분이 있습니다.

1. 주요성분
   ① 주 어   Subject · 임자말
   ② 서술어   Predicate · 풀이말
   ③ 보 어   Complement · 기움말
   ④ 목적어   Object · 부림말
   ⑤ 부사어   Adverbial · 어찌말

2. 부속성분
   ① 한정어   Determiner
   ② 수식어   Modifier · 꾸밈말
   ③ 연결어   Connective · 이음말
   ④ 독립어   외딴말
   ⑤ 삽입어   끼움말

- Yeong-hui <u>wanted</u> to go abroad to study.
  영희는 유학을 가고 싶어 했어.

질문입니다. 위 예문의 'wanted'는 서술어입니까, 동사입니까? 동사(품사)가 아닙니다. 서술어(문장성분)입니다. (위 예문에서 동사는 세 개나 됩니다. 'want, go, study'입니다.)

'사(詞)'자로 끝나는, 단어의 다른 이름인 품사는 어휘 차원의 말입니다. 하지만 '어(語)'자로 끝나는 문장성분은 문장 차원의 말입니다. 지금부터는 문장에 눈을 뜨기 시작해야 합니다.

문장성분은 '어휘부'와 '문법부'로 이루어졌습니다.

　　　　문장성분　=　어휘부 (단어 또는 품사)　+　문법부 (문법형태)
　　　서술어 'wanted'　　　　동사 'want'　　　　　　과거시제 문법형태 'ed'

　　　　− 주　어 = 명사 + 명사문법 '수/격/성'
　　　　− 서술어 = 동사 + 동사문법 '시제 · 상/태 · 서법'

주어를 안다는 말은 (어휘부인) 명사뿐 아니라 (문법부인) 명사문법 '수/격/성'을 안다는 말입니다. 마찬가지로, 서술어를 안다는 말은 동사뿐 아니라 동사문법 '시제 · 상/태 · 서법'을 안다는 말입니다.

[문법형태는 과거시제 문법형태 '-(e)d'와 같은 '문법을 나타내는 형태'를 말합니다.]

['서술어(wanted)'는 주어를 설명하되, '어휘적(want: 원하다)'으로 설명하고, 동시에 '문법적(ed: 과거시제)'으로 설명하는 말입니다. 말이 주어를 설명하는 말이지, 알고 보면 살 떨릴 정도로 엄청난 말입니다. 서술어, 절대 가벼이 여기면 안 되겠습니다.]

③-a I like chicken. [음식] 닭고기를 좋아해.
　b I like chickens. [동물] 닭을 좋아해.

③에서 모르는 단어는 없습니다. 하지만 '수'라는 명사문법을 모르면 구분하기 힘듭니다. 전부 아는 단어인데, 독해가 안 되는 원인은 어휘부만 알기 때문입니다. 문법부도 알아야 합니다.

아래 예문에서 밑줄 친 말이 서술어입니다. 동사문법을 모르면 서술어를 서술어로 볼 줄 모르면, 무슨 말인지 알 수 없습니다.

- It <u>may have been deleted</u>.
    그것은 삭제되었을지도 모른다.
    - 서술어: may(서법)+have(시제)+been(상)+deleted(태) / 본동사: delete

처음으로 되돌아가, 말의 목적은 의사소통입니다.

① 전국 비 오다 오후 남부지방 그치다
② 전국<u>에</u> 비<u>가</u> <u>오다가</u> 오후<u>에</u> 남부지방<u>부터</u> <u>그치겠습니다</u>.

①은 어휘부만 있는 단어의 나열에 지나지 않습니다. 반면에 ②는 문법부도 있는, 문법형태를 두루 갖춘, 문장성분으로 이루어진 문장입니다. 이런 것이 '말 단위'인 문장입니다.

[기초라는 어감 때문인지, 기초를 쉬운 것으로 여기는 경향이 있습니다. 기초가 쉬운 것이면, 기초를 잡았어도 벌써 잡았어야 하지 않을까요? 기초를 쉽사리 잡지 못하는 이유는 기초가 본디 '어려운 것'이기 때문입니다. 어려운 만큼 '중요한 것'이 또한 기초입니다. 기초를 잡는 방법은 오직 하나, '의문하고 생각하고 이해하는 것'입니다.]

생각 더하기　　52. **첨가어** vs. **굴절어**

갔어: 가 ← 쓰어 [←: 첨가표시]

문장성분인 서술어 '갔어'는 (어휘부인) 동사 '가'에 (문법부인) 문법형태 '-쓰-, -어'가 첨가된 형태입니다.

국어는 '갔어'처럼, 어휘부와 문법부가 '나뉜, 구분되는' 언어로, ('가는, 가고, 가서, 가니, ……'에서 볼 수 있듯이) 어휘부에 문법부가 첨가됩니다. 즉, 국어는 문법형태를 첨가시켜 문법을 나타냅니다. 이러한 언어를 "첨가어"라고 합니다.

went: go×과거시제 [×: 융합표시]

영어는 문법을 나타내는 방식이 국어와 딴판입니다. 서술어 'went'는 go에 과거시제가 융합된 형태입니다.

영어는 'went'처럼, 어휘부와 문법부가 '섞인, 구분이 안 되는' 언어로, ('go-went-gone'에서 볼 수 있듯이) 어휘부에 문법부가 융합됩니다. 즉, 영어는 어형을 변화시켜 문법을 나타냅니다. 이러한 언어를 "굴절어"라고 합니다.

[어형 변화를 의미하는 굴절은 '내부굴절'과 '외부굴절'로 나뉩니다. 내부굴절은 'go-went-gone'과 같은 불규칙적인 어형 변화를 말하고 외부굴절은 'want-wanted-wanted'와 같은 규칙적인 어형 변화를 말합니다.]

우리 눈에 'go-went'와 같은 불규칙 변화는 틀림없는 굴절로 보입니다. 하지만 'want-wanted'와 같은 규칙 변화는 굴절로 보이지 않고 첨가로 보입니다. 안 그래도 어휘부[want]와 문법부[ed]로 나뉘는 첨가어의 특성을 띱니다. 실제로도, want에 ed를 붙이면 과거시제가 된다고 하지, want를 wanted로 바꾸면 과거시제가 된다고 하지 않습니다.

wanted: want ← ed

해서, 규칙 변화는 위와 같이 우리에게 익숙한 첨가로 보고자 합니다. [서술어 'wanted'는 (어휘부인) 동사 'want'에 (문법부인) 문법형태 '-ed'가 첨가된 형태입니다.]

[영어의 첨가현상은 국어처럼 광범하고 다양하게 나타나지 않습니다. 첨가되는 문법형태만 보더라도, '-(e)d/-ing · -(e)s/-'s · -er/-est'가 고작입니다.]

확인 질문입니다. 문장은 무엇으로 이루어졌습니까?

문장성분! 자세히 답하면? 어휘부와 문법부로 이루어진 문장성분! 더욱 자세히 답하면? 네, 그렇습니다. 문장은 '어휘부에 문법부가 첨가되거나 융합된' 문장성분으로 이루어졌습니다.

> 문법의 insight, 문법의 overview

주　어 = 명사 + 명사문법 (수/격/성)
서술어 = 동사 + 동사문법 (시제·상/태·서법)

단어인 명사가 문장 안으로 들어가면, 명사문법이 결합해 주어가 됩니다. 역으로, 문장에서 주어 역할을 온전히 하려면 명사에 명사문법이 결합해야 합니다. 동사도 마찬가지입니다. 동사문법이 결합해 서술어가 되고, 동사에 동사문법이 결합해야 서술어 역할을 온전히 할 수 있습니다.

말은 문장으로 말합니다. 기본적으로, 문장은 '주어+서술어'로 이루어졌습니다. 강조합니다, 말은 주어와 서술어로 말하는 것이지 명사와 동사로 말하는 것이 아닙니다. 명사와 동사를 말하는 것은 어렵지 않은 일입니다. 하지만 주어와 서술어를 말하는 것은 매우 어려운 일입니다.

문장으로 말하려면 일단, 주어와 서술어를 알고 볼 일입니다. 주어와 서술어를 알려면, 명사와 동사뿐 아니라, 명사문법과 동사문법도 알아야 합니다. 쉽게 말해, 단어만 알면 안 되고 문법도 알아야 합니다. 문법을 모르면, 주어와 서술어는 문장에서 실현되지 않습니다. 말을 시작도 못 하는 것입니다.

주어를 주어로 볼 줄 아는 것, 서술어를 서술어로 볼 줄 아는 것, 이것이 문장력의 근간입니다.

여러분

창의적인 사람에게는 남다른 여러 능력이 있습니다. 그 중에 단연 돋보이는 능력이 통찰력입니다. 통찰력에는 사물이나 현상을 꿰뚫어 보는 'insight'와 전체적으로 아울러 보는 'overview'가 있습니다. insight와 overview가 조화를 이룰 때, 실체나 정체 또는 완전체가 보이지 않을까요?

문법에도 문법을 바라보는 두 가지 관점이 있습니다.

>문법의 insight
>: 문장 안으로 들어가, 문장을 세부적으로 들여다본 문법
>
>문법의 overview
>: 문장 밖으로 나와, 문장을 전체적으로 바라본 문법

생각문법 ❶❷ 동사편에 이어 **생각문법 ❸** 명사편을 마쳤습니다. 우리는 동사편을 통해 '시제 & 상'과 '서법 & 태'를 배웠습니다. 또한, 명사편을 통해 '수/격/성'을 배웠습니다. 우리가 지금까지 배운 동사문법과 명사문법, 이것이 문법의 insight입니다.

[명사문법에 비하면, 동사문법이 분량도 곱절이고 비중도 배로 높아, 매도 먼저 맞는 편이 낫다고, 동사문법을 먼저 배웠습니다.]

문장을 만들려면, 다시 말해 문장력을 갖추려면 두 개의 눈이 필요합니다. 이제 문법의 overview를 배울 차례입니다. 자, 그럼 문장 밖으로 나가겠습니다.

눈을 크게 뜨고, 아래 예문을 문장 밖에서 보십시오.

- 나는 너를 사랑한다. [주어 – 목적어 – 서술어]
- I love you. [주어 – 서술어 – 목적어]

무엇이 제일 먼저 눈에 들어옵니까?

국어와 영어의 본질적 차이, 말의 순서, '어순'이 제일 먼저 눈에 들어옵니다. 어순부터 달라, 어순부터 극복해야 하는 문제에 부딪칩니다.

국어와 영어는 어순이 왜 다를까?

어순, 문장편의 화두입니다. 가슴 벅찬 위 질문에 도전할 것이고, 기필코 영어어순을 극복할 것입니다.

[문법의 overview는 **생각문법 ❸ 문장편**과 **❹ 연결어편**입니다.]

[문장편은 영미인의 의식구조를 다룬 '문장의 구조', 영어문장의 구문구조를 다룬 '문장의 종류', 영어문장의 의미구조를 다룬 '문장의 유형'으로 나뉘었습니다.]

- 나는 너를 사랑한다.
  - 국어어순: 주어 – 목적어 – 서술어

- I love you.
  - 영어어순: 주어 – 서술어 – 목적어

국어와 영어가 어순이 다르다는 것을 우리는 모르지 않습니다. 다르면 다른 대로, 어순에 맞추어 말하면 될 것 같지만, 말이 쉽지 문장이 좀 길어지기라도 하면 뜻대로 잘되지 않습니다.

어순이 단지 어순의 문제라면, 어순을 벌써 극복하고도 남았을 것입니다. 어순은 다름 아닌 '문장구조'의 문제입니다. 문장구조를 인식해야 어순을 극복할 수 있습니다.

'분별하고 판단해 인식하는 것'과 '단순히 아는 것'은 하늘과 땅 차이입니다. 복잡함 속에서 단순함을 찾고자 합니다. 단순함이란 본질을 말합니다. 영어문장의 본질을 찾겠습니다.

[본질적인 문제가 해결되지 않으면, 시간과 돈만 낭비하고, 결국 제자리로 돌아옵니다. (10년 전에 보던 영어책과, 지금 보는 영어책과, 10년 후에 보는 영어책이 같을 수 있습니다.) 본질을 찾아 본질적인 문제를 본질적으로 해결하는 능력을 기르기, 이것이 인문학을 공부하는 이유 중 하나입니다.]

Unit 15

문장의 구조
Sentence Structure

'엔진·기어, 핸들·페달, 차체·바퀴' 등은 제각기 하는 일이 다르지만, 차가 달릴 수 있도록 유기적으로 결합되어 있습니다. 차와 같이, 나름의 역할을 하는 성분들이 일체의 목적을 위해 밀접한 관계로 서로 짜여 있는 것을 "구조 짜임새·얼개"라고 합니다. 문장 역시 구조를 이룹니다. 즉, 의미 전달을 위해 일련의 짜임새를 갖춥니다. (문장구조 = 문장의 짜임새)

문장에는 주어와 서술어가 있습니다. 그런데 있기만 하면 안 됩니다. '짜여' 있어야 합니다. 그래야 구조입니다. ('주어+서술어'에서 '+'는 짜임을 의미합니다. 주어와 서술어의 관계로 '짜여 있음'을 나타냅니다.)

여러분

짜임을 힘주어 말하는 이유는 대부분 사람이 문장의 어순은 알아도, '문장의 짜임새', 즉 '문장구조'는 잘 모르기 때문입니다.

—| 국어와 영어는 왜 어순이 다를까?

- 나는 너를 사랑한다.　[주어 – 목적어 – 서술어]
- I love you.　[주어 – 서술어 – 목적어]

위 예문을 보면, 어순이 다른 것 말고는 특별히 눈에 들어오는 점이 없습니다. 그럼 필요한 말만, 중요한 말만 남겨 보겠습니다.

- 사랑한다　[서술어]
- I love　[주어 & 서술어]

국어는 필요한 말만 남기면 '사랑한다'가 남고, 영어는 중요한 말만 남기면 'I love'가 남습니다. 이유는 문장의 짜임새가 다르기 때문입니다. 발상 전환!

　　국어문장의 짜임새: 주어 & 목적어 + 서술어　(주어와 목적어가 함께 먼저 나옴)
　　영어문장의 짜임새: 주어 & 서술어 + 목적어　(주어와 서술어가 함께 먼저 나옴)

어순은 문장의 짜임새를 인식하지 못해 극복하지 못하는 것입니다. 영어어순 극복은 (영어문장이 어떻게 짜였는지, 왜 그렇게 짜였는지) '영어문장의 짜임새를 인식하느냐, 못 하느냐'에 달려 있습니다.

다만, '지피지기면 백전불태라', 우리답게 국어문장과 관련된 내용부터 살펴보겠습니다. 시작은 우리가 살고 있는 '동양 세계' 입니다.

> 관계 중심의 세계, 동양

'우리가 어데 남인교?' [부산 소주, 광고 포스터의 문구]

10년도 넘은 오래된 이야기입니다. 부산에 강의가 있어 내려갔다가 그날 저녁 회식 자리에서, 고깃집이면 어김없이 붙어 있는 소주 광고 포스터를 무심결에 보게 되었습니다. 그때 포스터에 적힌 위 문구를 보고 깜짝 놀랐습니다. 문구가 관계를 중시하는 동양인의 인간관계를 보여주는 말이었기 때문입니다. (후에, 위 문구는 '우리가 어데 남인가?'로 영화 '부산' 포스터에서도 보게 됩니다.)

궁금하지 않을 수 없습니다. 어떤 이유로 '우리가 어데 남인교? (우리가 어디 남인가요?)' 이 말을 하게 되었을까요? 어떤 원인으로 동양인은 관계를 중시하게 되었을까요?

[언어는 생각을 표현합니다. 따라서 '국어와 영어는 왜 어순이 다를까?'는 '동양인과 서양인은 왜 사고방식이 다를까?'와 같고, '세계는 왜, 어떤 요인으로 동양과 서양으로 나뉘게 되었을까?'로 귀결됩니다. 동양은 고대 중국으로 대표되는 동아시아를 말하고, 서양은 고대 그리스·로마로 대표되는 유럽을 말합니다.]

[동서양의 문화와 사고방식과 관련된 내용은 'p. 29'에서 밝힌 '동서양의 차이를 다룬 주요 참고 서적'을 참조했습니다. 언어는 언어만의 문제가 아니니, 역사와 문화와 사고방식에 관심을 갖고, 여러분도 꼭 읽어 보시길 바랍니다.]

햇빛과 바람, 비와 눈, 산과 강, 바다와 사막, 자전과 공전, 썰물과 밀물 등등, 자연은 인간이 통제할 수 없는 불가항력적인 존재입니다. 지구에 생명체가 출현한 이래, 모든 동식물은 자연에 순응하고 적응하며 살았습니다. 인간도 예외가 아니어서, 생존과 관련된 의식주는 기후와 지형 등, 운명처럼 주어진 자연환경에 영향을 받았고, 이를 받아들였습니다.

[인간은 자연환경에 순응하고 적응하고 한편 극복하면서, 주어진 자연환경을 최대한 활용하려고 끊임없이 노력했습니다. 그러한 물질적, 정신적 결과가 문화입니다.]

살아 있는 것은 먹지 않으면 죽습니다. 의식주 중에 가장 중요한, 생존과 직결된 것은 '식'입니다. 그럼 먹는 것에 가장 많은 영향을 끼치는 자연환경은? 네, 그렇습니다. '물'이고 '비'입니다. 바로, '강우량'입니다. 세상이 동서양으로 나뉜 근본적인 원인은 자연환경 때문이고, 강우량이 가장 큰 비중을 차지합니다.

강우량이 다르면 땅에서 나는 것이 다릅니다. 즉, 먹는 것이 다릅니다. 계절풍이 불어 강우량이 많은 동아시아에서는 벼를 재배하고 밥을 먹습니다. 강우량이 적은 유럽에서는 밀을 재배하고 **빵**을 먹습니다.

동서양의 문화와 사고방식의 차이는 벼농사와 밀농사의 차이에서 기인합니다. 벼농사부터 살펴보겠습니다.

[봄에 모내기한 벼를 가을에 추수하고, 껍질을 벗겨낸 쌀로 밥을 지어 입에 넣기까지, '88번(八十八)'의 손길이 필요하다는 뜻에서 '米 쌀 미'라고 합니다. 그만큼 벼농사는 노동 강도가 높습니다. 논을 곁에 두고 살아야 할 정도로 손이 많이 가는 일이고 정성을 다해야 하는 일입니다.]

[논에는 물이 차 있어야 합니다. 많은 물이 필요한 벼농사는 풍부한 수량(水量)을 확보하기 위해 물과 전쟁을 치러야 합니다. 이를 위해 둑을 쌓고 관개시설을 만들어 물을 통제했습니다. 어느 왕조든 치수(治水)는 최우선 과제였고, 기우제는 중대한 행사였습니다.]

모심기와 벼 베기, 둑을 쌓거나 수로를 내는 일 등등, 벼농사는 협동이 요구되는 노동 집약적인 일입니다. 서로 품앗이를 했고 두레와 같은 공동 노동 조직을 만들어 농번기를 넘겼습니다. 결정적으로, 벼농사는 해마다 '같은 논에' 모를 심는 '이어짓기 연작'을 합니다. 이는 '한곳에 머물러 산다'는 의미입니다.

벼농사의 특성상, 동양인은 한곳에서 집단으로 상부상조하며 땅을 부쳐 먹고 살았습니다. 마을이라는 '공동체'를 이루게 된 것입니다. (공동체는 개인으로 분리되지 않는 일체입니다.) 공동체를 이루어 벼농사를 짓는 동양인, 그 특성이 궁금해집니다.

> 가족·민족·농촌과 같은, (내 의지로 선택된 집단이 아닌) 선천적으로 운명적으로, 자연 발생적으로 결성된 집단을 "공동사회"라고 합니다. 공동사회는 결합 자체가 목적이고, 정서적이고 전통적인 관계에 기초합니다. 상호 이해와 배려, 공통의 신념과 관습이 집단 구성의 바탕이 됩니다. 인간관계가 매우 친밀합니다. 포괄적이고 영구적인 인간관계를 유지합니다. 가입과 탈퇴가 자유롭지 못합니다. (퇴니스의 '공동사회와 이익사회'에서)

밥을 먹는 이상, 동양인은 땅과 마을을 떠날 수 없습니다. 조상 대대로, 태어나 죽을 때까지, 1년 365일, 좋든 싫든, 미우나 고우나 마을 사람들과 동고동락해야 합니다. 늘 함께하다 보니 집안에 숟가락이 몇 개 있는지를 알 정도로 서로를 잘 압니다. 친밀하다 보니 모두 이웃사촌이고, 건너 건너 다 아는 사람입니다. 이러한 공동체에서는 '화합'과 '화목'이 덕목입니다. 서로 잘 어울려야 하고, 잘 지내야 합니다. 자연히 사람과 사람의 이것이 중요해집니다. 본질을 찾았습니다. 이것이 바로, '관계'입니다.

'人 사람 인'은 두 사람이 서로 기댄 모습을 형상화한, 사람을 '사람과 사람의 관계'로 표현한 글자입니다. 이것만 봐도 동양인이 얼마나 관계를 중시하는지를 알 수 있습니다.

동양인인 우리는 관계 중심의 세계관을 갖고 있고, 관계 중심의 사회에서 살고 있습니다. '혈연·지연·학연'을 여전히 따지는 것을 보면 쉽게 이해됩니다. ("집안사람끼리 왜 그래?" / "우리 고향 사람인데 찍어 줘야지." / "○○대학 출신이야." - 어떤 관계보다 끈끈하고 질긴 관계입니다.)

길을 가다가 모르는 사람과 마주치면, (영미인은 생전 처음 보는 사람인데도, "Hi." 또는 "Hello." 이렇게 인사하지만) 우리는 인사하지 않습니다. 관계가 설정되지 않았기 때문입니다. 여자들은 모르는 사람끼리 만나면, 곧잘 나이를 묻습니다. 언니와 동생을 빨리 정해야 하기 때문입니다. 다시 말해, 관계 설정을 빨리 해야 하기 때문입니다. 그래야 대화가 활기를 띱니다. 관계 설정을 위해 '말 놓으세요.' '지금부터 형님으로 모시겠습니다.' 이런 말을 하는 것입니다.

[밀물과 썰물은 달의 중력 때문에 생깁니다. 놀랍게도 2,500년 전에, 고대 중국인들은 달이 밀물과 썰물의 원인이라는 것을 알았습니다. 지구와 달이 떨어져 있지만 서로 영향을 주고받고 있다고, 서로 관계가 있다고, 즉 상관이 있다고 '상관적'으로 생각했습니다. 하지만 고대 그리스인들은 지구는 지구고 달은 달이라고, 지구와 달을 각각의 개체로 '분석적'으로 생각했기 때문에, 달이 밀물과 썰물의 원인이라는 것을 알지 못했습니다. 18세기 후반에 이르러 과학의 힘으로 알게 됩니다.]

[동양인은 이럴 수도 있고, 저럴 수도 있다고 생각합니다. 이유는 여러 관계, 즉 여러 상황을 고려해 상황에 따라 달라질 수 있다고 생각하기 때문입니다. 그때그때 달라, 술을 마시지 않지만 회식 자리에서는 마신다고 합니다. 이것도 저것도 아닌 - 좋기도 하고 나쁘기도 하고, 맞기도 하고 틀리기도 하고 - 앞뒤가 안 맞는 모순을 받아들입니다. 모순은 비논리적입니다. 논리적인 서양인에게 받아들여질 리가 없습니다. "괜찮습니다. 안 주셔도 되는데, ..." 이렇게 입으로는 거절하면서 선물을 받는 동양인의 모습을 서양인은 이해하지 못합니다. '안 받겠다면서 왜 받지?' 이러한 반응을 보입니다. 서양인은 'yes or no', '+ 또는 -'입니다. 양자택일적인 이분법적 사고로 모순을 해결하려고 합니다.]

[관계를 중히 여기는 우리는 따듯한 마음을 지닌, 예로부터 情이 많은 민족입니다. 情이 많아 쉽게 거절을 못합니다. 관계에서 비롯된 情의 문화는 상호 이해와 배려를 바탕으로 합니다. 음식을 내어도 먹기 좋게 잘라서 내고, 편히 먹게 젓가락을 줍니다.]

[과유불급이라, 관계를 너무 중히 여기면 끊고 맺음이 불확실해지고, 공사의 구별이 불분명해집니다. 관계에 치중하면 심각한 부작용이 생깁니다. 법과 원칙이 지켜지지 않고, 능력보다 아부와 뇌물이 통합니다. '혈연·지연·학연'의 관계를 이용해 부당한 이익을 취하거나 잘못을 덮어 줍니다. 정상적인 단계를 밟지 않고, 낙하산 인사처럼 뒷배로 들어갑니다. 고위급 인사일수록 군 면제자가 일반국민에 비해 훨씬 많은 것도 하나의 방증입니다. 상대적인 박탈감에 국민은 불신으로 희망을 잃어 가고, 편법과 반칙이 난무한 사회는 부정부패로 병들어 갑니다. 지역에 기반을 둔 정치는 나라를 대립과 반목이 수렁에 빠뜨리고, 나부터 살고 보자는 세상은 더욱 각박해집니다.]

관계 중심의 인간관계에서는 '남이 나를 어떻게 보느냐'가 중요합니다. 보는 것보다 '보이는 것'이 중요합니다. 우리는 알게 모르게 '남을 의식하며' 살아갑니다.

회식 자리가 끝날 즈음, 신기하게도, 불판에는 고기 한 점이 꼭 남아 있습니다. 그런데 아무도 젓가락을 대지 않습니다. 이유는 '이것을 내가 집어 먹으면 다른 사람이 나를 어떻게 볼까?' 하며 남을 의식하기 때문입니다. '눈치를 본다.'도 같은 맥락입니다.

우리나라 사람만큼 유행에 민감하고 반응하는 사람도 없는 것 같습니다. 남이 무슨 옷을 입고 무슨 가방을 들고 다니면, 그것을 의식해 나도 입고 들고 다녀야 합니다. '체면을 차린다.'도 같은 맥락입니다.

[보는 눈이 있으면 처신에 신경을 쓰지만, 보는 눈이 없으면 아무 데서나 소변도 봅니다. 남을 의식한 나머지 귀가 간지럽고, 뒤통수가 따갑습니다. 남을 지나치게 의식하면 남과 비교하게 됩니다. 남과 비교하는 순간, 불행해지는 법입니다.]

[서비스가 못마땅한 나머지, 손님이 직원에게 서비스가 왜 이 모양이냐고 불평합니다. 그런데 직원은 사과부터 하지 않고, 이러쿵저러쿵 변명부터 늘어놓습니다. 이렇게 방어적인 태도를 취하는 이유는 부실한 서비스의 원인이 나에게 있거나 나에게서 나온 것이 아니라, 나와 관계된 외부에 있거나 외부에서 온 것으로 생각하기 때문입니다. 잘되면 내 탓이고, 못되면 남 탓인 것입니다.]

[농사를 지을 수 있는 땅은 제한적입니다. 제한된 농토에 인구가 늘어나면 식량이 부족해집니다. 이러한 농경 사회를 "부족경제"라고 합니다. 부족경제에서는 한 사람이 많이 가지면, 그만큼 다른 사람이 가지지 못합니다. 내가 가난한 이유가 저 사람이 많이 가지고 있기 때문이라고 생각합니다. 사촌이 땅을 사면 배가 아픈 것이고, 남이 잘되는 꼴을 못 보는 것입니다.]

관계 중심의 사회에서는 개인보다 개인이 속한 '집단'을 우선시 합니다.

마을은 공동체고, 공동체는 집단입니다. 농사일은 많은 인력이 필요합니다. 협동이라는 집단의 힘을 빌려야 하고, 집단의 힘을 빌리려면 집단에 속해야 합니다. 개인은 집단의 일원일 때, 존재 의의와 가치가 있습니다. 개인보다 집단이 우선하는 것입니다.

외자식이 '우리 엄마·우리 아빠'라고 하고, 일부일처인데 '우리 남편·우리 아내'라고 합니다. 우리는 '우리집·우리 학교, 우리 회사·우리나라' 이렇게 '우리'라는 말을 자연스럽게 많이 합니다. '나의 …'라고 하면 어색하게 들릴 정도입니다. 이는 집단 속에 개인이 있고, 개인이 속한 집단이 우선한다는 방증입니다.

[우리는 우리 남편이지만, 영어는 'my husband'입니다. 'our husband'로 말하면 남자 하나에 여자가 여러 명인 줄로 압니다. 우리에게 학교는 너와 나의 학교 '우리 학교'지만, 영미인에게는 내가 다니는 학교 'my school'입니다.]

[우리는 성명을 '홍길동' 이렇게 성을 앞에 쓰고, 이름을 뒤에 씁니다. 성은 집단이고, 이름은 개인입니다. 이렇듯 집단이 먼저고, 개인이 나중입니다. 또한, 우리는 주소를 '서울시 강남구 신사동 123번지 신사 아파트 401동 501호' 이렇게 가장 큰 지역인 서울을 제일 먼저 쓰고, 개인과 가장 밀접한 위치인 401동 501호를 맨 나중에 씁니다. 이 또한 집단이 먼저고, 개인이 나중입니다.]

[성명을 영문자로 표기할 때, 순서는 국어식인 '성-이름' 그대로 합니다. 한글을 영문자로 옮길 뿐 영어 성명이 되는 것이 아니므로, 영어식인 '이름-성'으로 바꾸지 않습니다. * 홍길동: Hong Gildong (원칙) / Hong Gil-dong (허용) / Hong Gil Dong (여권에는 이름을 띄어 씀)]

[집단 우선인 사회에서는 개인은 배제되거나 희생되기 일쑤입니다. 옛날에는 본인 의사와 무관하게 부모가 정해 준 사람과 혼례를 올렸습니다. 가문을 위해 좋든 싫든 과거시험에 인생을 걸었습니다. 자기희생이 따르는 '충'과 '효'가 강조되었습니다. 그림 그리기를 좋아해 미대에 진학하고 싶지만, 집안을 위해 의대로 진학합니다. 집안을 위한 일이면, 나 하나쯤은 희생되어도 괜찮다고 여깁니다. 개인의 행복을 포기하고 우리의 행복을 선택하는 것입니다. 부당하고 불합리하고 비민주적이라도, 집단을 지킬 수 있으면 개인을 희생시킵니다. 꼬리 자르기를 하거나 희생양이 생깁니다.]

[개인인 '나'는 집단 속에 매몰되기 십상입니다. 나를 빼고 말할 때도 많고, 자기를 낮추어 '제가'로 말할 때도 많습니다. 건방지거나 당돌하거나, 무례하다는 말까지 들을 수 있어 잘 나서지 않습니다. 나서는 것은 꺼리지만, 공동체 의식이 강해 남들이 하면 곧잘 따라합니다. 집단행동을 잘하고, 단결력이 강합니다.]

[집단의 속성은 '일체성'입니다. 단체생활에서 개인행동은 금물이고, 집단 결속과 단결에 방해가 되는 개인은 용납되지 않습니다. 개인 의사보다 집단 의사가 중요해 옛날에는 대의를 따르지 않으면 죽임까지 당했습니다. 남다르거나 두각을 나타내는 사람을 시기하며 끌어내립니다. 모난 돌이 정을 맞는 것입니다.]

[집단 내 의견이 갈리거나 분분하면, 집단 분열과 해체로 이어질 수 있어 개개인은 불안해합니다. 여러 의견이 통합되도록 타협하고, 안 되면 제삼자가 중재하기도 하고 어떻게든 합의에 이르도록 최선을 다합니다. 공동체는 '한마음 한뜻'이어야 평화롭고 행복합니다. 이것이 동양 사회에 '만장일치제'가 있는 이유입니다.]

[집단 의사는 합의로 결정되므로, 실패나 과실에 대한 책임 소재가 불분명합니다. 개인에게 책임을 묻기가 힘듭니다. 공동 책임으로 여기고, 개인은 책임을 지려고 하지 않습니다. 책임을 지게 되면 억울해합니다. 책임 떠넘기기를 하거나 총대를 메는 사람이 생깁니다.]

[집단의 또 다른 속성은 '동질성'입니다. '우리 〉 아는 사람 〉 같은 편'이 아니면 경계부터 합니다. 외지인과 외부 세력에 배타적이고 적대적입니다. 아는 사람끼리는 한없이 너그럽지만, 모르는 사람끼리는 사소한 일로도 잘 싸웁니다. '내 편, 네 편' 하며 편 가르기를 잘하고, 파벌주의나 집단 이기주의에 잘 빠집니다.]

[옛날에는 집집마다 울타리를 쳤습니다. 울타리 안은 나와 직접적인 관계가 있어 쓸고 닦고 애지중지하지만, 울타리 밖은 나와 직접적인 관계가 없어 길거리에 휴지나 담배꽁초 등을 버립니다. 나와 직접적인 관계가 있는 일에는 전력을 다하지만, 없는 일에는 대체로 무관심합니다.]

[울타리 안은 우리 집안, 우리 가족을 뜻합니다. 60년대 국군 월남파병, 전쟁터에 국가를 위해 갔을까요, 가족을 위해 갔을까요? 우리는 가족을 위한 일이면 목숨도 내놓습니다. 이러한 가족관에서 유교적 윤리가 시작되었습니다. 가족은 위아래가 있는 '위계조직'입니다. (언니와 동생부터 정하는 초면의 여자들처럼, 공동체의 일차적 관계는 '상하 관계'입니다. 위아래를 먼저 따지고, 그 다음 친하고 멀고를 따집니다.) 어른에게 말대꾸를 했다가는 어른보다 숟가락을 먼저 들었다가는 불호령이 떨어졌습니다. 가족은 엄격한 위계질서로 유지되었고, '동방예의지국'으로 불릴 만큼, 위계질서에는 각자 지켜야 할 엄중한 '예(禮)'가 있었습니다. 자연히 가족 윤리는 사회로 국가로 확대되었고, 충효를 중시하는 유교가 국가의 통치 이념이 되었습니다.]

[위계질서는 공동체를 유지하는 데 없어서는 안 되는 규율입니다. 하지만 권위주의를 낳고, 사회로 확대되어 서열주의가 되었습니다. 우리나라만큼 계층적 관계를 -'선배/상급자/연장자'와 '후배/하급자/연소자'를- 따지는 나라도 없을 것입니다.]

[가족에서 비롯된 위계 문화는 위아래와 친하고 먼 관계, 즉 '상하 관계'와 '친소 관계'를 나타내는 '대우법'을 발달시켰습니다. 국어는 어떤 언어보다 대우법이 발달한 언어입니다. 국어를 배우기 시작한 외국인은 대우법 때문에 무척 애먹을 것입니다. 대우법에는 존댓말인 '높임말'과 비존댓말인 '예사말'과 '낮춤말'이 있습니다. * 말씀하셨다. (높임말) / 말했다. (예사말) / 말씀을 드렸다. (낮춤말)]

여러분

'우리가 어데 남인교?' 이 말이 이제는 어떻게 들리시는지요? 알게 모르게, '관계'는 우리 삶에 깊숙이 관여하고 있고, 폭넓게 작용하고 있습니다.

> 국어문장의 짜임새

살펴본 바와 같이, 우리 문화와 사고방식은 관계 중심입니다. 생각은 언어로 표현되니, 고스란히 국어에 반영됩니다. 그렇습니다. 국어는 '관계 중심의 언어'입니다.

국어: 주어와 목적어의 관계를 설명하는 언어

"관계"란 둘 이상의 사람·사물·현상 등이 서로 연관이 있거나 관련을 맺는 것을 말합니다. 관계의 정의에서 눈여겨볼 말은 '둘 이상'입니다.

손뼉을 치려면 두 손이 있어야 하듯이, 관계를 말하려면 사람이든 사물이든 둘이 있어야 합니다. 둘이 있고 난 다음에야 비로소, 둘의 관계를 말할 수 있습니다. "아하, 그래서 국어는 주어와 목적어가 먼저 나오는 구나! 둘의 관계를 설명하려고, 그 다음에 서술어가 나오는 구나!"

- 난 널 사랑해.

위 예문은 나와 너의 관계를 설명하는 말입니다. 그럼 관계를 설명하는 말은? 네, 그렇습니다. '사랑해'입니다. 요컨대, '주어[난]'와 '목적어[널]'의 관계를 '서술어[사랑해]'가 설명하고 있습니다. 개인보다 우리를 앞세우는, '우리 관계'를 말하는, '우리 사이'를 생각하는 우리 정서가 느껴집니다.

- 난&널+사랑해. [주어&목적어]

여기서 강조하고 싶은 점이 있습니다. 관계의 의미상 주어와 목적어가 함께, '한 묶음으로', '난&널' 이렇게 먼저 나온다는 것입니다. 이어서, 한 묶음인 '주어&목적어' 둘의 관계를 설명하기 위해 서술어가 온다는 것입니다. '주어&목적어+서술어', 바로 이것이 국어문장의 짜임새입니다.

[문장 겉을 보면, 국어문장이 순차적인 '주어-목적어-서술어'로 '말의 순서'가 보입니다. 하지만 문장 속을 보면, 구조적인 '주어&목적어+서술어'로 '말의 짜임'이 보입니다. 앞으로는 어순/순차의 문제가 아닌, 짜임/구조의 문제로 봐야겠습니다.]

강조하고 싶은 점이 하나 더 있습니다. 우리는 말로만 말하지 않는다는 것입니다. 관계 중심의 언어를 사용하는 우리는 말하기와 관계된 것, 즉 말이 오갈 때의 상황인 '정황'으로도 말한다는 것입니다. 상대방이 정황으로 알 수 있는 내용은 그것이 주어라도 우리는 아무렇지 않게 생략합니다. ★ 정황어와 구조어 ☞ ❶ p. 204

[아이가 학교에서 돌아오면, "나는 학교를 다녀왔습니다." 이렇게까지 말하지 않습니다. 거의 대부분 "다녀왔습니다." 이렇게만 말합니다. 그래도 누가 어디를 다녀왔는지 정황으로 다 알아듣습니다. 우리는 일상 언어생활에서 말을 대신해 정황으로 말할 때가 무척 많고, 액면보다 많은 내용을 알아듣습니다. 정황의 의존도가 높아, 주어나 목적어와 같은 문장성분의 생략 현상이 빈번합니다. 대표적인 국어의 특성으로, 정황의 의존도가 높은 언어를 "정황어"라고 합니다.]

[관계 중심의 국어, "다녀왔습니다."는 상대방을 중심으로 상대방 관점에서 한 말입니다. 개인 중심의 영어, 주어와 서술어를 갖춘 "I'm home."은 자기를 중심으로 자기 관점에서 한 말입니다. ("선생님이 도와줄까?"는 상대방 관점에서 한 말로, 이때의 '선생님'은 상대방 관점의 호칭입니다. "내가 도와줄까?"는 자기 관점에서 한 말입니다.)]

문장의 구조

- **사랑해.** ('주어&목적어'가 생략됨)

사랑을 고백할 때, 우리는 보통 ('난&널'이 생략된) '사랑해.'로 말합니다. 필요한 말만 남기라고 하면, 관계 중심의 언어답게, 관계를 설명하는 '사랑해'가 남는 것입니다.

['나는 너를 사랑해.'로 고백하면 감미롭게 들리지도 않고, '-는/-은'에는 '상대적/대조적'이라는 뉘앙스가 들어 있기 때문에, '너는 나를 사랑하지 않지만, 나는 너를 사랑한다.'는 말로 들리기도 합니다. 반면에, 영어는 문장성분을 어지간해서는 생략하지 않습니다. 'I love you.'입니다.]

여러분

'관계를 중시한다'는 말을 문장에 적용하면, 관계를 나타내는 말이 서술어이므로, '서술어가 중요하다'는 말이 됩니다. 요컨대 국어는 서술어 중심의, 품사로 말하면 '동사 중심의 언어'입니다. 이와 달리, 영어는 '명사 중심의 언어'입니다. (관찰 〉보는 것이 중요 〉1인칭 관점의 눈 〉세상을 개체로 인식 〉개체 중심, 즉 명사 중심)

- (커피) 더 마실래?
    - 사람과 커피의 관계를 나타내는 동사 '마시다'로 물어 봄
- More coffee?
    - 마실 대상인 명사 '커피'로 물어 봄

편협하게 어순이나 따지는 우리가 아닙니다. 여세를 몰아, 우리의 주된 관심사인 서양의 문화와 사고방식, 영어문장의 짜임새를 살펴보겠습니다.

〉개인 중심의 세계, 서양

2007년 미국의 어느 대학에서 총기 살인 사건이 일어났는데 범인이 '한국계' 미국인이었습니다. 한국계라는 말에, 한국인은 죄인이라도 된 듯이 미국인에게 미안한 마음을 가졌습니다. 이내 희생자를 추모하는 촛불집회가 열렸고, 정부까지 나서서 조의와 유감을 표시했습니다. 그런데 아이러니하게도, 이를 본 미국인의 반응은 이해할 수 없다는 표정으로 "왜 저러지?"였습니다.

한국인은 왜 그랬고, 미국인은 왜 그랬을까요?

관계를 중시하는 한국인, 한국계를 같은 한국인으로 보고 범인을 한국인과 관계 지었기 때문입니다. 집단에 개인이 속해 있어 집단이 연대 의식을 느끼고 연대 책임을 진 것입니다. (우리는 아이의 잘못을 부모의 불찰로 여깁니다. 심하면 집안까지 들먹입니다.)

개인을 중시하는 미국인, 한국계든 중국계든 범인을 개인으로 보고 한국인과 관계 짓지 않았기 때문입니다. 단지 개인의 잘못일 뿐인데, 아무 상관 없는 한국인이 집단행동을 보이자 고개를 갸우뚱거린 것입니다. (우리는 그 사람의 친구를 보면 그 사람을 알 수 있다고 합니다. 친구를 통해, 친구와의 관계로 그 사람을 보는 것입니다. 이런 일을 개인만 보는 영미인은 이해하지 못합니다. 친구는 친구고, 나는 나인 것입니다.)

이 또한 궁금하지 않을 수 없습니다. 어떤 원인으로 서양인은 개인을 중시하게 되었을까요?

[유럽은 강우량이 적어, 서양인은 밀농사를 지었습니다. 밀을 재배하는 데는 많은 물이 필요하지 않아, 물 관리에 크게 신경을 쓰지 않아도 됩니다. 파종이 곧 추수라 할 만큼, 손이 많이 가지도 않습니다. 이는 너무 건조한 지역만 아니면 어렵지 않게 밀을 재배할 수 있다는 의미입니다. 여기서 안 되면 다른 곳으로 가면 됩니다. 서양인은 땅에 집착하지 않았습니다. (동양인은 땅이 전부라 땅에 집착했습니다. 한곳에 머물러 살았고, 땅을 떠나서 살 수 없었습니다.)]

건조한 지역은 땅이 기름지지 않습니다. 밀농사는 단위면적당 생산량이 벼농사에 비해 현격히 떨어집니다. 결정적으로, 한곳에서 계속 밀을 재배할 수 없는, 해마다 '다른 땅에' 파종하는 '돌려짓기 윤작'을 합니다. 이는 '이동하며 산다'는 의미입니다. (동양인은 땅을 떠나면 살 수 없었지만) 서양인은 땅을 떠나야 살 수 있었습니다.

빵은 이동에 적합한 식량입니다. 무겁지 않아 운반이 용이하고 빨리 상하지 않아 장시간 보관할 수 있습니다. 하지만 빵은 밥에 비해 영양가가 현저히 떨어집니다. 밥만 먹어도 살지만, 빵만 먹으면 영양실조에 걸립니다. 농업에 불리한 자연환경과 식량으로 부족함이 있는 빵, 이를 극복하기 위해 가축을 기르게 됩니다. 목축을 하게 된 것입니다. 고기가 또 다른 주식이 됩니다.

목축은 이동이 불가피한 농경 사회에 커다란 변혁을 가져왔습니다. 몇 마리 정도는 농사를 지으며 키울 수 있었지만, 가축 수가 점점 불어나자 전적으로 매달리게 되었습니다. 이동에 적합한 빵을 들고, 풀을 찾아 옮겨 다니며 목축을 했습니다. 전문적으로 목축만 하는 유목민이 등장하게 된 것입니다.

유목민의 등장은 일을 나누는 '분업'을 가져왔습니다. 농경민은 농사만 짓게 되었고, 유목민은 목축만 하게 되었습니다. 분업은 일의 효율을 높였고, 생산력을 증대시켰습니다. 먹고 남는 것이 즉 '잉여생산물'이 생긴 것입니다.

유목민은 농경민과 잉여생산물을 주고받았고, 주고받다가 사고 팔았습니다. 유목은 전문적으로 사고파는 상인을 출현시켰습니다. 상인의 출현으로 시장이 발달되었고, 상업을 토대로 도시국가가 형성되었습니다. 상인은 바다로 나가 활발히 무역을 했고, 막대한 부를 축적했습니다.

상업을 통하면, 잉여생산물은 '이익'이 됩니다. 상업이 발달하면서, 고대 서양 사회는 점차 이익을 추구하는 '이익사회'로 변모해 갔습니다.

> 내 의지로 선택된, 후천적으로, 의도적으로 결성된 집단을 "이익사회"라고 합니다. 이익사회는 특정한 목적을 달성하기 위해 결합합니다. 효율성과 전문성을 지향합니다. 결합이 수단이고, 개인주의와 합리적인 이익 추구에 기초합니다. 이해관계와 절차에 따른 계약과 규칙이 집단 구성의 바탕이 됩니다. 인간관계가 이해 타산적이고 형식적입니다. 가입과 탈퇴가 자유롭습니다. '회사·학교, 정당·시민 단체, 동아리·종친회' 등이 이에 속합니다. (퇴니스의 '공동사회와 이익사회'에서)

서양의 유목 사회에서는, 나아가 시장경제에서는 상인이, 개인이 매매할 수 있는 잉여생산물이 있었습니다. 잉여생산물은 이익이고, 이익은 '소유'의 개념입니다. 즉, '내 것'이 있었습니다.

[영미인은 개인 중심의 세계관을 갖고 있고, 개인 중심의 사회에서 살고 있습니다. 자기중심적이고 자의식이 강합니다. 자의식이 강한 만큼 소유욕도 강합니다. 국어는 '아들이 있어.' 이렇게 '존재 중심'으로 표현하지만, 영어는 'I have a son.' 이렇게 '소유 중심'으로 표현합니다. 'have · possess, hold · own' 이렇게 소유를 의미하는 동사도 여러 가지입니다.]

여러분

인간은 소유하게 되면, 내 것이 생기면 '자의식(自意識)'이 발달하게 됩니다. 주체적인 '자신'을 발견하고 인식합니다. 독립적인 '자아'를 의식하고 표현합니다. 자율적인 '자기'를 관리하고 책임집니다. 자연히 이것이 중요해집니다. 본질을 찾았습니다. 이것이 바로, '나'입니다. (자의식 > 자아 > 자기 자신 > 나)

자기소개를 할 때 '나'를 말하는 방식을 보면, 우리와 영미인은 극과 극입니다. 우리는 처음만 '나는' 하고, 더는 나를 드러내지 않습니다. 하지만 영미인은 처음뿐 아니라 끝날 때까지, 문장마다 'I…', 'I…', 'I…', ……' 합니다. 예사로운 일이 아닙니다. 한 마디씩 할 때마다 'I' 한다는 것은 곧 나에 대한 인식의 정도가 매우 높다는 뜻입니다. 주체적인 '나'라고 – 다른 사람과 다르다고 비교되는 존재가 아니라고 – 연신 '나'를 드러냅니다. 우리에게는 자기과시가 영미인에게는 넘치는 자신감의 표현입니다.

동양인은 태어나는 순간 집단에 종속된 나로 존재하지만, 서양인은 집단에서 독립한 나로 존재합니다. I는 독립적인 나입니다. 또한, I는 자율적인 나입니다. 서양인은 모든 것이 나로부터 시작해 내가 결정하고 내가 행동하고, 결과에 대해 내가 책임집니다. 잘되도 내 탓이고, 못되도 내 탓입니다. (동양인은 남을 의식하는 데서 출발해 결정과 행동에 대한 책임을 남에게 돌리는 경향이 있습니다.)

["저는 반도체를 만드는 ○○ 회사의 ○○ 부서에서 팀장으로 일하고 있는 홍길동이라고 합니다." 이렇게 우리는 내가 속한 집단을 내세워 나를 말합니다. 하지만 영미인은 "저는 홍길동이라고 합니다. 운동을 잘하고, 여행과 사진 찍는 것을 좋아합니다. 긍정적인 성격이고, 취미로 주말에 자전거를 타거나 등산을 합니다. 반도체 분야에서 일하고 있습니다." 이렇게 '기호·취향, 성격·취미' 등, 자신에 대해 먼저 말합니다.]

[동양 사회에서는 나에 대해 말을 많이 하거나 직접적으로 나를 드러내면 - 서양인의 눈에는 자신감이 넘치고 유능해 보이지만 - 교만하다는 말을 듣습니다. 말을 적게 하거나 나를 감추면 - 서양인의 눈에는 자신감이 없고 무능해 보이지만 - 겸손하다는 말을 듣습니다.]

[동양의 농경 사회는 집안사람끼리 또는 집단으로 다 같이 일해서 다 같이 나눠 먹었습니다. 더욱이 부족경제라, 잉여생산물이 없었습니다. 우리 것은 있었지만, 내 것은 없었습니다. 나는 집단 속에 매몰되었고, 자아는 집단의 모습을 하고 있었습니다. 나는 집단의 구성원이었고, 일원이었습니다. 집단 내에서 뒷전이었습니다.]

[이름을 부르는 것은 집단과 관계없는 개인을 부르는 것입니다. 우리는 사회생활을 하면서, 특히 직장에서 동료나 아랫사람이 아니면, 상대방 이름은 잘 부르지 않습니다. 무례히, 윗사람 이름은 더더욱 부르지 않습니다. 집단과 관계 지어 '최 과장·이 대리 김 사장님·박 교수님' 이렇게 성 뒤에 집단적 위치인 직책이나 사회적 위치인 신분을 붙여 부릅니다. 옛날에는 서울에 사는 안주인을 '춘천댁·평양댁' 이렇게 출신 지역과 관계 지어 부르기도 했습니다. 이렇듯 집단 내의 나는 뒷전이었습니다.]

I 나

유일하고 유별한 '나'
세상에 단 한 명만 존재할뿐더러
우주가 생겨나서 사라질 때까지 단 한 번만 존재합니다.
참으로 고귀한 존재입니다.
대문자로 나타내지 않을 수 없습니다.
1인칭 'I', 항상 대문자로 씁니다.

I가 없으면, 우주도 없습니다.
I로부터 세계가 시작되고, I를 중심으로 세상이 존재합니다.
I는 절대적 존재고, 최상위 가치입니다.

'I', 영어가 어떤 언어인가를 보여 주는 단어입니다.
I라는 단어를 받아들이는 것이야말로
진정한 영어의 시작입니다.

I는 독립적이면서 개별적인 하나의 인격체입니다. 인격을 지닌 개체, 즉 '개인'입니다. 서양인은 개인 중심의 세계관을 갖고 있고, 개인 중심의 사회에서 살고 있습니다.

개인 중심의 사회에서는 자기중심적으로 생각하고, 판단하고 선택하고, 행동합니다. 자기가 옳다고 믿거나 여겨지면, 누가 뭐라 해도 아랑곳하지 않고 자기가 선택한 길을 갑니다. 내가 하고 싶은 일을 나답게 하는 것이, 내가 원하는 삶을 나답게 사는 것이 행복하게 사는 길이라고 생각합니다.

개인 중심의 사회에서는 우리처럼 남을 의식하며 살아가지 않습니다. 누가 보든 말든 아무 데서나 애정 표현을 하고, 덥다고 느끼면 한겨울에도 여름옷을 입고 다닙니다. 자기중심적인 만큼 개성이 강하고, 개성이 강한 만큼 특별한 존재이기를 바랍니다. 남들과 다르기를 원하고, 남들과 구분되기를 원합니다. 자기표현을 많이 하고, 자기주장이 강합니다.

[남들과 다르기를 원하는 영미인과 달리, 우리는 '나도 남들처럼 집도 사고 차도 사고 …' 이처럼 남들과 같아지거나 비슷해지기를 원합니다.]

[자기표현과 자기주장, 이는 듣는 것보다 '말하는 것'이 더 중요하다는 의미입니다. 개인 우선인 서양 사회에서는 speech가 곧 능력입니다. 말을 잘하면 머릿속이 찬 유식한 사람으로 봅니다. speech로 능력을 가늠하기 때문에, 연설이나 프레젠테이션에 사활을 겁니다. 식탁에는 대화의 꽃이 핍니다. 반면에, 집단 우선인 동양 사회에서는 개인이 집단의 의사와 결정을 듣고 따라야 하므로, 말하는 것보다 '듣는 것'이 더 중요합니다. 빈 수레가 요란하다며, 말이 많으면 머릿속이 빈 무식한 사람으로 봅니다. 세 치 혀가 사람을 잡기도 합니다. 밥상머리에서 떠들면 혼쭐이 납니다.]

개인이 영어로 'individual'입니다. 그런데…….

'우리'라는 말이 우리에게 어떤 의미인지, 우리는 느낄 수 있습니다. 영미인도 마찬가지일 것입니다. 'individual'이라는 말이 그들에게 어떤 의미인지, 그들도 느낄 것입니다. 궁금합니다. 영미인에게 individual은 어떤 의미고, 어떤 존재일까요?

우리나라에서는 칼은 맞아도 총은 맞지 않습니다. 하지만 개인이 총을 소지할 수 있는 미국에서는 총도 맞습니다. "위험천만한 총을 왜 들고 다니게 놔둘까?", "총기 소지를 금지하면 될 텐데 왜 안 할까?" 이런 의문이 우리에게는 들 수밖에 없습니다.

'미국서부 개척시대', 끝없이 펼쳐진 황량한 땅에서 누가 나를 지켜 주었을까요? 국가가? 산전수전 다 겪고 어렵게 정착한 땅에서 무엇이 가족과 집과 재산을 지켜 주었을까요? 사회가? 내가 나를 지켜야 했고, 개인이 모든 것을 지켜야 했습니다. 지키려면 무기가 필요했고, 총이 있어야 했습니다. 총은 나와 모든 것을 지키는 수단이었습니다. 그런 총을 뺏겠다고? Wow! 정말 총 맞아 죽습니다. (집도 띄엄띄엄 있는 넓고 넓은 땅에서, 집에 도둑이 들어도 신고하기도 힘들 뿐더러, 지금처럼 수 분만에 경찰관이 왔을까요? 미국 의회에서 총기소지금지 법안이 상정되면, 법안이 의회를 통과하기도 전에, 모든 의원이 총에 암살당할 것이라는 우스갯소리가 있습니다.)

나를 포함해 모든 것을 지키는 개인, 영미인에게 individual은 국가와 사회와 집단의 시작점이고, 최상위 가치입니다. 이제는 우리도 individual이 와 닿고 느껴집니다.

individual에는 'in(不)+divide(나누다)', 즉 '나눌 수 없다, 나누어지지 않는다'는 뜻이 들어 있습니다. individual은 사회의 최소 단위고, 기본 단위입니다. 즉, 개인 중심의 사회에서는 사회적 단위가 '개인'입니다. (관계 중심의 사회에서는 '가족'입니다.)

    C : I'd like a steak.
    W : Rare, medium, or well-done?
    C : Medium, please.
    W : Which vegetables would you like, sir?
    C : I'd like some potatoes, some peas, and a green salad.
    W : Which salad dressing, sir? French? Italian? Thousand Island?
    C : Italian, please.

위 대화 내용을 보면, 웨이터가 손님 개인의 기호를 하나하나 묻고 있고, 손님은 개인의 선택을 일일이 말하고 있습니다. 주문이 개인 단위로, 개인에게 맞춰져 있습니다.

["비빔밥에 어떤 나물을 넣어 드릴까요?" "이 나물은 넣고요, 저 나물은 빼 주세요." 이런 일은 한국 식당에서는 좀처럼 일어나지 않습니다. 반찬도 그렇고, 내 오는 대로 먹습니다. 서양 식당에서는 스테이크를 덩어리째 내고, 개인 취향에 맞게 원하는 크기로 잘라 먹으라고 포크와 나이프를 줍니다. 한국 식당에서는 배려 차원에서 음식을 먹기 좋게 잘라서 내고, 편히 먹게 젓가락을 줍니다. 서양의 맥주병은 혼자 마시라고 대체로 작고, 동양의 맥주병은 여럿이 나누어 마시라고 대체로 큽니다.]

[관계 중심의 사회에서는 '접대'가 인간관계를 형성하고 유지하는 데 중요한 역할을 합니다. 접대는 사회적 관계로 대하는 일입니다. 다시 말해, (개인에게 맞추는 일이 아니라) 상하 관계나 친소 관계에 맞추는 일입니다. 음식 접대는 (상대방이 원하는 것을 차리는 것이 아니라) 지위나 신분 등 사회적 관계에 맞추어, 상대방이 대접을 받았다는 기분이 들도록 정성껏 차리는 것입니다. 상다리가 휠 정도의 푸짐한 음식이 나오는 것입니다.]

[동양인에게 전체는 개인으로 분리되지 않는 일체, 즉 우리인 '공동체'입니다. 공동체라 합의와 만장일치로 의사를 결정했습니다. 이와 달리, 서양인에게 전체는 개인으로 분리되는 합체, 즉 개인이 모인 '집합체'입니다. 집합체라 개개인의 의사가 반영되는 다수결과 과반수로 의사를 결정했습니다. 민주주의가 꽃을 피웠습니다.]

[서양 사회의 최소 단위는 개인이고, 동양 사회의 최소 단위는 가족입니다. 이를 주택에 빗대어 말하면, 서양은 개인이 쓰는 방이 중요하고, 동양은 가족이 사는 집이 중요합니다. 다시 말해, 서양은 집의 내부가 중요하고, 동양은 집의 외부가 중요합니다. 서양의 방은 사생활 보호를 위해 두꺼운 벽으로 둘러싸였고, 튼튼한 문이 달렸고 잠금장치가 되어 있습니다. '물리적으로' 차단되어 있습니다. 부모라도 아이들 방에 들어가려면 노크를 해야 합니다. 하지만 집을 둘러싼 담이 없고, 집 앞이 훤히 뚫려 있습니다. 이와 달리, 동양의 집은 공동생활 보호를 위해 높은 담이 집을 에워싸고 있습니다. 월담을 못하게 담 위에 뾰족한 쇠창살을 박기도 합니다. (우리의 전통 가옥인 한옥을 보면, 방이 벽으로 둘러싸이지 않았습니다. 종이로 바른 창호는 칸막이 수준으로, 방과 방을 구분 짓는 경계에 불과합니다. 옆방에서 말하는 소리가 다 들립니다. 사생활이 보호되지 않습니다. '정신적으로' 차단되어 있습니다. 노크 대신 헛기침을 합니다.) 이렇듯 동서양의 주택은 안팎이 다릅니다.]

['나'라는 사람은 우주가 생겨나서 사라질 때까지 '단 한 번만' 존재합니다. 그만큼 나는 고유하고 고귀한 존재입니다. 이루고 싶은 꿈은 나를 고유하고 고귀한 존재로 인식했을 때, 주체적인 자신과 독립적인 자아와 자율적인 자기를 인식했을 때, 내가 남과 무엇이 다르고 어떻게 다른지를 인식했을 때, 비로소 발현됩니다. 서양의 교육은 개인 단위로, 개인의 잠재력과 소질을 이끌어 내고, 자아를 일깨우는 것이 최우선입니다. 서양의 부모는 자식에게 '자주성·자율성, 독립심·자립심'을 어렸을 때부터 심어 주고 길러 줍니다. 1등으로 키우지 않고, '최고로' 키웁니다. (1등은 한 명입니다. 하지만 '최고'는 '철수는 이래서 최고, 영희는 저래서 최고', 모두가 최고일 수 있습니다. 서양의 교육은 저마다 타고난 재능을 각자의 능력에 맞게 실현할 수 있도록 도와주고, 다양한 기회를 제공합니다.)]

[동양 사회는 사람을 하나의 독립적, 개별적 인격체로 보지 않았습니다. 관계에서 비롯된 사회적 지위나 신분으로, 위계질서에 따른 상하/주종/존비 관계로 - '부모·자식, 어른·아이, 양반·상놈, 주인·노비, 남자·여자'로 - 보았습니다. '여자가 길에서 담배를 피우다니, ...' 이런 말은 서양 사회에서는 통하지 않습니다.]

[집단 의사를 듣고 따라야 하는 동양 문화에서는 엄마가 아이에게 시키는 대로 하라고 하고, 말을 잘 들으라고 합니다. (아이는 엄마가 나를 사랑하고 나에게 관심이 있어 잔소리 한다고 생각합니다.) 동양에서는 '말을 잘 듣고 잘 따라야' 착한 아이입니다. 부모와 자식 간에 유대감이 강해, 보통 시집가고 장가갈 때까지 한집에 삽니다. 이와 달리, 자기 중심적인 서양 문화에서는 엄마가 아이에게 시키는 대로 하지 말고, 스스로 알아서 하라고 합니다. (이 말을 동양의 아이가 들으면, 엄마가 나를 사랑하지 않고 나에게 관심이 없다고 생각합니다.) 서양에서는 '스스로 알아서 해야' 착한 아이입니다. 자율적인 가정환경에서 자라, 대개 고등학교를 졸업하면 독립하고 자립합니다.]

[동양의 착한 아이는 엄마가 주는 대로 밥을 먹고, 엄마가 챙겨 놓은 옷을 입고 엄마가 가라는 학원에 갑니다. 대학뿐 아니라, 심지어 직장까지 엄마가 골라주기도 합니다. 타율적인 가정환경에서 자라, 선택에 소극적입니다. ("뭐 먹을래?" "아무 거나. / 너랑 같은 거 먹을게. / 그냥 세트메뉴 시켜.") 옷을 살 때도 친구에게 같이 가서 봐 달라고 하고, 어떠냐고 계속 물어 봅니다. 나이가 들수록 선택보다는 주어진 대로 '팔자려니' 합니다. 반면에, 서양의 착한 아이는 하나부터 열까지 일일이 자기가 선택합니다. 선택에 적극적입니다. ("이거 넣고, 저거 넣고, 그건 빼고." 이렇게 해 달라 저렇게 해 달라, 우리 눈에는 까다롭다 못해 피곤할 정도입니다. 'Help yourself.'는 '마음대로 선택하고, 먹고 싶은 만큼 알아서 드세요. 〉 마음껏 드세요.' 이런 말입니다.) 선택하게 만들어야 물건도 잘 팔립니다.]

["자장면으로 통일하자." 이처럼 메뉴를 각자가 선택하지 않고 한 가지로 통일하는 다시 말해 합의로 결정된 집단 의사를 따르는 일은 우리에게 흔히 일어납니다. 하지만 "스테이크를 well-done으로 통일하자." 이런 일은 영미인에게는 일어나지 않습니다. 도리어, 남과 다르게 선택하려고 합니다.]

> 자기중심적으로 생각하는 사상을 "자아주의 egotism"라고 합니다. 자신의 이익만 꾀하는 '이기주의 egoism'와 구별해야겠습니다. 한편 집단보다 개인이 존재에 있어서도 먼저고, 가치에 있어서도 상위라고 생각하는 사상을 "개인주의 individualism"라고 합니다. (개인보다 집단이 먼저고 상위라고 생각하는 사상을 "집단주의 groupism"라고 합니다. 집단주의의 상대적인 말이 개인주의입니다.)

개인이 사회적 단위인 만큼, 집단보다 개인을 우선시합니다.

서양인은 개인인 이름을 앞에 쓰고, 집단인 성을 뒤에 씁니다. ['이름-성'의 순서: Barack Obama 버락(이름) 오바마(성)] 주소도 개인과 밀접한 위치를 제일 먼저 쓰고, 가장 큰 지역을 맨 나중에 씁니다.

401-501 Sinsa Apt., 123 Sinsa-dong, Gangnam-gu, Seoul [개인 우선]
서울시 강남구 신사동 123번지 신사 아파트 401동 501호 [집단 우선]

개인을 우선시하는 만큼, 개인의 능력이 중요합니다.

땅은 제한적입니다. 하지만 이동 지역과 활동 영역은 무한적입니다. 유목과 무역을 한 서양인은 얻는 것도, 남는 것도 많았습니다. 부족경제인 공동사회와 달리, 시장경제인 이익사회에서는 개인이 노력만 하면 얼마든지 부를 축적할 수 있었습니다.

영미인은 마치 입버릇처럼, 'I can do it!', 'You can do it!' 합니다. 하고자 하면 할 수 있고, 이루고자 하면 이룰 수 있다고 믿습니다. 자기 역량의 문제일 뿐, 성공 여부는 오로지 자신의 능력에 달렸다고 생각합니다. 평사원이 최고경영자가 될 수 있는 것입니다. 오직 능력!

["Heaven helps those who help themselves. 하늘은 스스로 돕는 자를 돕는다." / "Where there's a will, there's a way. 뜻이 있는 곳에 길이 있다." / "Ask, and it will be given to you; seek, and you will find; knock, and it will be opened to you. 구하라, 그러면 얻을 것이요. 찾아라, 그러면 찾을 것이요. 두드려라, 그러면 열릴 것이다."]

[모르는 사람과 안면을 틀 때, 영미인은 능력이 궁금해 "What do you do? 무엇을 하십니까?"하고, 우리는 사회적 지위나 신분이 궁금해 "누구십니까?" 합니다. 곧잘 나이도 묻습니다. (우리는 지위·신분·나이를 모르면 대화가 잘 이루어지지 않습니다.)]

[영미인은 물에 빠지면 "Help me!"라고 외칩니다. 자신의 능력으로 빠져나올 수 없으니, 자기를 도와 달라는 것입니다. 우리는 "사람 살려!"라고 외칩니다. 자신과 상황을 관계 지어, 죽을 상황에 처했으니 꺼내 달라는 것입니다. (상황이 중요하지, 누가 빠진 것이 중요하지 않습니다. '나를 살려!'가 아닌 것입니다. 남이 빠져도 '사람 살려!'입니다.)]

[자동차가 바다를 끼고 해안도로를 달립니다. 자동차 광고인데, 달리는 모습만 보여 주다가 끝납니다. 상관적 사고를 하는 동양인은 멋진 배경과 관계 지어 자동차도 멋지게 봅니다. (우리는 사진을 찍더라도 사람을 배경과 관계 짓기 때문에, 개인 인물 위주로 찍는 영미인과 달리, 배경 위주로 찍습니다.) 하지만 분석적 사고를 하는 서양인에게는 배경은 배경이고 자동차는 자동차입니다. 자동차의 능력을 - 성능과 효율, 안전과 편의 장치 등을 - 보여주지 않고 달리는 모습만 보여주면, 오히려 멋진 해안도로가 어디인지를 궁금해 합니다. 광고 효과가 떨어집니다.]

[동양의 농경 사회는 '자급자족경제'입니다. 바깥 세계와 단절된 채, 스스로 생산해 충당하는 공동체에서는 개인의 능력보다 공동체에 축적된 '경험'과 '지혜'가 중요합니다. 개인은 공동체와 잘 어울리고, 공동체에 잘 따르면 됩니다. 능력보다 '됨됨이'가 먼저입니다. 능력이 뛰어난 개인은 모난 돌이 되어 정을 맞습니다.]

[경험과 지혜는 나이가 많을수록 많이 쌓입니다. 농경 사회는 연장자가 중추적인 역할을 하며 공동체를 이끌어 갑니다. 연소자는 연장자를 공경하고 우대합니다. 이는 곧 동양 사회에서는 나이가 중요하다는 뜻입니다. 나이에 따라 태도나 응대가 달라집니다. 인간관계가 수직적이고 불평등합니다. ('형·누나·언니, 동생·아우·누이'처럼, 호칭 속에 나이가 들어 있어 나이에 따라 호칭이 달라집니다. 'brother·sister'에는 나이가 들어 있지 않아 영작하거나 해석할 때 애를 먹습니다.) 서양 사회에서 나이는 자신의 노력으로 갖게 된 것이 아니기 때문에 중요하지 않습니다. 자기보다 나이가 많든 적든 태도나 응대가 달라지지 않습니다. 동생에게도 "You are ..."고, 할아버지에게도 "You are ..."입니다. 인간관계가 수평적이고 평등합니다. (경험과 지혜로 깨달음을 얻습니다. 부처는 불도를 '깨달은' 성인입니다. 능력이 중요한 서양, 예수는 '전능하신' 하나님의 아들입니다.)]

[벼농사는 비가 오지 않으면 허사입니다. 자연의 영향을 많이 받는 만큼 자연의 의존도가 높고, 강우량은 노력으로 되는 일이 아닌 만큼 수동적일 수밖에 없습니다. 자연에 좌지우지되어, 농경 사회는 미래를 설계하기가 힘듭니다. 내년은 내년이고 올해가 걱정인 것입니다. 동양인은 안분지족하며, 지금껏 쌓아 온 경험과 지혜로 올해를 잘 보내려고 했습니다. (동양인에게 자연은 불가항력적인 존재였습니다. 범접할 수 없는 외경의 존재였고 혼이 깃들어 있는 신령의 존재였습니다. 자연을 정복한다? 신성한 자연을? 인간이 감히? 동양인에게 자연은 숭배와 화합의 대상이었습니다. 자연을 섬기며 자연과 하나가 되었습니다.)]

[축적된 경험과 지혜는 과거 유산입니다. 과거를 어떻게 살았느냐에 따라 현재가 달라집니다. 동양인에게 현재는 '과거와의 관계적 결과'입니다. '옛날에는 어땠는데' 하며, 동양인은 과거와 비교를 잘합니다. 현재가 힘들면 '과거에는 이렇지 않았는데' 하며 과거로 되돌아가려고 합니다. 과거에서 현재를 찾는 과거 지향적입니다. '무엇을 할 수 있다'보다 '무엇을 했다, 무엇이었다'가 중요합니다. 경력이나 학력과 같은 과거 이력으로 현재 능력을 판단합니다. 과거를 단순한 과거 사실로 보지 않습니다. "저 친구 명문대 나왔대. 어쩐지 다르더라.", "그 사람 전과자래. 그럼 그렇지." 이처럼 과거를 현재와 관계 짓고, 과거로 현재를 보기 때문에, 과거사에 예민하게 반응합니다. 불리하거나 부정한 과거사는 은폐하려고 합니다.]

[과거를 거슬러 올라가면 근본이 나옵니다. "근본 없는 미천한 상놈 주제에 …" 이처럼 동양인은 과거가 중요한 만큼 근본을 따지고, 대대로 내려온 혈통과 집안 내력을 중히 여깁니다. 차례와 제사를 지내며 조상을 모십니다.]

[수천 년을 한곳에서, 오랜 세월 동안 틀에 박힌 생활양식을 고수함으로, 동양인은 타성에 젖었습니다. 새로움과 변화를 두려워했습니다. 작년과 달라진 것이 없는 올해였고, 올해와 달라질 것이 없는 내년이었습니다. 이러한 환경에서 안정을 바라며 현상태를 유지하려고 했습니다. 전통을 옹호하며 전통을 계승하려고 했습니다. 또한 동양인은 한곳에서 아는 사람끼리만 뭉쳐 살아 바깥 세계에 어두웠습니다. 폐쇄적이고 내향적이었습니다. 내면에 두려움이 있어, 알지 못하는 외지인이나 외부 세력은 경계부터 했고, 강하게 보이면 배타적으로 때로는 적대적으로 대했습니다. 우리는 길을 가다가 모르는 사람과 마주치면 인사하지 않습니다. 친분이 없으면 잘 어울리지 않습니다. 자신의 존재를 감추며 소극적으로 대하는 것입니다.]

[서양인은 유목과 무역을 하며 옮겨 다녔습니다. 이동은 미지의 세계에 대한 도전이고 탐험이었습니다. 생존을 위해 자연을 관찰하고 탐구했습니다. 지식을 얻고 쌓았습니다. (동양은 지혜의 문화고, 서양은 지식의 문화입니다.) 동서양의 서로 다른 자연환경은 동양인과 서양인으로 하여금 자연을 대하는 방식과 태도를 다르게 만들었습니다. 동양인에게 자연은 '정신적인' 숭배와 화합의 대상이었고, 서양인에게 자연은 '물리적인' 개척과 정복의 대상이었습니다. 자연과 하나가 된 동양인과 달리, 서양인은 지식의 힘으로 자연을 개발하고 이용했습니다. 물질문명과 기계문명을 이루었습니다.]

[서양인에게 미지의 세계는 누구에게나 열려 있었고, 욕구가 있으면 누구나 성취할 수 있었습니다. 노력으로 되는 일인 만큼, 서양인은 능동적이었습니다. 미지의 세계는 신세계였고, 이동한 곳마다 새로운 결과물이 나왔고, 더 많은 잉여물이 생겼습니다. 동양인은 과거의 무릉도원을 찾은 반면, 서양인은 미래의 신세계를 찾았습니다. 정착생활을 한 정적인 동양인은 정적인 과거를 지향한 반면, 이동생활을 한 동적인 서양인은 동적인 미래를 지향했습니다. 미래 지향적인 서양인에게 미지의 세계는 희망이었습니다. ('모든 길은 로마로 통한다.'라는 말이 있듯이, 이동에는 길이 중요할 수밖에 없습니다. 서양인은 육지뿐 아니라 바다와 사막에도 길을 내었습니다. 실크로드는 서양인의 정신과 문화와 역사를 말해 주는 길입니다.)]

[희망을 찾아 미지의 세계로 떠난 서양인은 진취적이었습니다. 새로움과 변화를 두려워하지 않았습니다. 바깥 세계에 밝고, 개방적이고 외향적이었습니다. 이동은 새로운 만남의 연속이었습니다. 때로는 도움이 필요했고, 때로는 생존을 위해 모르는 사람과도 협력했습니다. 내면에 두려움보다 호기심과 반가움이, 한편으로 필요성이 있어 경계보다 친화를, 배타적 관계보다 우호적 관계를 추구했습니다. 영미인은 길을 가다가 모르는 사람과 마주치면 인사합니다. 안면이 없어도 잘 어울립니다. 자신의 존재를 알리며 적극적으로 대하는 것입니다.]

[서양 사회에서 '부(富)'는 노력의 대가로, 개인 능력의 척도고 성공의 지표입니다. 다시 말해, 부자는 노력한 사람이고 능력 있는 사람입니다. 빈자에게 존경을 받습니다. 존경을 받는 만큼 부를 사회에 환원합니다. 기부 문화가 발달되어 있습니다. (부족경제에서는 다른 사람이 그만큼 가지지 못한 결과가 부자이기 때문에, 부자가 빈자에게 존경을 받지 못합니다. 도리어, 부정한 방법으로 부자가 된 경우가 많아 지탄을 받습니다.)]

[서양의 산업화 시대, 목재의 고갈로 석탄으로 연료가 바뀌면서 증기기관이 발명되었고, 동력혁명이 산업혁명으로 이어지면서 대량생산 시대가 열렸습니다. 대량생산은 기계의 효율성이 중요했고, 이에 맞게 작업이 세분화되었습니다. 작업의 세분화는 인간성 상실을 초래했습니다. 사람이 기계가 아닌데, 이를테면 하루 종일 나사만 조이는 일을 한 것입니다. 사람을 기계 부속품처럼 여겼고, 일을 못하면 언제든 갈아치웠습니다. (대량생산은 공급 과잉을 불러왔고, 이것이 식민지 개척으로 이어졌고, 영국은 해가 지지 않는 나라가 되었습니다.) 공업 사회로 변모하면서 물질적 풍요를 이루게 되었지만, 기계문명이 발달하면서 점점 비인간화되어 갔습니다. 이때부터 서양인은 인간의 가치와 존엄성을 존중하는 동양 사상에 관심을 갖게 되었습니다.]

[산업화로 이룩된 서양의 물질문명은 물질만능주의를 낳았습니다. 정신적 가치보다 물질적 가치를 중시하고, 인간을 경시하는 풍조가 생겼습니다. 내 이익이 최우선이고 내가 가질 수 있는 것에 집착하고, 욕망을 이루기 위해 남을 이용하고 속이는 세상이 되었습니다. 인간의 이기심은 극에 달해 수많은 침략 전쟁을 일으켰고, 사람 목숨을 파리 목숨처럼 가볍게 여겼습니다. (단군 이래, 우리 선조에게는 농경 사회에서 형성된 공동체 의식 속에 상호 이해와 배려가 있었습니다. 내 이익을 주장하거나 내 이익에 집착하지 않았습니다. 약탈하지 않고 서로 나누었습니다. 외세의 침입을 수없이 받으면서도 침략 전쟁을 일으키지 않았습니다. 인간 존중 사상이 모든 분야에서 최고 이념이었습니다.)]

[동양인은 자연 앞에 겸손했습니다. 하지만 서양인은 인간이 만물의 영장이라고 생각하고 자연 앞에 거만했습니다. (건축물만 보아도, 동양의 건축물은 자연의 선을 따라 자연과 하나가 되도록 지었지만, 서양의 건축물은 '이것이 인간의 건축물이다.'라고 자연에 과시하듯 지었습니다. 동양인은 자연미를 추구했고, 서양인은 인공미를 추구했습니다.) 결국, 서양의 물질문명은 자연을 파괴하고 오염시켰습니다. 매우 심각한 전 지구적 환경문제를 야기했습니다.]

아프리카 문화가 미개하다고 말할 수 없듯이, 각기 다른 환경이 빚은 고유한 문화는 나음과 못함이 없습니다. 즉, 문화는 '다원적'입니다. 다만, 동서양을 비교하느라 본의 아니게 문화를 상대적으로 기술했습니다. 오해 없으시길 바랍니다.

서양의 문화와 사고방식을 모르고, 영어를 외워서 말합니다. 어떻게 생각하십니까? 질문이 실감 나지 않나요? 그럼, 군대를 안 갔다 온 남자가 군대 이야기를 하고, 아이를 낳아 키워 본 적이 없는 여자가 아이 이야기를 합니다. 어떻게 생각하십니까?

동양과 서양은 완전히 다른 세계고, 동양인과 서양인은 완전히 다른 사람입니다. 동양 세계에 머물며 국어 세계에서 암기하면 영어는 인식되지 않습니다. 인식이 안 된 영어는 남의 것! 서양 세계로 들어가 영어 세계에서 이해하면 영어는 인식됩니다. 인식이 된 영어는 내 것!

내 것이 안 되는 영어는 끝까지 가지지 않습니다. 내내 끌려다니다가 포기하게 되어 있습니다. 마지막까지 남의 것으로 남습니다. 아깝게 세월만 다 보내고, 그 사이 다른 것도 못하게 되고 무엇보다 국어를 돌보지 못해 국어까지 못하게 됩니다.

서양의 문화와 사고방식을 동양의 그것과 비교하며 알아야 하는 이유는 영어가 어떤 언어인지를 이해하기 위해서고, 영어를 언어로 받아들이기 위해서고, 영어를 나의 언어로 만들기 위해서입니다.

국어는 '주어와 목적어의 관계를 설명하는 언어'입니다. 그럼 영어는 어떤 언어일까요?

〉 영어문장의 짜임새

개인 중심인 서양의 문화와 사고방식, 이를 아는 우리는 영어에서 I와 개인이 무엇을 의미하는지, 얼마나 비중이 있는지, 크게 와 닿고 무게감을 느낍니다. 또한, 확실히 인식했습니다.

- I love you.

개인이, 그것도 I가 주어 자리에 왔습니다. 영어는 개인 또는 개개인이 중요합니다. 바로 이어 주어를 설명해야 합니다. 주어 다음에 서술어가 바로 옵니다.

- I & love + you. [주어&서술어]

여기서 강조하고 싶은 점이 있습니다. 영어는 주어에 대한 설명이 최우선! 일단, 주어를 설명하고 볼 일입니다. 주어와 서술어가 함께, '한 묶음으로', 'I&love' 이렇게 먼저 나온다는 것입니다. '주어&서술어+목적어', 바로 이것이 영어문장의 짜임새입니다.

'주어 다음에 서술어, 서술어 다음에 목적어', 즉 '주어-서술어-목적어' 이러한 순차적인 문제로 인식하면 안 되겠습니다. '주어&서술어+목적어' 이렇게 구조적인 문제로 인식하고, 기본적으로 "주어를 설명해야지." 이 생각이 머릿속에 단단히 박혀 있어야겠습니다.

이번에는 목적어로 눈을 돌려 보겠습니다.

- 난&널+사랑해.
    - 목적어를 주어와 붙여 놓음

- I&love+you.
    - 목적어를 주어와 떨어트려 놓음

관계를 중시하는 국어는 목적어를 주어와 붙여 놓습니다. 반면에, 개인을 중시하는 영어는 목적어를 주어와 떨어트려 놓습니다. '주체(주어)'와 '객체(목적어)'를 확실히 구분합니다. 국어는 너와 나의 우리지만, 영어는 나는 나고 너는 너인 것입니다. 이렇듯 영어는 주어 설명이 일차적인 문제라, 중요한 말만 남기면, 개인 중심의 언어답게 'I love'가 남는 것입니다.

여러분

본질을 알면 이것을 깨칠 수 있습니다. 근본이 되는 이치, 근본적으로 앞뒤가 들어맞는 체계, 바로 '원리'입니다. 원리를 깨치면 영어를 온전히 언어로 받아들이게 됩니다.

영어문장의 본질을 알았으니, 영어문장이 어떻게 이루어졌는지 어떤 방식으로 이루어지는지, 영어문장의 종류를 살펴보며 영어문장의 '구성원리'를 깨치겠습니다.

동양	서양
벼농사, 밥	밀농사, 빵
농경문화, 공동사회	유목문화, 이익사회
자급자족, 부족경제	물물교환, 시장경제
관계 중심	개인 중심
집단 우선, 집단 중심	개인 우선, 개인 중심
집단주의, 가족 단위	개인주의, 개인 단위
우리	나
성—이름	이름—성
공동체 보호	사생활 보호
배경이 중요	능력이 중요
3인칭 관점 (보이다)	1인칭 관점 (보다)
남을 의식함	남을 의식하지 않음
귀의 문화, 지혜의 문화	눈의 문화, 지식의 문화
과거 지향적	미래 지향적
폐쇄적/보수적/소극적	개방적/진취적/적극적
수직적 인간관계	수평적 인간관계
1등	최고
정신 우선	물질 우선
인간 존중	비인간화
자연 숭배와 화합	자연 정복과 파괴
자연미 추구, 산수화	인공미 추구, 풍경화
주어&목적어 + 서술어	주어&서술어 + 목적어
주어와 목적어의 관계를 설명함	주어를 설명해 나감
존재 중심 언어	소유 중심 언어
상대방 관점에서 말함	자기 관점에서 말함
동사 중심	명사 중심

Unit 16

문장의 종류
Sentence Types

문장은 의미를 기준으로 아래와 같이 나뉩니다.

문장의 종류 (의미에 따른)
└ 평서문 Declarative Sentence · 베풂월
└ 의문문 Interrogative Sentence · 물음월
└ 명령문 Imperative Sentence · 시킴월
└ 청유문 Suggesting Sentence · 꾐월
└ 감탄문 Exclamatory Sentence · 느낌월
└ 기원문 Optative Sentence · 바람월
　　　■
└ 긍정문 Affirmative Sentence
└ 부정문 Negative Sentence

―| 영어 의문문은 왜 'Do'로 시작할까?

You speak English. [평서문]

- <u>Do</u> you speak English? [의문문]
  영어를 할 줄 아세요?
  - do를 문두에 씀

He is American.

- <u>Is</u> he American?
  he는 미국인이니?
  - be동사를 문두로 보냄

의문문을 만드는 방법은 위 예문과 같이, do를 문두에 쓰거나 be동사를 문두로 보냅니다. 그런데······.

중학생이면, 이제는 초등학생도 의문문을 만드는 방법 정도는 압니다. 우리는 지금 의문문이 어떤 문장인지를 몰라, 의문문을 어떻게 만드는지를 몰라 문장의 종류를 배우려는 것이 아닙니다.

질문입니다. 의문문을 만드는 데 do를 왜 문두에 쓰고, be동사를 왜 문두로 보낼까요? 이뿐 아니라, 명령문은 왜 '동사원형'으로 감탄문은 왜 'what · how'로, 기원문은 왜 'may'로 시작할까요? 이런 것이 우리가 배우려는 문장의 종류입니다.

영어적 사고방식의 핵심! 영어문장이 어떤 원리로 만들어지고 이루어지는지, 평서문부터, 영어문장의 구성원리를 깨치겠습니다.

> **영어문장의 구성원리 – 서술식 문장구조** (★★★ 매우 중요)

■ **평서문** 화자가 사건의 내용을 객관적으로 진술하는 문장

국어를 먼저 살펴보면,

- 난 널 사랑해.

관계가 중요해, 주어와 관계된 말인 목적어(널)가 서술어(사랑해) 앞에 놓였습니다. 응용해 보겠습니다.

① 나는 어제 동생 생일에 쓸 케이크를 사러 빵집에 갔다.
   - 어제 동생 생일에 쓸 케이크를 사러: '나는 빵집에 갔다.'라는 사건과 관계된 일

② 아이가 찬 공에 교실 창문이 깨졌다.
   - 아이가 찬 공에: '교실 창문이 깨졌다.'라는 사건과 관계된 일

③ 나는 늦잠을 자는 바람에 기차를 놓쳤다.
   - 늦잠을 자는 바람에: '나는 기차를 놓쳤다.'라는 사건과 관계된 일

국어는 관계가 중요해, 사건과 관계된 일이 – 사건의 정황이나 상황이 – 서술어 '갔다, 깨졌다, 놓쳤다' 앞에 놓였습니다.

[위와 같이, 국어는 사건과 관계된 일이 먼저 나오기 때문에, 영어에 비하면 다소 장황한 느낌을 줍니다. 한편, 국어는 주어와 목적어의 관계를 설명하기 위해 서술어가 문장 끝에 오기 때문에, 문장 끝까지 들어 봐야 문장 내용을 알 수 있습니다.]

설명

본질은 단순합니다.
본질에서 나온 원리 또한 단순합니다.

원리는 단순한 논리입니다.
영어는 '설명'이라는 이 한마디로 끝납니다.

문장의 구조를 통해, 우리는 영어가 개인 중심의 언어라는 것을 충분히 인지하고 있고, 영어를 언어로 받아들일 만반의 준비가 되어 있습니다. 집중! 집중! (국어: 주어와 목적어의 관계를 설명하는 언어)

영어: 주어를 설명하는 언어
주어부터 설명해 나가는 언어

- I love ...

영어는 주어에 대한 설명이 최우선! 주어를 설명하고 볼 일! 주어가 '어찌하다/어떠하다/무엇이다/있다'고, 바로 이어 주어를 설명합니다. (마치 주어를 정의하듯, 'I love. 나는 사랑한다.'고, 주어에 대해 결론부터 말하기 때문에, 영어는 간결한 느낌을 줍니다.)

- I love you.

주어에 대한 설명이 계속 이어집니다. I를 설명한 love에 이어 이번에는 누구를 사랑하는지 love의 대상을 you로 설명합니다. 다시 말해, love의 대상이 you라고 love를 풀이합니다.

평서문에서는 주어가 가장 중요한 말입니다. 위 예문에서 가장 중요한 말은 I입니다. 가장 중요한 말이라, I를 제일 먼저 쓴 것입니다. 이어서, I를 설명한 'love'가 그 다음으로 중요한 말이고 love를 설명한 'you'가 그 다음으로 중요한 말입니다. 이로써 드디어, 영어문장의 구성원리가 밝혀졌습니다.

가장 중요한 말이 제일 먼저 나오면서
앞말을 뒷말이 설명해 나간다.

이것이 영어문장의 '구성원리'고, 영어문장의 '생성원리'입니다.
이것이 바로, 영어의 '메커니즘'입니다.

백 번 천 번 강조해도 지나침이 없습니다.
책상 앞에 붙여 놓으십시오.

영어문장은 서술식 구조로서, '설명, 설명, 설명, …….'
이렇게 설명만 하다가 끝나는 언어가 영어입니다.

'앞말을 뒷말이 설명해 나간다'는 것
이것만 깨쳐도 영어는 한결 수월해집니다.

영어를 보는 순간, '영어문장 구성원리'가 자동으로
머릿속에서 불이 켜지며 작동해야 합니다.

응용해 보겠습니다.

① I went to the bakery to buy a cake for my brother's birthday yesterday. 나는 어제 동생 생일에 쓸 케이크를 사러 빵집에 갔다.

- **I** 나는
  - 누가. 'I'를 제일 먼저 씀 (주어라서? 가장 중요한 말이니까!)

  I **went** 갔다
  - I가 무엇을 했는지, I를 'went'가 설명 (서술 = 설명 = 풀이)

  went **to the bakery** 빵집에
  - '갔다'와 어울리는 말은 '어디에'
  - 어디에 갔는지, went를 'to the bakery'가 설명

  went to the bakery **to buy** 사러
  - 빵집에 왜 갔는지, went to the bakery를 'to buy'가 설명

  to buy **a cake** 케이크를
  - '샀다'와 어울리는 말은 '무엇'
  - 무엇을 샀는지, to buy를 'a cake'가 설명

  a cake **for my brother's birthday** 동생 생일에 쓸
  - 무슨 케이크인지, a cake를 'for my brother's birthday'가 설명

  yesterday 어제
  - 마지막으로, 이런 일이 언제 일어났는지 'yesterday'가 설명

[영어문장의 구성원리가 익숙해질 때까지 '육하원칙'을 넣어 가며 연습하십시오. - (누가? '내가') I (어찌했다고? '갔다고') went (어디에 갔다고? '빵집에') to the bakery (빵집에 왜 갔다고? '사러') to buy (무엇을 샀다고? '케이크를') a cake (무슨 케이크라고? '동생 생일에 쓸') for my brother's birthday (언제 일어났다고? '어제') yesterday.]

② The window in the classroom was broken by the ball which was kicked by the kid. 아이가 찬 공에 교실 창문이 깨졌다.

- The window **in the classroom**
  - 창문이 어디에 있는 창문이라고? 교실에 있는 창문이라고 설명

  The window in the classroom **was broken**
  - 교실 창문이 어찌 되었다고? 깨졌다고 설명

  was broken **by the ball**
  - 교실 창문이 무엇에 깨쳤다고? 공에 깨졌다고 설명

  the ball **which was kicked** [which 이하: 형용사절]
  - 공이 어떤 공이냐고? (누군가) 찬 공이라고 설명

  was kicked **by the kid**
  - 누가 찬 공이냐고? 아이가 찬 공이라고 설명

여기서 '부사 adverb'의 말뜻을 살펴보고 넘어가겠습니다.

부사의 부는 한자로 '副 버금/둘째/다음 부'입니다. 일례로, 사장이 있은 다음에 부(副)사장이 있습니다. 이는 어떤 말이 나온 다음에 부사가 나온다는 의미입니다. 요컨대, 어떤 말은 '온전한 문장'이고 설명어로 쓰인 부사는 온전한 문장 다음에 옵니다.

온전한 문장은 마침표를 찍을 수 있는, 의사소통이 일단 되는 문장입니다. 다시 말해, '말이 찬 > 말을 더하지 않아도 되는 > 할 말을 한' 문장입니다. 말이 일단락된 것입니다.

그럼 할 말을 하고 난 다음에 하는 말은 어떤 말일까요? 할 말이 남았으면, 그 말은 어떤 말일까요? 의미상, '장소·시간, 이유·원인, 목적·결과, …' 이런 말이 아닐까요? 이런 말을 덧붙여 자세히 말하지 않을까요? (부연: 설명을 덧붙여 자세히 말함)

부사: (부사적 의미로) '부연(副)'하는 '말(詞)'
  – 부사적 의미: '장소·시간, 이유·원인, 목적·결과' 등

온전한 문장 [앞절: 주절] + **부사절** [뒷절: 설명절]
  – 부사절: 온전한 문장인 주절을 (부사적 의미로) 부연 설명하는 절

③ I missed the train because I overslept.
   늦잠을 자는 바람에 기차를 놓쳤다.

- I <u>missed</u>
  – I가 어찌했다고, 놓쳤다고, I를 'missed'가 설명

  missed **the train**
  – 무엇을 놓쳤다고, missed를 'the train'이 설명

  missed the train **because I overslept.**
  – 기차를 놓친 이유를 'because I overslept'가 부연 설명

- I missed the train **because I overslept.** [부사절]
    늦잠을 자는 바람에 기차를 놓쳤다.
  – 'I missed the train'; 주절, 온전한 문장
  – because 이하: 주절에 대해 기차를 놓친 이유를 부연 설명
       이유라는 부사적 의미로, 부사 역할을 하며 부사적으로 설명
       부사 역할을 하므로 부사절

어떻습니까? 구성원리를 알고 보니, 영어문장이 완전히 새롭게 보이지 않습니까?

가장 중요한 말이 제일 먼저 나옴 [두괄식 구조]

앞말을 뒷말이 설명해 나감 [서술식 구조]

두괄식 구조: 가장 중요한 말이 제일 먼저 나와, 영어는 '문장의 시작'이 중요한 언어입니다. 이것이 문장 첫머리를 대문자로 시작하는 이유고, 대문자로 문장이 시작됨을 알리는 것입니다.

[반면에, 서술어가 문장 맨 끝에 오는 국어는 '문장의 끝남'이 중요한 언어입니다. 이른바 '종결어미'가 있어, 마침표가 없어도 문장이 끝남을 알 수 있습니다.]

서술식 구조: 영어문장은 꼬리에 꼬리를 물며, 시종일관 앞말을 뒷말이 설명하다가 끝납니다. 영어를 하는 한, 이 말을 절대 잊지 마십시오.

[설명하다가 끝나는 영어문장, 논리가 매우 단순합니다. 언어적 측면에서, (배우기 어려운 언어에 속하는 국어와 달리) 영어는 배우기 쉬운 언어에 속합니다.]

★ 수식과 설명의 차이 ☞ ❷ p. 287 / ★ 'the + 명사'와 수식과 설명 ☞ p. 142
★ 명사 설명어 ☞ ❷ p. 305, ❹ p. 63, 119

무엇이든 원리를 알면 술술 풀리는 법입니다. 원리를 알았으니 의문문을 시작으로 '명령문·청유문'과 '감탄문·기원문'이 모두 술술 풀립니다.

■ **의문문** 화자가 청자에게 질문해 답변을 요구하는 문장

영어문장은 '가장 중요한 말이 제일 먼저 나온다'고 했습니다. 그럼 의문문에서 가장 중요한 말은? 의문문은 묻는 말이니, '묻는다'는 이 자체, 즉 '질문 자체'가 의문문에서 가장 중요한 말이 아닐까요? 그럼 질문 자체를 나타내는 말은? 네, 그렇습니다. 우리가 익히 알고 있는 시제 조동사 'do(es)·did'입니다.

의문문을 Do로 시작하는, Do가 제일 먼저 나오는 이유는 질문 자체가 의문문에서 가장 중요한 말이기 때문입니다. 묻는다고 Do로 질문 의사를 먼저 말하고, 이어서 질문 내용을 말하면 끝!

- **Do you speak English?** 영어 하세요?

　　의문문: 질문 표지 [Do] + 질문 내용 [you speak English]
　　　– 묻는다고 Do로 질문 의사를 먼저 말함
　　　– 이어서 묻고자 하는 내용이 무엇인지 질문 내용을 말함

잠깐! (be동사를 문두로 보내 의문문을 만들 듯이) speak를 문두로 보내 의문문을 만들어 볼까요? (be동사가 아닌 동사는 '일반동사'로 부릅니다.)

- *NOT* **Speak you English?**
　　– you English? 사람인 you가 영어? English는 you를 설명하지 못함
　　– 앞말을 뒷말이 설명해 나가는 서술식 구조가 깨짐. 깨지면 영어가 아님
　　– 서술식 구조가 깨지므로, 일반동사(speak)는 의문문을 만들기 위해 문두로
　　　 나갈 수 없음
　　– 의문문을 만들려면, 질문 자체를 나타내는 말을 따로 써야 함
　　　 그것이 시제 조동사 'do(es)·did'

의문사가 없는 의문문

[의문사가 없는 의문문은 'yes'나 'no'로 대답해야 하는 'yes/no' 의문문입니다.]

You learn English. [현재시제]

- **Do** you learn English? 영어를 배우니?
  - 현재시제니 'Do'로 물음
  - Do: 질문 자체를 나타내는 말, 질문 표지, 시제 조동사
  - 현재시제 질문 표지 'Do' + 질문 내용 'You learn English.'
    (현재의 일에 대해 묻는다: 하느냐, 질문 내용을?)
  - 질문 내용은 평서문, 평서문에서 배운 대로 'you ⇒ learn ⇒ English'
    이렇게 '설명, 설명' (앞말을 설명한다는 표시로 '⇒'를 사용)

[시제를 담당하고, 의문문·부정문을 만드는 조동사를 "시제 조동사 Auxiliary Verb"라고 합니다. 'be · have · do'가 있습니다. ★ 시제 조동사 ☞ ❶ p. 127]

He speaks English very well. [3인칭 단수 주어 - 현재시제]

- **Does** he speak English very well?
  he는 영어를 매우 잘하니?
  - 주어가 3인칭 단수고 시제가 현재면 'Does'로 물음
  - 현재시제 질문 표지 'Does' + 질문 내용 'He speaks English very well.'

He went to the bakery yesterday. [과거시제]

- **Did** he go to the bakery yesterday?
  he는 어제 빵집에 갔니?
  - 과거시제니 'Did'로 물음
  - 과거시제 질문 표지 'Did' + 질문 내용 'He went to the bakery yesterday.'
    (과거의 일에 대해 묻는다: 했느냐, 질문 내용을?)

의문문을 만들기 위해, (일반동사는 문두로 나갈 수 없지만) be동사는 문두로 나갈 수 있습니다. 이유는 be동사는 (서술동사가 아닌) 연결동사고, 문두로 나가도 서술식 구조가 깨지지 않기 때문입니다.

   Mike is American. [be동사]

- <u>Is</u> Mike American? 마이크는 미국인이니?
  - Mike American: 마이크는 미국인이라고, 앞말[Mike]을 뒷말[American]이 설명
    be동사가 문두로 나가도 서술식 구조가 깨지지 않음
  - 현재시제 질문 표지 'Is' + 질문 내용 'Mike (is) American.'
    (현재의 일에 대해 묻는다: 존재하느냐, 질문 내용이?)

is가 문두로 나가도 문제없이, Mike를 American이 설명합니다. 앞말을 뒷말이 설명해 나가는 서술식 구조가 깨지지 않습니다. be동사를 문두로 보내, 문법을 효율적으로/경제적으로, 의문문을 만드는 조동사로 사용하는 것입니다. 이는 '진행·완료'시제 형식도 마찬가지입니다.

   He was studying English. [과거시제 진행상]

- <u>Was</u> he studying English?
   he가 영어를 공부하고 있었니?
   (과거의 일에 대해 묻는다: 존재했느냐, 질문 내용이?)

   He has finished it. [현재시제 완료상]

- <u>Has</u> he finished it?
   he가 그것을 끝냈니?
   (지금껏 해[일어난] 일에 대해 묻는다: 소유하느냐, 질문 내용을?)

  - was[has]가 문두로 나가도, he를 studying[finished]가 설명
  - 서술식 구조가 깨지지 않아 was[has]가 문두로 나갈 수 있음

의문사가 있는 의문문

의문사가 있는 의문문이 만들어지는 과정을 유심히 보십시오.

This is <u>a book</u>. [보어]

- **This is <u>what</u>.**
  - 이것이 무엇인지 모른다고 가정하고, 'a book' 자리에 what을 씀

  <u>Is</u> this what?
  - is를 문두로 보내 의문문을 만듦

  <u>What</u> is this? 이게 뭐니?
  - what이 무엇인지 몰라서 질문, 알고 싶은 말은 what
    즉 what이 가장 중요한 말
  - 가장 중요한 말이니, what을 문두로 보냄

You love <u>me</u>. [목적어]

- **You love <u>whom</u>.**
  - 누구를 사랑하는지 모른다고 가정하고, 'me' 자리에 whom을 씀
    (목적어 자리니, 목적격 의문대명사 'whom'을 씀)

  <u>Do</u> you love whom?
  - Do를 문두에 써서 의문문을 만듦

  <u>Whom</u> do you love?
  - 가장 중요한 말인 whom을 문두로 보냄

  <u>Who</u> do you love?
  너는 누구를 사랑하니?
  - 오늘날은 whom 대신 who을 씀
  - 예 Who did you phone? 누구한테 전화했니? (이때의 who는 목적어)

He loves you. [주어]

- **Who loves you?** 누가 너를 사랑하니?
  - 누가 너를 사랑하는지 모른다고 가정하고, 'He' 자리에 Who를 씀
    (주어 자리니, 주격 의문대명사 'who'를 씀)
  - 주어 자리에 의문사를 썼으니, 그 자체로 의문문
    예 Who phoned? 누가 전화했니? (이때의 who는 주어)

'진행·완료' 시제 형식도 마찬가지입니다.

He was studying English. [과거시제 진행상]

- **He was studying what.**
  - 무엇을 공부하고 있었는지 모른다고 가정하고, 'English' 자리에 what을 씀

  Was he studying what?
  - was를 문두로 보내 의문문을 만듦

  What was he studying?
  he는 무엇을 공부하고 있었니?
  - 가장 중요한 말인 what을 문두로 보냄

It has been raining for about two hours. [현재시제 완료진행상]

- **It has been raining how long.**
  - 비가 온 시간을 모른다고 가정하고, 'for about ...' 자리에 'how long'을 씀

  Has it been raining how long?
  - has를 문두로 보내 의문문을 만듦

  "How long has it been raining?" "For about two hours."
  "(지금까지) 비가 온 지 얼마나 되었니?" "두 시간쯤 됐어."
  - 가장 중요한 말인 'how long'을 문두로 보냄

서법 조동사가 있는 의문문

- **He will go to the bakery.** [평서문]

    he는 빵집에 갈 것이다. (예측의 will)
    - 'He goes to the bakery.'라는 문장 내용에 대해 화자가 예측
    - 예측은 주관적인 생각이고, 문장 내용은 객관적인 사실
    - 객관적인 사실보다 주관적인 생각이 더 중요, 이것이 서법 조동사를 동사 앞에 쓰는 이유. ('go will'이 아닌) 'will go'
    - 주어[He] ⇒ 서술어[will go] ⇒ 부사어[to the bakery]

    Will he go to the bakery? [의문문]

    he는 빵집에 갈까?
    - 무엇보다 예측이 중요, will이 문두로 나감
    - will이 문두로 나가도 he를 go가 설명, 서술식 구조가 깨지지 않음
    - will로 질문 의사를 먼저 말함, 이어서 예측과 관련된 질문 내용을 말함
    - 예측의 질문 표지 'Will' + 질문 내용 'He goes to the bakery.'
        (예측하느냐? 질문 내용을)

- **You can swim.**

    너는 수영할 수 있다. (가능의 can)
    - 'You swim.'이라는 문장 내용에 대해 화자가 가능성을 말함

    Can you swim?

    너는 수영할 수 있니?
    - 무엇보다 가능성이 중요, can이 문두로 나감
    - can이 문두로 나가도 you를 swim이 설명, 서술식 구조가 깨지지 않음
    - can으로 질문 의사를 먼저 말함, 이어서 가능성과 관련된 질문 내용을 말함
    - 가능성의 질문 표지 'Can' + 질문 내용 'You swim.'
        (가능하냐? 질문 내용이)

I must go home.

- **Must** I go home? [의무] 집에 가야 하나요?
  - must로 질문 의사를 먼저 말함. 이어서 의무와 관련된 질문 내용을 말함
  - 의무의 질문 표지 'Must' + 질문 내용 'I go home.'
    (의무가 있느냐? 질문 내용에 관한)

He may be at home.

- **Could** he be at home? [불확실] he가 집에 있으려나?
  - 추측의 may로 의문문을 만들 수 없음 ★ 추측의 may ☞ ❷ p. 112
  - could로 질문 의사를 먼저 말함. 이어서 불확실과 관련된 질문 내용을 말함
  - 불확실의 질문 표지 'Could' + 질문 내용 'He is at home.'
    (불확실하게 묻는다. 질문 내용을)
    예) Could it have been a cat? 고양이 소리였을까?
        ('It may have been a cat. 고양이 소리였겠지.'의 의문문)

- **Would** you like tea or coffee? [공손]
  차와 커피 중에 어떤 것을 좋아하세요? 〉차를 드릴까요, 커피를 드릴까요?
  - Would로 질문 의사를 먼저 말함. 이어서 공손과 관련된 질문 내용을 말함
  - 공손의 질문 표지 'Would' + 질문 내용 'You like tea or coffee.'
    (공손히 묻는다. 질문 내용을)
  - 선택의문문: 선택을 요구하는 의문문
    예) Which vegetables would you like?
        어떤 야채를 드릴까요?
    Which color do you like better, black or white?
        검정색과 흰색 중에 어떤 색을 더 좋아하세요?
    Which book is yours, this one or that one?
        어떤 책이 네 것이니? 이 책이니 저 책이니?
    Who came to the party, Betty or Mike?
        베티와 마이크 중, 누가 파티에 왔니?
    Is this yours or his?
        이거 네 거니, 그의 거니?

생각 더하기　　53. 부가의문문 – 단문

① 너 나 좋아하니? [일반의문문]
② 너 나 좋아하지? [확인의문문]

①은 몰라서 묻는 말입니다. 하지만 ②는 몰라서 묻는 말이 아니라, 얼마쯤 알고 있거나 믿고 있는 문장 내용을 화자가 청자에게 확인하려는 말입니다. 이러한 의문문을 "확인의문문"이라고 합니다. (확인의문형 '-지'로 나타냅니다.)

그런데 영어의 부가의문문 때문에, 아래 예문과 같은 앞 문장에 덧붙는 질문 형식이 국어에 생겨났습니다.

- 너 나 좋아하는구나, 그렇지? [덧붙임 확인질문 – 긍정형]
  너 나 좋아하지 않는구나, 그러냐?

- 너 나 좋아하네, 그렇지 않니? [부정형]
  너 나 좋아하지 않네, 안 그러냐?

[덧붙임 확인질문은 앞 문장과 관련해 별다른 제약이 없습니다. 즉 앞 문장이 긍정문이든 부정문이든, 긍정형도 부정형도 쓸 수 있습니다.]

[쉼표를 찍고 의문문을 추가한다? 국어다운 문장은 마침표를 찍고 의문문을 추가한 '너 나 좋아하네. 그렇지 않니?'입니다. ('그렇지 않니?'는 별개의 문장이라, 앞 문장과 관련해 별다른 제약이 없는 것입니다.) 위 예문은 국어에 본래 없던 문장인 데다, 우리는 일상 언어생활에서 확인의문문을 즐겨 씁니다. 굳이, 영어의 부가의문문을 덧붙임 확인질문으로 해석할 필요는 없습니다.]

아래 예문의 밑줄 친 말이, '앞 문장에 덧붙여' 부가된 의문문이 '부가의문문 Tag Question'입니다. 부가의문문은 앞 문장의 내용이 맞는지를 상대방에게 확인하고 싶거나 앞 문장의 내용을 상대방이 동의하기를 바랄 때 씁니다.

- You are American, <u>aren't you</u>? ↗
  - 당신은 미국 사람입니다. 그렇지 않나요? 〉당신은 미국 사람이죠?
  - 앞 문장의 내용이 맞는지를 상대방에게 확인하고 싶을 때는 올림 억양

- It's a nice day, <u>isn't it</u>? ↘
  - 날씨 좋다. 그렇지? 〉날씨 좋지?
  - 앞 문장의 내용을 상대방이 동의하기를 바랄 때는 내림 억양

부가의문문을 만드는 방법은 아래와 같습니다.

① 앞 문장이 긍정문[부정문]이면, 부가의문문은 부정형[긍정형]이 됩니다. (의미를 강조하기 위해, 부가의문문이 두드러지도록 '긍정문 – 부정형, 부정문 – 긍정형' 이렇게 서로 반대로 표현합니다.)

- You <u>are</u> American, <u>aren't</u> you? [긍정문 – 부정형]
  - 앞 문장이 긍정문이면, 부가의문문은 부정형
  - 부가의문문의 부정형은 축약형만 씁니다. (NOT ..., are not you?)
    예 You like me, don't you? 너 나 좋아하지?
    (부정 의미가 강조된 '..., do you not? 그렇지 않습니까?'는 격식체)

- You <u>are not</u> American, <u>are</u> you? [부정문 – 긍정형]
  - 당신은 미국 사람이 아니죠?
  - 앞 문장이 부정문이면, 부가의문문은 긍정형

② 앞 문장에 be동사·조동사가 있으면 (be동사와 조동사는 문두로 나가 의문문을 만들므로) be동사·조동사로 부가의문문을 만듭니다. 일반동사가 있으면 (일반동사는 문두로 나가 의문문을 만들지 못하므로) 'do(es)·did'로 만듭니다.

- It's a nice day, isn't it? [be동사]
  - 앞 문장에 be동사가 있으면 be동사로 부가의문문을 만듦
    예 He's handsome and rich, isn't he? he는 잘 생겼고 부자지?
    I'm not late, am I? 나 안 늦었지?

- You can't do it, can you? [조동사]
  그것을 할 수 없지?
  - 앞 문장에 서법 조동사가 있으면 서법 조동사로 부가의문문을 만듦
    예 They can have a house, can't they? 그들은 집을 가질 수 있지?
    He could go there, couldn't he? he는 그곳에 갈 수도 있지?
    He'll go there, won't he? he는 그곳에 갈 거지?
    You won't do anything, will you? 아무 것도 하지 않을 거지?

  He hasn't finished it yet, has he?
  he는 아직 그것을 끝내지 않았지?
  - 앞 문장에 시제 조동사가 있으면 시제 조동사로 부가의문문을 만듦
    예 You've been to China, haven't you? [현재완료] 중국에 갔다 왔지?
    He has gone there, hasn't he? he는 그곳에 갔지?
    He isn't working, is he? [현재진행] he는 일을 안 하고 있지?
    You're joking, aren't you? 농담하는 거지?

- You like Betty, don't you? [일반동사] 베티를 좋아하지?
  - 앞 문장에 일반동사가 있으면 'do(es)·did'로 부가의문문을 만듦
    예 He goes there, doesn't he? he는 그곳에 가지?
    He doesn't have a car, does he? he는 차가 없지?
    You don't feel comfortable with Mike, do you?
    마이크와 있으면 불편하지?

③ 앞 문장과 동일한 시제로 부가의문문을 만듭니다.

- He <u>was</u> there, <u>wasn't</u> he? [과거시제 - 과거시제]
  he는 거기에 있었지?
  예 You're wrong, aren't you? 네가 틀렸지?
  I was right, wasn't I? 내가 옳았지?
  He went there, didn't he? he는 그곳에 갔지?
  We could do it yesterday, couldn't we?
  　우리는 어제 그것을 할 수 있었지?
  He had gone there, hadn't he? he는 그곳에 갔지?

④ 부가의문문의 주어는 앞 문장의 주어를 가리키므로 대명사가 쓰입니다.

- <u>Betty</u> is from Australia, isn't <u>she</u>?
  베티는 호주에서 왔지?
  예 That's odd, isn't it? 그거 이상하지?
  Those were the days, weren't they? 옛날이 좋았지?
  Betty and Mike are close friends, aren't they?
  　베티와 마이크는 친한 친구 사이지?
  People didn't go there, did they?
  　사람들은 그곳에 가지 않았지?
  - 존재구문은 'there'가 쓰임
    예 There is a park near the house, isn't there?
    　집 근처에 공원이 있지?
    There should be a bus, shouldn't there?
    　버스가 있어야지?
  - 사람을 뜻하는 'everyone, no one' 등은 'they'가 쓰임
    예 Everyone enjoyed the party, didn't they? 모두들 파티를 즐겼지?
    No one questioned it, did they? 아무도 그것을 질문하지 않았지?
  - 사물을 뜻하는 'everything, nothing' 등은 'it'이 쓰임
    예 Nothing happened, did it? 아무 일도 없었지?

아래는 '명령문'에 부가된 부가의문문입니다. 앞 문장이 명령문이므로, 이때의 부가의문문은 (확인·동의가 아닌) '요구'를 뜻합니다. 명령문이 긍정이든 부정이든 부가의문문은 'will you?'가 쓰입니다.

- Open the door, will you? [요구]
    문 열어 줄래?
    예 Clean this room, will you? 이 방 치워 줄래?
       Don't close the door, will you? 문 닫아 말아 줄래?
       Don't be late, will you? 늦지 마. 알았지?
    - 긍정 명령문에는 'would you?'도 쓰일 수 있음. 공손을 뜻함
    예 Clean this room, would you? 이 방 치워 줄 거죠?
    - 긍정 명령문에는 'can you?', 공손의 'could you?'도 쓰일 수 있음
    예 Stop arguing, can you? 그만 싸워. 그래 줄 수 있지?
       Be back by two, please, could you?
       2시까지 꼭 돌아올 수 있는 거죠?
    - 긍정 명령문에 'won't you?'를 쓰면 완곡한 표현이 됨
    예 Open the door, won't you? [요청]
       문을 열어 줄 거지?
       Have some more, won't you? [권유]
       더 먹을 거지?

아래는 '청유문'에 부가된 부가의문문으로, 이때의 부가의문문은 '요청·제안·권유'를 뜻합니다. 청유문이 긍정이든 부정이든, 부가의문문은 'shall we?'가 쓰입니다.

- Let's have a party, shall we? 파티하자. 어때?
  Let's not do that, shall we? 그거 하지 말자. 어때?

아래는 각별히 신경을 써야 하는 부가의문문입니다.

- 부가의문문 'am I?'의 부정형은 (are not의 축약형인) 'aren't I?'
  (am not의 축약형인 'ain't I?'가 아님)
  예) I'm late, aren't I? 나 늦었지? (NOT ..., ain't I?)

- 앞 문장에 'no · no one · nothing, never · hardly · little'과 같은 부정어가 있으면, 부가의문문은 긍정형을 씀
  예) It hardly matters, does it? 그건 거의 중요하지 않다. 그렇지?

- 앞 문장에 must가 있으면 부가의문문에 must를 쓰고, may가 있으면 might를 씀
  예) He must not do that, must he?
  he는 그렇게 하지 말아야 한다. 그렇지?
  He may be able to help you, mightn't he?
  he가 너를 도와줄 수 있을지도 몰라. 그렇지 않니? (NOT ..., mayn't he?)

- 앞 문장에 'ought to'가 있으면 부가의문문에 should를 씀
  예) He ought to do that, shouldn't he?
  he는 그렇게 해야 한다. 그렇지 않니?

- 앞 문장에 쓰인 need[dare]가 조동사면 부가의문문에 need[dare]를 쓰고, 본동사면 'do(es) · did'를 씀
  예) He need not go there, need he? he는 그곳에 갈 필요가 없지?
  He doesn't need to go there, does he?

  ... had better ...,   hadn't ...?
  ... would rather ...,   wouldn't ...?

  예) You had better stay, hadn't you? 머무르는 게 낫지?
  You would rather go there, wouldn't you? 그곳에 가는 게 낫지?

  ... have[has/had] to ...,   don't[doesn't/didn't] ...?
  ... used to ...,   didn't ...?

  예) You have to stay, don't you? 머물러야 하지?
  You used to go there, didn't you? 예전에는 그곳에 갔지?

생각 더하기   54. 수사의문문

답변을 요구하는 일반적인 의문문과 달리, 문장 내용을 강조하기 위해 반어적으로 질문하는 의문문을 "수사의문문 반어의문문"이라고 합니다. 실제와 반대되게 말하는 반어적 표현이라, 긍정의문문은 부정 의미가 강조되고, 부정의문문은 긍정 의미가 강조됩니다.

- **Who knows?** [긍정의문문: 부정 의미 강조]
  누가 아니? (= Nobody knows. 아무도 모른다.)
  예 Who cares? 누가 신경 쓰니?
    (= Nobody cares. 아무도 신경 쓰지 않는다.)
  Who can do such a thing? 누가 그런 일을 할 수 있을까?
    (= Nobody can do such a thing. 아무도 그런 일을 할 수 없다.)
  How should I know? 내가 어떻게 아니?
    (= I don't know at all. 나는 아무 것도 모른다.)
  What does it matter? 그게 뭐가 문제니?
    (= It doesn't matter at all. 그것은 전혀 문제가 되지 않는다.)
  What have you done for me? 나한테 해 준 게 뭐니?
    (= You haven't done much for me. 너는 나한테 해 준 게 별로 없다.)
  Are you my friend? 네가 내 친구니?
    (= You're not my friend. 너는 내 친구가 아니다.)

- **Who doesn't know about it?** [부정의문문: 긍정 의미 강조]
  누가 그것을 모르니? (= Everybody knows about it. 누구나 그것을 안다.)
  예 Who doesn't like Betty? 누가 베티를 좋아하지 않니?
    (= Everybody likes Betty. 누구나 베티를 좋아한다.)
  Who doesn't wish to be happy? 누가 행복해지기를 바라지 않니?
    (= Everybody wishes to be happy. 누구나 행복해지기를 바란다.)
  Didn't I tell you? 내가 너한테 말하지 않았니?
    (= I told you. 내가 너한테 말했다.)
  Isn't it funny? 그거 재밌지 않니?
    (= It's very funny. 그거 정말 재밌다.)

◐ **명령문** 화자가 청자에게 무엇을 시키거나 행동을 요구하는 문장

질문입니다. 명령문에서 가장 중요한 말은? 물어볼 것도 없이 '명령 자체'입니다. 그럼 명령 자체를 나타내는 말은?

명령은 '행위 자체'를 하게 하는 것입니다. 행위 자체는 '동사원형'으로 나타냅니다. 제일 먼저 써서 동사원형으로 명령합니다. (동사원형은 행위 자체를 뜻하고, 행위 자체를 하게 하는 것이 명령이므로, 동사원형으로 명령합니다.)

- <u>Put</u> that gun down.
  - 총 내려놔.
  - 명령문: 명령 표지 '동사원형 Put' + 명령 내용 'to put that gun down'

- <u>Be</u> quiet.
  - 조용히 해.
  - 명령 표지 '동사원형 Be' + 명령 내용 'to be quiet'
  - ★ 명령문 ☞ ❷ p. 217

◐ **청유문** 화자가 청자에게 어떤 행동을 같이 할 것을 요청하는 문장

청유문은 청유의 'Let's'를 제일 먼저 씁니다.

- <u>Let's</u> go.
  - 우리로 하여금 가게 해라. 〉 (우리) 가자. (Let's = Let us)
  - 청유문: 청유 표지 'Let's' + 청유 내용 'to go'
  - ★ 청유문 ☞ ❷ p. 219

■ **감탄문** 놀라움·기쁨·슬픔 등, 화자가 자기의 느낌을 표현하는 문장

우리는 '무엇을 보고, 무엇 때문에' 감탄하게 될까요? 감탄 대상은 두 부류로, '사람·사물' 또는 '상태·현상'입니다. 이를 품사로 말하면, '명사' 또는 '형용사[부사]'입니다. 감탄 자체를 나타내는 '감탄 표지'로, 요컨대, 명사와 어울리는 말은 '무엇'의 what이고 형용사[부사]와 어울리는 말은 '얼마나'의 how입니다.

감탄 자체가 가장 중요한 감탄문, '명사(사람·사물)'를 보고 감탄했으면 what을, '형용사[부사](상태·현상)' 때문에 감탄했으면 how를 감탄 표지로 씁니다. what 또는 how로 감탄문을 시작합니다.

He is a very kind boy. [명사] / He is very kind. [형용사]

- **What a kind boy** (he is)!
    (he는) 참 친절한 아이구나!
    - 명사 'a boy'를 보고 감탄, what으로 감탄 자체를 나타냄
    - 감탄문: 명사 감탄 표지 'What' + 감탄 내용 'He is a very kind boy.'
    - 'a boy = he'이므로, '주어[he] + 동사[is]'를 생략할 수 있음
    - kind와 같은 형용사가 들어가야 감탄문다워짐. 빠지면 감탄문이 썰렁해짐
      예 What a wonderful world! 얼마나 멋진 세상인지!
      What a good idea! 정말 좋은 생각이구나!

How kind he is!
    he가 얼마나 친절한가! > he는 정말 친절하구나!
    - 형용사 'kind' 때문에 감탄, how로 감탄 자체를 나타냄
    - 형용사 감탄 표지 'How' + 감탄 내용 'He is very kind.'
    - 'What a kind boy.'보다 다소 격식적인 표현

He is a very fast runner. [명사] / He is very fast. [형용사]

- **What** a fast runner (he is)!

    he는 참 빠른 주자구나!

    – 명사 'a runner'를 보고 감탄. What + 감탄 내용 'He is a very fast runner.'

    How fast he is!

    he가 얼마나 빠른가! 〉 he는 정말 빠르구나! (이때의 fast는 형용사)

    – 형용사 'fast' 때문에 감탄. How + 감탄 내용 'He is very fast.'

He runs very fast. [부사]

- **How** fast he runs!

    he가 얼마나 빨리 달리는가! 〉 he는 정말 빨리 달리는구나! (이때의 fast는 부사)

    – 부사 'fast' 때문에 감탄. How + 감탄 내용 'He runs very fast.'

    예 How well Betty sings! 베티는 노래를 정말 잘하는구나!

    (부사 'well' 때문에 감탄. How + 감탄 내용 'Betty sings very well.')

단수명사뿐 아니라 복수명사도 얼마든지 쓰일 수 있습니다.

- What nice pictures (they are)! [복수명사]

    정말 멋진 그림들이구나!

    – 'They are very nice pictures.'의 감탄문

    – 명사 'pictures'를 보고 감탄

    예 What kind boys (you are)! 너희는 참 친절한 아이들이구나!

- How beautiful these flowers are!

    이 꽃들은 정말 아름답구나!

    – 'These flowers are very beautiful.'의 감탄문

    – 형용사 'beautiful' 때문에 감탄

    예 How kind you are! 너희는 정말 친절하구나! (이때의 you는 복수)

It's a very cold day. / It's very cold.

- **What a cold day** (it is)**! / How cold it is!**
  정말 추운 날씨다! / 날씨가 정말 춥다!

He's a very nice person. / He's very nice.

- **What a nice person** (he is)**! / How nice he is!**
  he는 참 멋진 사람이구나! / he는 정말 멋지구나!

This is a very high mountain. / This mountain is very high.

- **What a high mountain! / How high this mountain is!**
  정말 높은 산이구나! / 이 산은 정말 높구나!

These are very big buildings. / These buildings are very big.

- **What big buildings! / How big these buildings are!**
  정말 큰 건물들이구나! / 이 건물들은 정말 크구나!

She wears a very pretty dress.

- **What a pretty dress she wears!**
  she는 정말 예쁜 옷을 입고 있구나!

He's running very slowly.

- **How slowly he is running!**
  he는 정말 천천히 달리고 있구나!

[what이나 how로 감탄을 나타내고, 이어 감탄한 내용을 말하면 그만인 것을, 별 생각 없이 'What+a+형용사+명사(+주어+동사)', 'How+형용사[부사]+주어+동사' 이렇게 암기하는 것은 차마 사람이 할 일이 못 됩니다.]

■ **기원문** 화자가 바라는 일이 이루어지기를 비는 문장

바라는 일을 비는 기원, 불확실한 희망이지만 이루어질 수 있다는 가망성을 가지고 기원하지 않을까요? (가망: 가능성이 있는 희망) '가망성'하니, may가 번쩍 떠오릅니다. ★ 가망성을 지닌 may ☞ ❷ p. 111

기원 자체가 가장 중요한 기원문, 기원 자체를 나타내는 말은 가망성을 지닌 may입니다. may로 기원문을 시작합니다.

- <u>May</u> God help you.
    신께서 당신을 도와주시기를. (help: 동사원형)
    - 기원문: 기원 표지 'May' + 기원 내용 'God helps you.'
        예 May the New Year bring you all your heart desires.
        새해에는 소망하시는 모든 일이 이루어지기를 바랍니다.
    - May는 종종 생략됨. May가 생략되어도 동사원형을 그대로 씀
        예 The grace of the Lord Jesus <u>be</u> with you. (동사원형 'be'를 그대로 씀)
        주님의 은혜가 여러분과 함께하기를.

- <u>May</u> he return safely.
    he가 무사히 돌아오기를. (return: 동사원형)
    (= I hope he may return safely.)
    - 기원 표지 'May' + 기원 내용 'He returns safely.'
        예 May he rest in peace. he는 편안하게 잠드시기를.
        (= I hope he may rest in peace.)

> 조건문은 '조선 사체'가 가장 중요하고, 조건을 니디내는 말은 if고, 가장 중요한 말 if로 시작합니다. 이는 가정문도 마찬가지입니다.
> * <u>If</u> I go to the market, ... [조건문: 조건 표지 'if' + 조건 내용] /
>   <u>If</u> the sun rose in the west, ... [가정문: 가정 표지 'if' + 가정 내용]

문장의 종류

평서문	He is American. You speak English. He can speak English. This is a book.
의문문	Is he American? Do you speak English? Can he speak English? What is this? It's a nice day, isn't it? Who knows?
명령문 청유문	Put that gun down. Let's go.
감탄문	What a kind boy (he is)! How kind he is!
기원문	May God help you.

평서문 'You speak English.' 이 말을 상대방에게 묻고 싶으면 문두에 Do를 씁니다. 의문문이 됩니다. 요컨대, 영어는 가장 중요한 말인, 문장 종류를 나타내는 표지를 먼저 말하고, 이어서 관련 내용을 말하는 것입니다. 간략히, '표지+내용'인 것입니다.

◾ **부정문** 부정의 뜻을 나타내는 문장

- You <u>are not</u> rich. [be동사가 있는 문장]
    너는 부자가 아니다.
    - not이 be동사[are] '뒤에' 위치

- You do <u>not have</u> a car. [일반동사가 있는 문장]
    너는 차가 없다.
    - not이 일반동사[have] '앞에' 위치

부정문은 not을 넣어 만듭니다. 그런데 보통 문법책에, 위 설명과 같이, not은 'be동사 뒤에, 일반동사 앞에' 쓴다고 나옵니다. 과연 그럴까요? 부정문은 (위치의 문제가 아닌) 부정하는 대상의 문제로, 영어가 얼마나 논리적인 언어인지 일면을 보여 줍니다.

not은 '부정부사'고, 부사는 뒷말을 수식하는 '수식어'입니다. (수식어는 피수식어 앞에서 수식합니다.) 다시 말해, not은 '부정하려는 말 앞에' 씁니다. 이것이 영어문법!

부정 대상: 동사가 아닌 품사

NOT You <u>not are</u> rich.
  - are는 현재형, 즉 are에는 '현재시제'라는 시제 정보가 들어 있음
  - 시제는 부정할 수 있는 부정 대상이 아님. 부정하면 안 되므로 are 앞에는 not이 위치할 수 없음

- You are <u>not rich</u>. [부정문: 형용사 부정]
  - not은 부정하려는 말인 rich 앞에 씀 ('be동사 뒤에'가 아님)
    예 He was not a millionaire. [명사 부정]
       he는 백만장자가 아니었다.

부정 대상: 동사

'not rich'는 되는데, 'not has'는 안 됩니다. 'does not have'로 해야 합니다. 이유는 부정 대상이 동사이기 때문입니다.

    NOT He <u>not has</u> a car. (has: 현재형)
  - 현재형 'has': '가지고 있다'라는 어휘적 의미뿐 아니라 '현재시제'라는 문법적 의미도 있음
  - '어휘(가지고 있다)'는 부정할 수 있지만, '문법(현재시제)'은 부정할 수 없음
  - 어휘는 부정 대상이지만, 문법은 부정 대상이 아님, 문법까지 부정하면 안 됨
  - not이 현재형 'has'를 부정하려면 부정할 수 없는 현재시제를 빼내야 함, 어휘만 남겨야 함
    즉 'not has(현재형)'을 'not have(동사원형)'로 바꿔야 함

- He <u>does</u> <u>not have</u> a car. (have: 동사원형)
  - 동사원형 'have': '문법(현재시제)'은 없고 '어휘(가지고 있다)'만 있어 부정할 수 있음
  - 현재시제는 따로 나타내야 함, 그것이 '3인칭 단수 주어, 현재시제 조동사 does'
        (부정할 수 없을 뿐, 현재시제를 없애 버릴 수는 없음, 따로 나타냄)
  - 현재시제는 'does'로 따로 나타내고, 'not have' 이렇게 어휘만 부정

    NOT You <u>not have</u> a car. (have: 현재형)
  - not이 현재형 'have'를 부정하려면 현재시제를 빼내야 함. 동사원형을 써야 함
    즉 'not have(현재형)'을 'not have(동사원형)'으로 바꿔야 함

- You <u>do</u> <u>not have</u> a car. (have: 동사원형)
  - 동사원형 'have': '문법(현재시제)'은 없음
        현재시제는 '현재시제 조동사 do'로 따로 나타냄

    NOT He <u>not had</u> a car. (had: 과거형)
  - not이 과거형 'had'를 부정하려면, 'not had(과거형)'을 'not have(동사원형)'로 바꿔야 함

- He <u>did</u> <u>not have</u> a car. (have: 동사원형)
  - 동사원형 'have': '어휘(가지고 있다)'만 있음
        과거시제는 '과거시제 조동사 did'로 따로 나타냄

not의 위치 ■ 부정하려는 말 앞에
- 동사원형 앞에 (동사 부정 시)

아래는 시제 조동사가 있는 문장입니다.

- He was <u>not studying</u> it. he는 그것을 공부하고 있지 않았다.
    [was: 과거시제 조동사 / studying: 진행분사 / study: 본동사(동사원형)]
    - not은 부정하려는 말인 studying 앞에 씀 ('be동사 뒤에'가 아님)
    예 He has not finished it yet. he는 아직 숙제를 마치지 못했다.
    (not은 부정 대상인 finished 앞에 씀)

[본동사는 조동사의 상대적인 말입니다. 문장에서 동사가 조동사와 함께 있을 때 조동사와 구별하기 위해, 이때의 동사를 본동사로 부릅니다.]

아래는 서법 조동사가 있는 문장입니다. (특히, 'cannot' 주의!)

- He <u>may</u> <u>not be</u> at home.
    he는 '집에 없을'지도 모른다. (추측의 may)
    - be를 부정, he가 집에 없다고[not be] 추측[may]

- He <u>cannot be</u> at home.
    he는 집에 '있을' 리가 없다. (가능의 can)
    - cannot: not을 can에 붙여 can을 부정 (띄어 쓴 'can not'이 아님
        can을 부정하려고 not을 can에 붙임)
    - can을 부정, he가 집에 있을[be] 가능성이 없음[cannot]
    ★ can't ☞ ❷ p. 110

아래는 명령문과 청유문입니다. 명령문은 'Don't'를 동사원형 앞에 써서 부정하고, 청유문은 not을 써서 부정합니다.

- <u>Don't</u> move! [부정명령문] 움직이지 마!
  <u>Don't</u> be stupid. 어리석은 짓을 하지 마라.

- Let's <u>not</u> go fishing. [부정청유문] 낚시하러 가지 말자.

아래는 부정의문문입니다. 대답하는 방식이 국어와 영어가 다릅니다. 신경을 써야겠습니다.

- "<u>Aren't</u> you hungry?" "배 안 고프니?"
  "<u>Yes</u>, I am. / <u>No</u>, I'm not." "아니, 배고파. / 응, 배 안 고파."
  예 "You're not busy now, are you?" "너 지금 안 바쁘지?"
  "Yes, I am. / No, I am not." "아니, 바빠. / 응, 안 바빠."

- "<u>Don't</u> you have breakfast?" "아침 안 먹니?"
  "<u>No</u>, hardly ever." "응, 거의 안 먹어."
  예 "He didn't go there, did he?" "he는 어제 그곳에 안 갔지?"
  "Yes, he did. / No, he didn't." "아니, 갔어. / 응, 안 갔어."

> * "아침 안 먹니? (내 말이 맞니?)"
> "응 (네 말이 맞아), 안 먹어. / 아니 (네 말이 틀려), 먹어."
>
> 국어는 위와 같습니다. 영어는 긍정의문문이든 부정의문문이든 어떻게 물어보든 아침을 먹으면 'Yes'고, 안 먹으면 'No'입니다.

또 하나의 부정부사로 'never'가 있습니다. never는 not보다 부정 의미가 강합니다. 위치는 not과 같습니다. 한편, 부정에는 '완전부정 · 부분부정', '준부정 · 이중부정'이 있습니다.

- He is <u>never</u> happy. he는 결코 행복하지 않다.
  - never = not + ever (ever = at any time 어느 때고, 언제든)
    - 예 He never drinks alcohol. he는 결코 술을 마시지 않는다.
  - never를 문두로 도치, 부정 의미 강조
    - 예 Never <u>does</u> he <u>drink</u> alcohol. he는 생전 술을 마시는 법이 없다.
      [never가 주어(he)를 부정하면 안 되므로, 문두로 도치되면 시제 조동사 'does'를 씀 does로 시제를 나타내므로 동사원형(drink)을 씀]
  - never 뒤에 ever를 쓰면 부정 의미가 더 강조됨
    - 예 He can never ever do it again. 두 번 다시는 he가 그것을 할 수 없다.

  완전부정　never, no + 명사, none, no one, nobody, nothing, neither
  　　　　　　not + any[either], not + at all (no는 한정사, none은 대명사 ☞ p. 175)
  예 I have no money. 돈이 한 푼도 없다.
  　　No student can ever solve it. 어떤 학생도 그것은 풀지 못한다.
  　　None of my family are happy. 우리 식구 모두는 행복하지 않다.
  　　There is nothing to fear. 두려울 것이 전혀 없다.

  부분부정　all[every/both] + not
  　　　　　　not + always[usually/entirely/absolutely/necessarily/altogether]
  예 All of my family are not happy. 우리 식구 모두가 행복한 것은 아니다.
  　　The rich are not always happy. 부자라고 반드시 행복한 것은 아니다.

  준부정　'few · little, rarely · hardly' 등이 쓰인 문장
  예 I can hardly believe it. 나는 그것을 거의 믿을 수 없다.
  　　Little did I know about it. 그것을 전혀 몰랐다. ('I knew very little about it.'의 도치문)

  이중부정　부정(never)의 부정(without)은 강한 긍정
  예 She can never play the piano without making some mistakes.
  　　she는 실수하지 않고서는 피아노를 칠 수 없다. 〉 피아노를 칠 때마다 항상 실수한다.

잘 모르면 말을 잇지 못하고 토막말만 하게 되는, 한 번쯤 들어봄직한 '중문·복문'과 '명사절·형용사절·부사절'을 살펴볼 차례입니다.

절은 접속사와 밀접한 관련이 있고, 접속사는 연결어에 속합니다. 부득이, 자세한 내용은 **생각문법** ❹ 연결어편에서 다룹니다. 이곳에서는 개념만 잡고 넘어가겠습니다.

지금까지 의미를 기준으로 한 문장의 종류를 살펴보았습니다. 문장은 또한, 구조를 기준으로 아래와 같이 나뉩니다.

문장의 종류 (구조에 따른)
└ **단문** Simple Sentence · 홑월
└ **중문** Compound Sentence · 거듭월
└ **복문** Complex Sentence · 겹월
└ **혼문** Compound-Complex Sentence · 섞임월

['단문 단순문장'은 문장에 주어와 서술어가 하나씩 있는 문장으로, 새롭게 알아야 할 구문적 특성이 없습니다. 하지만 '중문 중복문장'과 '복문 복합문장'은 구문적 특성이 있습니다. 새롭게 구와 절을 알아야 하고, 말과 말을 잇는 '접속사'를 알아야 합니다.]

['혼문 혼합문장'은 '단문+복문' 또는 '복문+복문'을 말하는데, 그리 좋은 문장은 아닙니다. 단순함을 추구하는 요즘 세상에 뽐내듯 혼문을 쓰면, 도리어 글을 못 쓴다는 말을 들을 수도 있습니다. 혼문은 되도록 안 쓰는 것이 좋습니다.]

문장은 의미의 총체로, 갖가지 의미로 이루어졌습니다. 의미를 이루는 단위를 "의미단위 meaning units"라고 합니다. 의미단위에는 구와 절이 있습니다.

의미단위
└ **구** ('주어+서술어'의 형식을 갖추지 않음)
└ **절** ('주어+서술어'의 형식을 갖춤)

〉구

- My mother went out at two in the afternoon.
  ① ② ③ ④ ⑤ ⑥ ⑦ ⑧ ⑨

위 예문은 '아홉 개의 단어'로 이루어진 문장입니다. 그런데 단어를 단위로 한 단어씩 읽으면, 읽기가 상당히 불편할뿐더러 내용 파악도 빨리 되지 않습니다. 대개 아래와 같이 읽습니다.

- My mother went out at two in the afternoon.
  ①　　　　②　　　③　　　　④

①②③④와 같은 의미단위를 "구"라고 합니다. 구를 단위로 읽으니, 읽기도 한결 편하고, 내용 파악도 빨리 됩니다.

"**구** 句 · Phrase · 조각"란 '주어＋서술어'의 형식을 갖추지 않은, 두 개 이상의 단어로 이루어진 의미단위로, 절이나 문장의 한 성분이 되는 말입니다. '명사구 · 동사구, 형용사구 · 부사구' 등이 있습니다.

[두 개 이상의 단어로 이루어졌다고 무조건 구가 아닙니다. 그것이 의미단위가 되어야, 즉 '하나의 의미를 이루어야' 구입니다. 그렇지 않으면, 단어의 나열에 지나지 않습니다.]

['Betty'는 명사고, '한 단어'입니다. 한 단어라도 문법에서는 'Ø＋Betty' 이렇게 Betty 앞에 한정어가 생략된 구로 봅니다. 즉 '명사구'입니다. 단어는 어휘적인 말로 단어의 형태를 말할 때 주로 씁니다.]

아무도 'in / the / afternoon' 이렇게 한 단어씩 쪼개어 보지 않습니다. 누구나 'in the afternoon' 이렇게 한 덩이로, '오후에'라는 하나의 의미로 봅니다. 한 단어와 같은, 하나의 의미인 '한 덩이 단어들' 이것이 구라는 의미단위입니다.

구는 두 개 이상의 단어지만, 한 덩이 단어들로, 하나의 의미로 보고, 아래와 같이 말과 말을 이어 가십시오.

- My mother went out at two in the afternoon.
              ①   ②   ③
  - ①: 영어는 주어를 바로 설명하니, '주어&서술어'로 봄

  My mother went out at two in the afternoon.
              ①   ②
  - ②: 같은 시간 부사구니, 'at two'와 'in the afternoon'을 하나로 봄
  - '엄마는 외출하셨다, (언제?) 오후 2시에.'

  My mother went out at two in the afternoon.
                  ①
  - 서술식 영어 문장구조에 익숙해지면, 문장을 '통문장' 하나로 보게 됨

문장구조를 파악하기 위해 처음에는 문장을 나누고 쪼갭니다. 하지만 문장구조를 파악하고 나면, 최대한 말과 말을 이어야 합니다. 문장이 하나의 '통문장'으로 보일 때까지, 의식적으로 '생각 연습'을 하십시오.

> 절과 접속사

① He is a boy. [단문]
② He is a boy and she is a girl. [절]

①의 'He is a boy.'는 '단문'이라는 문장입니다. 그런데 ②의 'He is a boy'는 문장이 아닙니다. 다름 아닌, '절'입니다. 똑같은 말이 왜 문장이고, 절일까요?

"**절** 節·Clause·마디"이란 '주어+서술어'의 형식을 갖춘, 두 개 이상의 단어로 이루어진 의미단위로, 문장의 한 성분이 되는 말입니다. '명사절·형용사절·부사절'이 있습니다.

② He is a boy and she is a girl.
  － 절 'He is a boy'와 절 'she is a girl' 이렇게 두 절로 이루어진 문장
  － 두 절이 and로 이어진 한 문장

②는 'He is a boy'라는 한 부분과 'she is a girl'이라는 한 부분, 두 부분으로 이루어진 문장입니다. 요컨대, '주어+서술어'의 형식을 갖춘, 문장을 이루는 한 성분으로, 문장의 한 부분일 때 그것을 "절"이라고 합니다. (①은 자체로 한 문장입니다. 문장의 한 부분이 아니므로, 절이라고 부르지 않습니다.)

['in the afternoon'에는 '주어+서술어' 형식이 없음으로 구입니다. 부사구입니다. 반면에, ②의 'He is a boy'에는 '주어+서술어' 형식이 있으므로 절입니다. 이렇듯 구와 절의 차이는 형식의 차이입니다.]

절이라는 말을 하려면, 아래와 같은 조건이 만족되어야 합니다.

절은 한 문장에 '둘'
- 절이 하나? 그것은 절이 아니라 (①과 같은 단문인) 문장

두 절은 '접속사로 이어져야'
- ②에서 접속사 'and'를 빼면, 'He is a boy. She is a girl.' 이렇게 마침표가 찍히고 두 문장이 됨. 한 문장이 되려면 접속사로 이어져야 함
- 한 문장이 되어야 'He is a boy'와 'She is a girl'을 절로 부를 수 있음

절이 쓰이는 조건 ■ 절+접속사+절

절은 한 문장에 '둘'이고, 두 절은 '접속사로 이어져' 있습니다. 이렇듯 절과 접속사는 불가분의 관계에 있습니다. '절' 하면 '접속사' 하는 것이고, '접속사' 하면 '절' 하는 것입니다.

[절이 한 문장에 두 개 이상 있을 수 있습니다. 특히, 문학서에는 절이 여러 개인 문장이 적지 않습니다. 다만, 우리는 지금 (글을 쓰려는 것이 아니라) 기본적이고 문법적인 문장을 배우고 있습니다.]

절이 쓰이는 조건을 알았습니다. 자, 그럼 '절+접속사+절'로 이루어진 중문과 복문을 살펴보겠습니다.

■ **중문** 앞절과 뒷절이 대등한 관계로 이어진 문장

앞절과 뒷절이 '대등한 관계로' 이루어진 문장을 "중문 중복문장"이라고 합니다. 대등하게 이어진 두 절을 "대등절 나란히마디"이라고 하고, 두 절을 대등하게 잇는 'and · or · but, so · for' 등을 "대등접속사 또는, 등위접속사"라고 합니다.

- He's my uncle, <u>and</u> she's my aunt. [중문]
  he는 우리 삼촌이고, she는 우리 고모다.
  - 대등절 'He's my uncle' + 대등접속사 'and' + 대등절 'she's my aunt'
  - 대등절은 '독립절', 두 절의 위치를 서로 바꾸어도 말이 됨
    (= She's my aunt, and he's my uncle.)
  - 대등접속사 앞에는 쉼표를 찍는 것이 원칙
    예 Mike likes me, but I don't like him.
    마이크는 나를 좋아하지만, 나는 마이크를 좋아하지 않는다.

- It was raining, <u>so</u> I didn't go outside. [이유, 결과]
  비가 내리고 있었다. 그래서 (방금 말한 이유로) 밖에 나가지 않았다.)
  비가 내리고 있어 밖에 나가지 않았다. (so = therefore 그러므로)
  - 직접적이고 보다 논리적인 이유 · 원인을 나타내는 'because'와 비교
    예 I didn't go outside because it was raining. [복문]
    비가 내리고 있었기 때문에 밖에 나가지 않았다.

- I didn't go outside, <u>for</u> it was raining. [결과, 이유]
  밖에 나가지 않았다. (이유는) 비가 내리고 있었으니까.
  - for ...: 이유가 추가되는 느낌, 이유를 곁들임
    예 It's morning, for the birds are singing. 아침이다. 새들이 지저귀는 것이 보니.
  - 'for + 주어 + 서술어'는 격식체, 보통 'because + 주어 + 서술어'가 쓰임
  - for는 주로 전치사로 쓰임
    예 We could hardly see for the mist. [단문]
    우리는 안개로 앞을 거의 볼 수 없었다. (for: 전치사 / for the mist: 부사구)

생각문법

■ **복문** 앞절과 뒷절이 주절과 설명절의 관계로 이루어진 문장

앞절과 뒷절이 '주절과 설명절의 관계'로 이루어진 문장을 "**복문** 복합문장"이라고 합니다.

- I know that Mike likes Betty. [복문]
  나는 마이크가 베티를 좋아하는 것을 알고 있다.
  - 주절 'I know' + 종속접속사 'that' + 종속절 'Mike likes Betty'

복문의 주(主)가 되는 절을 "주절 으뜸마디"라고 하고, 주절에 딸린 절을 "종속절 딸림마디"라고 합니다. 종속절을 이끌며 주절과 종속절을 잇는 'that'과 같은 접속사를 "종속접속사"라고 합니다. – 이렇게 흔히, 보통 문법책에 나옵니다.

위 예문의 해석에서, '나는 알고 있다.'를 "안은문장"이라고 합니다. 이와 반대로 '마이크가 베티를 좋아한다.'는 "안긴문장"이라고 합니다. 안겼으니, 종속된 말로 볼 수 있습니다. 이렇듯 종속절은 국어문장에 적용되는 말입니다. 영어는 국어와 문장구조가 다릅니다. 달라도 많이 다릅니다. 영어문장도 종속절로 불러야 할까요? 영어 문장구조에 맞게 다르게 불러야 하지 않을까요?

질문입니다. 위 예문과 아래 예문은 무엇이 같고, 다릅니까?

- I know the secret. [단문]
  나는 비밀을 알고 있다.

[보통 문법책을 보면, '주절, 종속절' 하면서, 'Mike likes Betty'가 'I know'에 종속된 말이라고 나옵니다. 그렇다면 위 예문의 'the secret'도 'I know'에 종속된 말입니다. 그렇지 않습니까? 'Mike likes Betty'가 **종속절**이면, 'the secret'는 '종속구'입니다. 그렇지 않습니까? 독해하는 데, 종속구라는 말을 몰라도 아무런 지장이 없습니다. 종속절이라는 말도 마찬가지입니다. 몰라도 전혀 지장이 없습니다.]

- I know the secret. [단문 – 설명구]

  나는 알고 있다. 무엇을? 비밀을. (앞말을 뒷말이 설명)
  - (무엇을 알고 있는지) know를 the secret가 설명
  - the secret: 앞말 'know'를 설명하는 구, '설명구'

영어문장은 앞말을 뒷말이 설명해 나가는 '서술식 구조'입니다. 위 단문이 그러하듯이, 아래 복문도 다르지 않습니다.

- I know that Mike likes Betty. [복문 – 설명절]

  나는 알고 있다. 무엇을? 마이크가 베티를 좋아하는 것을. (앞절을 뒷절이 설명)
  - (내가 무엇을 알고 있는지) 'I know'를 'that Mike likes Betty'가 설명
  - that 이하: 앞절 'I know'를 설명하는 절, '설명절'

구와 절로 의미단위가 다를 뿐, ('I know'를 'the secret'가 설명하듯이) 'I know'를 'Mike likes Betty'가 설명합니다. 다만, 의미단위가 절이라 두 문장이 되면 안 되니, 한 문장이 되려면 두 절을 이어야 하니, that과 같은 접속사가 추가되는 것입니다.

주절과 설명절의 관계

영어문장에서, 복문의 뒷절은 종속절이 아닙니다. 다름 아닌 '설명절 풀이절'입니다. 강조합니다, 복문은 앞절과 뒷절이 '주절과 설명절의 관계'로 이루어진 문장입니다. 이것이 서술식 영어 문장 구조에 부합하는 복문의 정의입니다.

[어렵게 '주절, 종속절' 하지 마십시오. 독해하는 데, 영어 문장구조를 이해하는 데 아무런 도움이 되지 않습니다. '앞말, 뒷말' 하듯이, 편하게 '앞절, 뒷절' 하십시오. 서술식 영어 문장 구조에 맞게 '앞절을 뒷절이 설명해 나간다'고 생각하면 만사형통!]

- I know that Mike likes Betty.
  - 주절 'I know' + 설명접속사 'that' + 설명절 'Mike likes Betty'

복문의 뒷절은 주절을 설명하는 설명절입니다. 설명절을 이끌며 주절과 설명절을 잇는, that과 같은 접속사는 (종속접속사가 아닌) '설명접속사'로 부릅니다.

문법은 정말이지 문법답게 배워야 합니다. 매우 중요한 설명이 나옵니다. 모르면 영어를 접어야 합니다. 집중! 집중!

서술식 영어 문장구조, 앞말을 뒷말이 설명하되, '문법적으로' 설명하는 방식이 세 가지입니다.

첫째, '**명사적**'으로 설명하고,
둘째, '**형용사적**'으로 설명하고,
셋째, '**부사적**'으로 설명합니다.

의미단위에 따라,

명사적으로 설명하는 말을 "명사·명사구·**명사절**"이라고 하고,
형용사적으로 설명하는 말을 "형용사·형용사구·**형용사절**"이라고 하고,
부사적으로 설명하는 말을 "부사·부사구·**부사절**"이라고 합니다.

['명사석 = 명사 역할을 힘'이고, '명사적으로 설명 – 명사 역할을 하며 설명'입니다. 형용사적, 부사적도 마찬가지입니다.]

문장의 종류

설명절 앞절[주절]을 설명하는 뒷절
　└ 명사절 Noun Clauses (명사적 설명절)
　└ 형용사절 Adjectival Clauses (형용사적 설명절)
　└ 부사절 Adverbial Clauses (부사적 설명절)

명사절부터 살펴보겠습니다.

명사절　★ 명사절 ☞ ❹ p. 26

명사절은 문장에서 '명사 역할을 하며 설명하는 절'을 말합니다.
(명사 역할: 주어 · 목적어 · 보어)

[앞말을 설명하되, 의미단위에 따라, 구가 명사 역할을 하면 '명사구'고, 절이 명사 역할을 하면 '명사절'입니다. 마찬가지로, 구/절이 형용사 역할을 하면 '형용사구/형용사절'이고, 부사 역할을 하면 '부사구/부사절'입니다. 어려울 것이 전혀 없습니다.]

명사구와 명사절을 비교해 보십시오.

- I know <u>the secret</u>. [명사구]
  나는 알고 있다. 무엇을? 비밀을. (앞말을 뒷말이 설명)
  - the secret: know의 목적어, 목적어라는 명사 역할을 하며 명사적으로 설명
    　　　　　명사 역할을 하므로 명사구

  예 You have wanted <u>to go</u> abroad <u>to study</u>.
  　　너는 외국 유학을 가고 싶어 했다.
  　　　(have wanted: 동사구(문장의 서술어) / to go: 명사구 / to study: 부사구)
  　　　(to go: wanted의 목적어, 목적어라는 명사 역할을 하며 명사적으로 설명
  　　　　　　명사 역할을 하므로, 역할로 말하면 명사구, 형태로 말하면 부정사구
  　　　　　　명사적으로 쓰인 부정사, 부정사의 명사적 용법)
  　　　(to study: 목적을 의미, 부사적으로 쓰인 부정사, 부정사의 부사적 용법)

- I know that Mike likes Betty. [명사절]
    나는 알고 있다. 무엇을? 마이크가 베티를 좋아하는 것을. (앞절을 뒷절이 설명)
    - that 이하: know의 목적어, 목적어라는 명사 역할을 하며 명사적으로 설명
        명사 역할을 하므로 명사절 (형태로 말하면 that절)
    - 설명접속사 'that': 한 문장이 되도록 주절과 설명절을 이음. 명사절을 이끎
        예 Do you think that it'll rain tomorrow? 내일 비가 올 것 같니?

아래는 주어와 보어로 쓰인 명사절입니다.

- <u>That Mike likes Betty</u> is a secret. [주어]
    마이크가 베티를 좋아하는 것은 비밀이다.
    예 That the earth is round is true.
        지구가 둥글다는 것은 사실이다. (= It is true that the earth is round.)

- The secret is <u>that Mike likes Betty</u>. [보어]
    비밀은 마이크가 베티를 좋아하는 것이다.
    예 The fact is that the earth is round.
        사실은 지구가 둥글다는 것이다.

명사절을 이끄는 접속사로 'that'을 비롯해 'whether·if'와 '의문사', 관계대명사 'what'과 '복합관계대명사'가 있습니다.

- I wondered <u>whether she would come or not</u>.
    she가 올지 안 올지 궁금했다.
    예 It doesn't matter whether she comes or not.
        she가 오는지 안 오는지는 중요하지 않다.

- I'm not sure <u>if he likes her</u>.
    마이크가 베티를 좋아하는지 잘 모르겠다.
    예 I asked him if he liked her.
        베티를 좋아했는지 마이크한테 물었다.

형용사절　★ 형용사절 ☞ ❹ p. 129

- It's time <u>to buy it</u>. 그것을 살 때가 됐어요.
  - to buy: (시간이 '그것을 살 때'라고) 선행명사 'time'을 설명
    (뒤에서 명사를 설명하는) 형용사 역할을 하며 형용사적으로 설명
    형용사 역할을 하므로 형용사구 (형태로 말하면 부정사구)
    형용사적으로 쓰인 부정사, 부정사의 형용사적 용법

[형용사 역할은 두 가지로, '명사 수식'과 '명사 설명'입니다. '앞에서' 명사를 수식하고, '뒤에서' 명사를 설명합니다. ★ 형용사 역할 ☞ p. 212, ❷ p. 287]

① I know the man. ② He is American.

두 문장인 ①과 ②를 'and'로 이어 한 문장으로 만들면,

- ① I know the man <u>and</u> ② he is American.
  그 남자를 알고, 그 남자는 미국 사람이다.
  - ①과 ②는 대등한 말이 아님. '② and ①'로 순서를 바꾸면 문장 내용이
    불분명해짐 (the man과 he가 동일인이 아닐 수 있음)
  - he: the man과 동일인, the man을 말하고 the man을 가리킴

어떻습니까? 말은 알아듣겠지만, 세련된 문장은 아닙니다.

이유는 ②가 the man을 설명하는 절이지, ①과 대등한 절이 아니기 때문입니다. 대등하지 않은 절을 대등하게 and로 잇다 보니, 다소 부자연스럽게 느껴지기도 합니다. 여기서 'and he'를 한 번에 말할 필요성이 생깁니다. '접속사'와 '대명사'의 역할을 동시에 하는 말이 필요합니다.

형용사절은 '뒤에서 명사를 설명하는 절'을 말합니다.

형용사절을 이끄는 접속사는 절과 절을 이을 뿐 아니라, 중요한 점은 '선행명사를 설명한다'는 뜻으로, 'the man'을 콕 집어 가리키며 '선행명사를 대신한다'는, '대명사 역할도 한다'는 것입니다.

요컨대, 접속사와 대명사의 역할을 동시에 하는, 한꺼번에 두 가지 역할을 하는 말이 바로, '관계대명사 Relative Pronouns'입니다. 선행명사를 절로 설명하다 보니, 접속사와 대명사의 역할을 동시에 해야 하는 것이고, 관계대명사가 있는 것입니다.

  I know the man. + He is American. [He: 주격 인칭대명사]

- **The man who lives next door is a lawyer.** [형용사절·관계사절]
    그 남자를 아는데, 미국 사람이야.
  - the man: 선행명사
  - who: 선행명사가 사람이면 who를 씀 (He → who), is의 주어
       주어 자리니 주격, 주격 형태(who)로 표시, 주격 관계대명사
       앞절과 뒷절을 이음 [접속사 역할], 선행명사를 가리킴/대신함 [대명사 역할]
       접속사와 대명사의 역할을 동시에 함. 이것이 관계대명사
  - who 이하: (그 남자가 '미국 사람'이라고) 선행명사 'the man'을 설명
        (뒤에서 명사를 설명하는) 형용사 역할을 하며 형용사적으로 설명
        형용사 역할을 하므로 형용사절 (형태로 말하면 관계사절)

[보통 문법책은 관계대명사 앞에 있는 명사를 '선행사'로 부르는데, 선행사는 단지 '앞선 말'이라는 뜻일 뿐입니다. 앞에는 명사만 있으니, 기왕에 '선행명사 머리명사'로 부르십시오. 선행명사는 주어일 수도, 목적어일 수도, 보어일 수도 있습니다.]

[형용사절이 후위수식을 한다는 둥, 국어로 해석해 놓고 영어는 끝까지 들어 봐야 안다는 둥, 영어가 어떤 언어인지 모르고 하는 말은 무시하십시오.]

Psy is the K-pop singer. + I love him. [목적격 인칭대명사]

- Psy is the K-pop singer (whom[who]) I love. [목적격 관계대명사]
  싸이는 케이팝 가수인데, 내가 정말 좋아해.
  − whom: 선행명사가 사람이면 whom을 씀 (him → whom), love의 목적어
             목적어로 쓰였으니 목적격 형태(whom)로 표시. 목적격 관계대명사
  − who: whom은 격식체, 비격식체에서는 who를 씀
  − 'whom I love': 형용사절. (케이팝 가수가 '내가 사랑하는' 케이팝 가수라고)
             선행명사 'The K-pop singer'를 설명
  − 목적격 관계대명사는 보통 생략: 이유는 주어(I)와 서술어(love)가 연이어 나와
             선행명사(The K-pop singer)가 동사(love)의 목적어인 줄 바로 알 수 있기 때문
             예) ... the K-pop singer I love. (일상회화에서는 보통 이렇게 생략해 말함)

관계대명사로 선행명사가 사람이면 'who/whom'을 쓰고, 동물이나 사물이면 아래 예문과 같이 'which'를 씁니다.

The umbrella is mine. + It is on the table. [주격 지시대명사]

- The umbrella which is on the table is mine. [주격 관계대명사]
  그 우산, 탁자 위에 있는 우산 말이야. 내 거야.
  − which: 선행명사가 동물·사물이면 (사람이 아니면) which를 씀 (it → which)
             is의 주어, 주격
  − 'which is on the table': 형용사절. (우산이 '탁자 위에 있는' 우산이라고)
             선행명사 'The umbrella'을 설명

The umbrella was mine. + you lost it yesterday. [목적격 지시대명사]

- The umbrella (which) you lost yesterday was mine.
  [목적격 관계대명사] 그 우산, 어제 네가 잃어버린 우산 말이야. 내 거였어.
  − which: lost의 목적어, 목적격 (일상회화에서는 보통 생략)
  − 'which you lost yesterday': 형용사절. (우산이 '어제 네가 잃어버린' 우산이라고)
             선행명사 'The umbrella'을 설명

부사절   ★ 부사절 ☞ ❹ p. 69

['장소·시간'을 비롯해 '이유·원인, 목적·결과, 조건·가정·양보'와 '빈도·정도·양태·비교'를 나타내는 말이 부사입니다.]

부사절은 온전한 문장인 주절을 '부연 설명하는 절'을 말합니다.

- I'll phone you <u>when the exam is finished</u>. [시간]
  시험 끝나면 전화할게.
  - I'll phone you: 주절, 온전한 문장
  - when 이하: 전화할 시점을 부연 설명
    시간이라는 부사적 의미로, 부사 역할을 하며 부사적으로 설명
    부사 역할을 하므로 부사절
  - 주절과 도치되면, 'When the exam is finished, I'll phone you.' 이렇게
    도치한 부사절 뒤에 쉼표를 찍음 (시간 부사절 강조)
    예 <u>Where there is a will</u>, there is a way. [장소]
       뜻이 있는 곳에 길이 있다.

- He was absent <u>because he was very sick</u>. [이유·원인]
  he는 너무 아파 결석했다.
  예 He practiced very hard so that he could pass the audition. [목적]
     he는 오디션에 합격할 수 있도록 정말 열심히 연습했다.
     He was so sick that he was absent. [결과]
     he는 너무 아파 (그 결과로) 결석했다.
     If you practice hard, you'll pass the audition. [조건]
     열심히 연습하면 오디션에 합격할 것이다.
     Though he was sick, he had to take the audition. [양보]
     he는 아팠지만 오디션을 봐야 했다.

※ '명사절·형용사절·부사절'을 이끄는 접속사와 설명절에 관한 자세한 내용은 **생각문법 ❹** 〈접속사〉에서 다룹니다.

생각 더하기   55. 부가의문문 – 중문과 복문

중문은 '뒷절에 맞추어' 부가의문문을 만듭니다.

- He is your uncle, and <u>she is</u> your aunt, <u>isn't she</u>?
  he는 너의 삼촌이고, she는 너의 고모지?

- Mike can swim, but <u>Betty can't</u> swim, <u>can she</u>?
  마이크는 수영할 수 있지만, 베티는 못하지?

복문은 '주절에 맞추어' 부가의문문을 만듭니다.

- <u>He drove</u> a car after he had got his driver's license, <u>didn't he</u>?
  he는 운전면허를 따고 차를 몰았지?

- <u>There is</u> nothing that makes you happy, <u>isn't there</u>?
  너를 기쁘게 하는 것이 하나도 없지?

주의! 'I think[believe/suppose/imagine] that …'인 복문에서 부가의문문의 형식은 뒷절(설명절)에 맞춥니다. 하지만 이때의 복문은 뒷절을 부정하지 않으므로, 앞절을 부정하므로, 부가의문문의 '긍정형·부정형'은 앞절(주절)에 맞춥니다. ★ 앞절 부정 ☞ ❷ p. 30

* I <u>think</u> he'll go there, <u>won't he</u>? [긍정 – 부정]
  he가 그곳에 갈 것 같은데, 그렇지 않니?

* I <u>don't think</u> he'll go there, <u>will he</u>? [부정 – 긍정]
  he가 그곳에 갈 것 같지 않은데, 그렇지?

문장의 종류

중문		He's my uncle, and she's my aunt. It was raining, so I didn't go outside. I didn't go outside, for it was raining.
복문	명사절	I know that Mike likes Betty. That Mike likes Betty is a secret. I wondered whether it was true or not.
	형용사절	I know the man who is American. Psy is the K-pop singer (whom) I like. The umbrella which is on the desk is mine.
	부사절	I'll phone you when the exam is finished. He was absent because he was very sick. If you practice hard, you'll pass the audition.

혼문은 단문과 복문이, 또는 복문과 복문이 대등접속사로 이어진 문장입니다. 길어 보일 뿐, 별다른 구문적 특성은 없습니다.

* His clothing was ragged and his food was the scraps which other people had thrown away. [단문, and 복문]
  그 사람의 옷은 누더기였고, 음식은 남들이 버린 찌꺼기였다.
* I practiced hard so that I could pass the audition, but I was absent because I was very sick. [복문, but 복문]
  오디션에 합격할 수 있도록 열심히 공부했지만, 매우 아파 결석했다.

문장편에서 말하는 문법의 overview는 아래와 같습니다.

의식구조 〉 구문구조 〉 의미구조

말은 생각한 순서대로 나옵니다. 다시 말해, 어순은 말의 순서이기 전에 생각의 순서입니다. 체계화된 생각이 의식구조입니다. '국어와 영어는 어순이 왜 다를까?'라는 누구도 도전해 보지 않은 거대한 질문에 우리는 도전했습니다. 동서양의 문화와 사고방식을 통해 '영미인의 의식구조'를 알았습니다.

의식구조는 그대로 언어에 반영되고, 문법적인 형태와 형식을 갖춘 언어적 짜임새인 구문구조를 이룹니다. 우리는 영어문장이 어떻게 짜였는지, 왜 그렇게 짜였는지, '영어문장의 구조·종류'를 이해했고, 이를 통해 영어문장이 어떻게 만들어지고 이루어지는지 '영어문장의 구성원리'를 깨쳤습니다. 이어서, 의미구조와 관련된 '영어문장의 유형'을 살펴보겠습니다.

[문장의 유형: 문장을 이루는 '주어·서술어', '목적어·보어·부사어'와 같은 말을 "문장성분"이라고 합니다. 문장성분들이 문법적인 형태를 두루 갖추고, 원활한 의사소통을 위해 '짜여 있는' 것이 바로, '문장'입니다. 문장은 짜여 있되, '특정하게' 짜여 있습니다. 이런 말을 할 때는 이런 문장성분들이 꼭 필요하다는 뜻입니다. 예를 들어 '나는 세탁기에 옷을 넣었다.'는 '주어(I)+서술어(put)+목적어(my clothes)+부사어(in the washing machine)' 이렇게 네 가지 문장성분들로 짜여 있습니다. 한 가지만 빠져도 의사소통이 제대로 되지 않습니다. 문장을 구성하는, 원활한 의사소통에 꼭 필요한 필수적인 문장성분들의 특정한 짜임과 그 유형, 이것이 문장의 유형입니다.]

Unit 17

문장의 유형
Sentence Patterns

'서술어'와 '동사', 등급이 다르다고 할까요, 차원이 다르다고 할까요? 서술어는 문장을 이루는 '문장성분'입니다. 하지만 동사는 '어휘, 단어', 즉 '품사'입니다.

문장은 문장성분으로 이루어졌으므로, 문장의 구성 요소를 말할 때는 문장성분으로 말해야 합니다. (소위 말하는 '문장의 5형식' 때문에 '주어+동사'라고 하는데) '주어+동사'라고 하지 마십시오. 문장성분으로 '주어+서술어'라고 하십시오. 서술어 역할을 하는 품사가 동사만 있는 것이 아니므로, 더더욱 '주어+서술어'라고 해야 합니다.

※ 아래는 보통 문법책에 나오는 '문장의 5형식'입니다. 구경만 하십시오.

 1형식: 주어+완전 자동사
 2형식: 주어+불완전 자동사+주격 보어
 3형식: 주어+완전 타동사+목적어
 4형식: 주어+수여동사+간접목적어+직접목적어
 5형식: 주어+불완전 타동사+목적어+목적격 보어

영어 동사는 '연결동사'와 '서술동사'로 나뉩니다.

연결동사: 주어와 보어를 연결, 연결어
서술동사: 뒤에서 주어를 설명, 서술어

동사를 기준으로, 문장유형은 크게 '연결동사가 있는 유형 [유형1]'과 '서술동사가 있는 유형 [유형2 ~ 유형7]'으로 나뉩니다. 형식은 의미를 바탕으로 합니다. 생각문법은 의미구조를 고려해 문장유형을 아래와 같이 일곱 가지로 나눕니다.

유형1 ■ 주어 + 연결어 + 주보어
유형2 ■ 주어 + 서술어
유형3 ■ 주어 + 서술어 + 부사어
유형4 ■ 주어 + 서술어 + 목적어
유형5 ■ 주어 + 서술어 + 목적어 + 부사어
유형6 ■ 주어 + 서술어 + 간접목적어 + 직접목적어
유형7 ■ 주어 + 서술어 + 목적어 + 목적보어

[영어는 어순이 곧 문법인 '구조어'입니다. 위와 같이 어순이 정해져 있고, 정형화되어 있습니다.]

[유형1, 연결동사가 있는 이유: 서술동사는 주어를 '어휘적으로, 문법적으로' 설명합니다. 온전히 서술어 역할을 합니다. 한편, '명사·형용사·부사'도 서술어 역할을 합니다. 하긴 하는데 (시제는 동사문법이므로) 시제를 나타내지 못합니다. 말인즉, 주어를 어휘적으로 설명할 뿐, 문법적으로는 설명하지 못합니다. 해서, 연결어인 be동사를 비롯한 연결동사가 있는 것입니다. 연결동사 뒤에서 주어를 어휘적으로만 설명하는 이때의 '명사·형용사·부사'를 "보어"라고 합니다. ★ 서술어 ☞ p. 227, 229]

유형1 ■ 주어 + 연결어 + 주보어

- He is <u>a doctor</u>. [보어] he는 의사다.

위 예문과 관련해 보통 문법책에 ▶ "is는 주어를 온전히 설명하지 못한다. '불완전 동사'다. a doctor와 같은 '보완하는 말'이 필요하다. 이를 "보어"라고 한다." ("주어를 보완하면 '주격 보어'고, 목적어를 보완하면 '목적격 보어'다. '주어+불완전 자동사+주격 보어'로 이루어진 문장을 '2형식 문장'이라고 한다.") 이렇게 나옵니다. ◀ '(불)완전 동사'라는 문법용어가 있기는 하지만, 대학 과정의 전공자면 모를까, 일반인 학습자는 알 필요가 없습니다. 영어문장을 이해하는 데 전혀 지장이 없습니다.

- He <u>is</u> a doctor.
    - He ⌒ a doctor. (앞말과 뒷말을 이어 준다는 표시로 '⌒'를 사용)
    - is: be동사, 품사로 말하면 '연결동사', 문장성분으로 말하면 '연결어'

be동사는 대표적인 연결동사로, 앞말의 존재나 상태를 알리며 '의미적으로/문법적으로' 앞말과 뒷말을 잇는 '연결어'입니다.

연결동사는 주어를 설명하지 못하는 동사가 아닙니다. 도리어 반대로, 주어를 설명하지 않는, 설명할 필요가 없는, 설명을 안 해도 되는 동사입니다. (주어를 설명하는 '서술동사'가 아닌데, '연결동사'인데 어째서 연결동사가 주어를 설명?) '주어를 온전히 설명하지 못해 불완전 동사다.'라는 말은 연결동사를 서술동사를 기준으로 판단한, 서술동사로 취급한 오류입니다.

문장은 기본적으로 '주어＋서술어'의 형식을 갖춥니다. 아래 예문에도 주어와 서술어가 없을 리 없습니다.

- He is <u>a doctor</u>.
  - 주어(He) + 연결어[연결동사](is) + 서술어(a doctor)
  - 연결어인 연결동사 다음에 오는 서술어는 보어로 부름
  - a doctor: 주어를 설명하는 보어 〉 주보어 〉 주어 설명어

He는 주어고, 연결동사인 is는 연결어입니다. 주어를 설명하는 서술어는 다름 아닌, 'a doctor'입니다. 상대방이 모르거나 모를 것 같아 He의 직업이 의사라고, He를 'a doctor'가 실질적으로 설명하고 있습니다.

보어는 '보완하는 말'이 아닙니다. 그렇습니다. '설명하는 말'입니다. 다만, (서술동사의 역할인 서술어와 구별하기 위해) 연결어인 연결동사 다음에 오는 서술어는 관용적으로, "보어"라고 합니다.

보어: 앞말을, 즉 주어나 목적어를 설명하는 말
- 주어를 설명하면 '주보어', 목적어를 설명하면 '목적보어'
- 주보어 〉 주어 설명어, 목적보어 〉 목적어 설명어

영어는 오로지 앞말을 뒷말이 설명! 보어는 설명하는 말!

[보통 문법책을 보면, '주격 보어, 목적격 보어'라는 문법용어가 나옵니다. 격은 품사로서 (대)명사의 기능을 표시할 때나 쓰는 말입니다. 무분별하게, 여기서는 '격'이라는 말을 쓸 필요가 없습니다. 한편, '보완하는 말'이라는 뜻의 보어로 부르는 것보다 '설명하는 말'이니, '주보어, 목적보어'를 직관적으로, '주어 설명어, 목적어 설명어'로 부르는 것을 권합니다.]

- He is a doctor.
  − 주어(He) + 연결어(is) + 주보어(a doctor)

위 예문은 '주어 + 연결어 + 주보어'로 이루어진 문장입니다. 복잡하게 생각하지 마십시오. He를 'a doctor'가 설명한다고 생각하고, 'He ⌒ a doctor' 이렇게 여기면 그만입니다. 더는 알 것도 없고, 알 필요도 없습니다.

[be동사를 '이다, 있다'로 해석하면 뒤로 갔다가 다시 앞으로 오게 됩니다. 의식의 흐름이 '역행'합니다. 인간의 사고가 아닙니다. 하지만 be동사를 연결어로 생각하면 의식의 흐름이 '순행'합니다. 인간의 사고입니다. be동사는 연결동사, 연결어!]

[보어를 보완하는 말로 오인하면, He를 'a doctor'가 '후위수식'을 한다면서, 역시 역행적 사고를 하게 됩니다. 반면에, 보어를 설명하는 말로 인식하면 순행적 사고를 하게 됩니다. 역행과 순행, 영어 공부의 성공 여부를 판가름하는 결정적 차이입니다.]

여러분

서술어는 동사가 아닙니다. '주어를 설명하는 말'입니다. 이제는 서술어의 개념을 확실히 잡을 때가 되었습니다.

서술어 역할은 동사만 하는 것이 아닙니다. 주어를 설명하는 말이면 그것이 어떤 말이든 ─ 명사든 형용사든 부사든 ─ 서술어입니다. '서술어' 하면 동사고, '동사' 하면 서술어라는 고정 관념에서 완전히 벗어나십시오. ★ 주어와 동사를 찾아라? ☞ p. 227

> **생각 더하기**　　56. '이다'와 be동사, 서술어

- 이 음악이 <u>케이팝</u>.

위 예문을 보면, 주어 '이 음악'을 명사 '케이팝'이 설명하고 있습니다. 즉, '케이팝'은 보어입니다.

하지만 명사는 주어를 '어휘적으로' 설명할 뿐, '문법적으로는' 설명하지 못합니다. 다시 말해, 명사에는 시제나 서법을 나타내는 문법적인 서술 기능이 없습니다. 이것이 '이다'를 쓰는 이유입니다.

- 이 음악이 <u>케이팝이다</u>. (이었대[일 것이다])
  - 케이팝: 어휘적·실질적 서술어
  - 이다: 문법적·형식적 서술어, 현재시제와 평서문을 나타냄
  - 케이팝이다: 완전한, 문장의 서술어

(종전에 '조사'로 부른) '이다'를 "지정사 잡음씨"라고 합니다. 명사어에 첨가되어 명사어가 나타내지 못하는 문법적인 서술 기능을 나타냅니다. 문장의 서술어를 완성합니다.

[모음 다음에 '이다'가 오면, '이'를 보통 생략합니다. (* 너는 의사다.) 국어는 '이다' 앞에 있는 명사어가 보어입니다.]

'이다'와 같은 말이 국어에만 있는 것은 아닙니다. 꼭 닮은 말이 영어에도 있습니다. 다음 예문을 보면,

- This music K-pop.

be동사가 없어도 말뜻은 알아들을 수 있습니다. 이유는 주어 'This music'을 명사 'K-pop'이 '어휘적으로' 설명하기 때문입니다. 하지만 명사에는 시제나 서법을 나타내는 문법적인 서술 기능이 없으므로, 주어를 '문법적으로는' 설명하지 못합니다. 해서, be동사를 쓰는 것입니다.

- This music is K-pop. (was[will be])
  - K-pop: 어휘적·실질적 서술어
  - is: 문법적·형식적 서술어, 현재시제와 평서문을 나타냄
  - is K-pop: 완전한, 문장의 서술어

영어는 말의 위치나 순서로 문법을 나타내는 '구조어'입니다. 구조어다 보니, be동사가 의미적인 연결 기능과 문법적인 서술 기능을 동시에 하게 되었습니다.

be동사 'is'를 연결어로 보고, 실질적인 의미에 초점을 맞추어 'K-pop'을 주보어로 봅니다. 이렇게 보는 이유는 be동사 다음에 명사어만 오지 않기 때문이고, 연결동사로 be동사만 있는 것이 아니기 때문입니다. ('이다'는 명사어에만 붙지만, be동사는 '이다'보다 폭넓게 쓰입니다.)

예문56은 '주어+연결어+주보어'로 이루어진 문장입니다.

잠깐! be동사가 어떤 동사인지를 알았으니, 이제는 '주보어 자리에 어떤 말이 오는지', '어떤 말을 어떻게 볼 것인지' 이것을 알아야 하지 않을까요?

주보어: 명사어

주보어와 목적보어, 즉 보어 자리에는 명사어가 옵니다. 명사어에는 '명사/명사구/명사절'과 '대명사'가 있고, 명사와 다를 바 없는 '동명사'와 명사적으로 쓰인 '부정사'가 있습니다.

56-1] I'm <u>Betty</u>. [명사]

56-2] He was <u>a lawyer</u>. [명사구]

56-3] It'll be <u>a new experience</u>.

56-4] "<u>Whose book</u> is this?" "This is <u>my book</u>."

56-5] The problem is <u>that all the shops are shut</u>. [명사절]

56-6] Is this <u>what you're looking for</u>?

56-7] "<u>Who's</u> there?" "It's <u>me</u>." [대명사]

56-8] That's not <u>mine</u>.

56-9] <u>Who</u> are you?

56-1] 나는 베티야. [56-2] he는 변호사였다. [56-3] 그것은 새로운 경험이 될 것이다. [56-4] "이것은 누구 책이니?" "내 책이야." [56-5] 문제는 모든 가게가 문을 닫았다는 것이다. [56-6] 이것이 당신이 찾는 것인가요? [56-7] "거기 누구 있어요?" "저예요." [56-8] 그것은 내 것이 아니야. [56-9] 누구세요?

56-5] 예 My suggestion is that we should do it.
내 제안은 그것을 하자는 것이다.

56-6] 이때의 what은 명사절을 이끄는 관계대명사입니다.

56-7] 인칭대명사가 보어로 쓰이면 [주격(I/he)이 아닌] 목적격(me/him)을 씁니다.
예 "Who do you want to see?" "It's him."
"누구를 만나고 싶나요?" "그 사람이요."

56-10] Seeing is believing. [동명사]
56-11] My hobby is travelling.
56-12] My aim was to win the game. [부정사]
56-13] The best way is to wash your hands with soap.
56-14] Look, all I want is to talk to you.

56-10] 보기 전에는 믿지 않는다. [56-11] 내 취미는 여행이다. [56-12] 내 목적은 그 경기를 이기는 것이었다. [56-13] 가장 좋은 방법은 비누로 손을 씻는 것이다. [56-14] 이봐요, 내가 원하는 것은 단지 당신과 이야기하는 거예요.

56-11] 'I am travelling around Busan. [현재진행, 동사구] 부산을 여행하고 있어.' – 동명사와 진행분사를 구별해야겠습니다. ☞ ❷ p. 271

여러분

보어 자리에 또 어떤 말이 올까요? 명사 역할은 '주어·목적어·보어', 이 중에 보어 역할을 형용사도 합니다. 보어 자리에 형용사도 옵니다. 그럼 '명사 보어'와 '형용사 보어'의 차이점은?

주보어: 형용사어

형용사는 '상태·성질·속성' 등을 나타내는 말로, 형용사어에는 '분사'를 포함한 '형용사/형용사구/형용사절'과 형용사적으로 쓰인 '부정사'가 있습니다. ★ 형용사 역할 ☞ p. 212, ❷ p. 287

형용사어도 보어 자리에 옵니다. 같은 보어지만, 명사어와 성격이 다릅니다. 주보어를 주어와 자리를 바꾸었을 때, 말이 되면 주보어는 명사어고, 말이 안 되면 형용사어입니다.

- Betty's father is <u>a doctor</u>. [명사 보어] 베티 아빠는 의사다.
  - father (사람) = doctor (사람) ('The doctor is Betty's father.' – 도치해도 말이 됨)
  - 도치해도 등호가 성립되면, 말이 되면 명사 보어
    예 He is a <u>Korean</u>. [명사] (사람이 한국인, 사람 = 사람)

  My plan is <u>to go</u> to England for study.
  내 계획은 영국으로 유학 가는 것이다.
  - plan (계획) = to go ... (계획) ('To go ... is my plan.' – 도치해도 말이 됨)
  - 명사적으로 쓰인 부정사, 명사적 용법의 부정사

- Betty's father is <u>busy</u>. [형용사 보어] 베티 아빠는 바쁘다.
  - father (사람) ≠ busy (상태), 사람은 사람이지 사람이 상태일 수 없음
    ['Busy is Betty's father(?)' – 도치하면 말이 안 됨]
  - 도치해서 등호가 성립 안 되면, 말이 안 되면 형용사 보어
    예 He is <u>Korean</u>. [형용사] (국적이 한국인, 사람 ≠ 국적)

  I'm <u>to go</u> to England for study next year.
  내년에 영국으로 유학 갈 예정이다.
  - I (사람) ≠ to go ... (계획) ['To go ... am I(?)' – 도치하면 말이 안 됨]
  - 형용사적으로 쓰인 부정사, 형용사적 용법의 부정사

56-15] I'm <u>hungry</u>. [형용사]

56-16] It was <u>dark</u>.

56-17] The baby is <u>asleep</u>.

56-18] The ship will be <u>afloat</u>.

56-19] Is he still <u>alive</u>?

56-20] The horse was <u>running</u> very fast. [분사]

56-21] Hangeul was <u>created</u> by King Sejong.

56-22] He was <u>aware of the problem</u>. [형용사구]

56-23] Don't be <u>afraid of it</u>.

56-15] 배고프다. [56-16] 어두웠다. [56-17] 아기는 자고 있다. [56-18] 그 배는 떠 있을 것입니다. [56-19] he가 아직 살아 있을까요? [56-20] 그 말은 매우 빠르게 달리고 있었다. [56-21] 한글은 세종대왕이 창제했다. [56-22] he는 그 문제를 알고 있었다. [56-23] 그것을 두려워하지 마라.

56-15] 국어는 형용사가 서술어 역할을 하는 용언에 속합니다. 눈여겨보십시오. '배고픈(관형어) = hungry(형용사)', '배고프다(형용사) = be hungry'입니다. 'be hungry'를 하나의 서술어로 보면 좋습니다.

56-24] You are <u>to stay</u> here until I return. [부정사]

56-25] He was <u>to become</u> a world star.

56-26] This house is <u>to let</u>.

56-24] 내가 돌아올 때까지 너는 여기에 있어야 한다. [56-25] he는 월드 스타가 될 운명이었다. [56-26] 이 집은 세를 놓습니다.

56-24/25] ★ 부정사의 'be to' 용법 ☞ ❷ p. 291 / 56-26] ★ 수동형 부정사 ☞ ❷ p. 344

아래는 '전치사구'가 주보어로 쓰인 문장입니다. 이때의 전치사구는 형용사구입니다.

- My grandfather is <u>in good health</u>. [형용사구]
  우리 할아버지께서는 건강한 상태에 있다. 〉 건강하시다. (= be well)
  - 형태로 보면 전치사구, 역할로 보면 형용사구 (문법에서는 주로 역할로 말함)
  - [뒤에서 (명사를 제외한) '동사·형용사·다른 부사'를 설명하는] 부사구와 비교
  예 He called me <u>in the morning</u>. [부사구]

주의! 형태로 보면, 'in good health'도 'in the morning'도 전치사로 시작하는 구, 전치사가 이끄는 구, 즉 '전치사구'입니다. 전치사구는 형태와 관련된 말로, 구의 형태가 전치사구라는 말입니다. 이러한 전치사구가 문장 안으로 들어가면, 역할에 따라 ('부정사'라는 형태가 문장에서 '명사구·형용사구·부사구'로 쓰이듯이) 형용사구나 부사구로 쓰입니다. 역할로 보면 형용사구나 부사구입니다.

56-27] I wasn't <u>at liberty</u>. (= free)

56-28] You were <u>at fault</u> too. (= faulty)

56-29] I was <u>out of breath</u>. (= breathless)

56-30] This problem is quite <u>beyond me</u>. (= difficult)

56-31] This question is <u>of no importance</u>. (= unimportant)

56-27] 나는 자유롭지 못했다. [56-28] 당신에게도 잘못이 있습니다. [56-29] 숨이 찼다. [56-30] 이 문제는 도저히 알 수 없다. [56-31] 이 질문은 중요하지 않다.

56-29] 예 This machine is out of order. 이 기계는 고장 났다.

56-31] 예 Can I be of any help? 내가 도와 줄 일은 없니? (be of = have)

> 가주어-진주어 구문

- I<u>t</u>'s difficult <u>to travel</u> abroad next year.
  그거 어려워. 내년에 해외여행 가는 거 말이야.
  - 가주어: It, 형식적인 문장의 주어 / 진주어: to 이하 / 주보어: difficult
  - 가주어-진주어 구문을 써서 간접적으로 말함. 부드럽게 들림
  - 주어가 길어 가주어-진주어 구문을 쓰는 것이 아님
  - 이때의 주보어는 '판단'과 관련된 형용사
    예 It's so nice to work with you.
        너와 함께 일하는 것은 정말 멋진 일이다. [주보어: so nice]
    It'll be all right for you to leave early.
        네가 일찍 떠나도 상관없을 것이다. [주보어: all right]
  ★ 부정사의 가주어-진주어 구문, 의미상의 주어 ☞ ❷ p. 264
  ★ that절의 가주어-진주어 구문 ☞ ❹ p. 38

위 예문은 화자가 주관적으로 내년 해외여행을 평가하고, 가기가 어렵다고 판단한 말입니다. 평가와 판단은 주관적이라, 영어는 문두에 대놓고 직접적으로 말하지 않습니다. 간접적으로 말합니다. 이것이 '가주어-진주어 구문'이 있는 이유입니다.

평가나 판단과 관련된 말이면, 주보어 자리에 명사어도 옵니다.

- It's <u>a pity</u> to lose your wedding ring. [명사]
  그거 애석하구나. 결혼반지를 잃어버린 거 말이야.
  - 가주어: It / 진주어: to 이하 / 주보어: a pity
  - a pity: 평가나 판단과 관련된 명사
    예 It was <u>a surprise</u> for us to win the game.
        우리가 그 경기를 이긴 것은 놀라운 일이었다.
    It's <u>a challenge</u> for me to travel the world.
        나에게 세계 여행은 도전이다.

- (It was) nice <u>meeting</u> you. [동명사] 만나서 반가웠어.
    - 가주어: It / 진주어: meeting you / 주보어: nice
    - 예 (It was) nice talking to you. 대화 즐거웠습니다.

동명사도 위와 같은 특정한 표현으로, 가주어-진주어 구문이 쓰입니다. 아래는 신경을 좀 써야 하는 예문입니다.

- It's worth <u>studying</u> English. 영어 공부는 가치가 있다.
    [주보어: worth (이때의 worth는 형용사)]
    - 'English is worth studying.' 이렇게 도치해 말할 수 있음 (이때의 worth는 전치사)
    예 Is Bulguksa worth visiting? 불국사는 방문할 만하니?

- It's no good[use] (in) <u>trying</u> to excuse yourself.
    (네 자신을) 변명해도 소용없다. [주보어: no good]
    - 이때의 good[use]은 '소용'을 뜻하는 명사
    예 It's no use crying over spilt milk.
        엎질러진 우유를 두고 울어 봐야 소용없다. (엎질러진 물이다.) 〉후회해도 소용없다.
    It won't be any good my talking to him.
        그에게 말해도 별 수 없을 것이다.

위와 같은 예문을 제외하면, 동명사는 가주어-진주어 구문으로 잘 쓰이지 않습니다. 다만, 구어에서는 종종 쓰입니다.

- It's wonderful <u>working</u> with you.
    너와 함께 일하는 것은 멋진 일이다. [주보어: wonderful (형용사)]
    예 It isn't much fun being a housewife. 주부가 썩 재밌는 일은 아니다.
    It's crazy his going off. 그가 떠나는 일은 말도 안 되는 일이다.

- It's a good exercise <u>taking</u> a walk.
    산책은 좋은 운동이다. [주보어: a good exercise (명사)]
    예 It would be a mistake complaining to the boss.
        사장에게 불평하는 것은 실수가 될 것이다.

절은 의미의 단위가 크기 때문에, 주어 자리에는 절이 잘 오지 않습니다. 대개 '가주어-진주어 구문'을 씁니다.

- It was strange <u>that he went there</u>. [명사절]
    he가 그곳에 간 것은 이상한 일이었다.
    - 가주어: It / 진주어: that 이하, 명사절 / 주보어: strange (형용사)
        예 It's possible (that) he didn't go there.
            he가 그곳에 안 갔을 수도 있다.
        It's most unlikely (that) he'll arrive tomorrow.
            he가 내일 도착할 일은 아주 없을 것 같다.
        It's doubtful whether he'll be able to go there.
            he가 그곳에 갈 수 있는지 의심스럽다.

- It was a pity <u>that you lost the game</u>.
    너희들이 그 경기에 진 것은 애석한 일이었다.
    - 가주어: It / 진주어: that 이하, 명사절 / 주보어: a pity (명사)
        예 It's good news that you've found a job.
            네가 일자리를 구한 것은 좋은 소식이다. 〉 일자리를 구했다니 좋은 소식이구나.
        It was a mystery how the airplane exploded.
            비행기가 어떻게 폭발했는지 미스터리였다.

'It's time …'은 '때 time'를 강조하는 표현입니다.

- <u>It's time</u> to buy it for me.
    나에게 그것을 사줄 때가 됐어요.
    - 이때의 it은 시간 · 날씨 등을 나타내는 '비인칭 주어' (가주어-진주어 구문이 아님)
    - '그것을 살 때'라고, 때가 어떤 때인지, time를 to buy가 설명
        예 It's time (that) <u>you</u> <u>started</u>. 출발할 때다.
            (이렇게 that절로, '주어+과거형 동사'로 말할 수 있음. 이때의 과거형 동사는
            과거시제와 상관없음. 일종의 가정법. "진작 출발했어야" 이러한 뉘앙스)
        It's (about) time (that) <u>you</u> <u>went</u> to bed. (곧) 자러 갈 시간이다.
        [= It's (about) time for you to go to bed.]
        ★ 명사 설명어, 부정사의 형용사적 용법2 ☞ ❷ p. 305

〉 필수부사어 (★★★ 매우 중요)

- He is at home. he는 집에 있다.

위 예문과 관련해 보통 문법책에 ▶ be동사가 ('이다'가 아닌) '있다'로 해석되면 (2형식 문장이 아닌) '1형식 문장'이라고 나옵니다. ◀ '주어+완전 자동사'로 이루어진 문장이 '1형식 문장'이라고 나오는데, 그럼 '있다'로 해석되는 be동사가 완전 자동사라는 말인가? 그럼 'at home'이 없어도 된다는 말인가?

문장은 기본적으로, '주어+서술어'의 형식을 갖춥니다. ('주어+서술어'의 형식을 갖추어 '문장'이라고 하는 것입니다.) 위 예문에도 주어와 서술어가 없을 리 없습니다. 한편, 주어를 설명하는 말이면 그것이 어떤 말이든 - 명사든 형용사든 부사든 - 서술어입니다.

- He is <u>at home</u>. [필수부사어]
  - 주어(He) + 연결어(is) + 서술어 〉 주보어(at home)

He는 주어고, 연결동사인 is는 연결어입니다. 주어를 설명하는 서술어는, 다시 말해 주보어는 'at home'입니다. He가 집에 있다고, He를 'at home'이 실질적으로 설명하고 있습니다.

(부사구인) 'at home'은 부사어고, 연결어 뒤에서 주어를 설명하는 '주보어'입니다. 주보어로 쓰인 이때의 부사어는 문장에 없어서는 안 되는, 문장에 꼭 있어야 하는 말입니다. 이러한 부사어를 "필수부사어"라고 합니다. ★ 부사 역할 ☞ p. 212 / ★ 부사 개념 ☞ p. 278

[보통 문법책에 나오는 '1형식 문장'은 부사어의 역할이나 성격을 고려하지 않고 형식에 억지로 끼워 맞춘, 문법 같지 않은 문법입니다. 문장의 주요성분인 필수부사어를 형식에서 제외함으로 존재감마저 없앤, 단지 형식을 위한, 문법 아닌 문법입니다.]

[보통 문법책에 나오는 '문장의 5형식'은 부사어를 5형식에 넣지 않습니다. 이런 까닭에, 부사어는 '있어도 그만, 없어도 그만'이라는 인식이 생겼습니다. 큰일 날 일입니다. 인식을 확 바꾸십시오. '주어·서술어, 목적어·보어'만큼이나 부사어도 중요합니다. 부사어를 잘 쓸 줄 알아야 말도 잘하고, 글도 잘 쓰는 사람입니다.]

주보어: 필수부사어

명사어와 형용사어에 이어, 주보어로 필수부사어가 쓰입니다.

56-32] Your brother is <u>there</u>. [필수부사]
56-33] The book you're looking for is <u>here</u>.
56-34] Time is <u>up</u>.
56-35] The train was <u>in</u>.
56-36] My shop is <u>near the subway station</u>. [필수부사구]
56-37] The answer to this question is <u>on the next page</u>.
56-38] The war is <u>at an end</u>.

56-32] 네 동생은 저기 있다. [56-33] 네가 찾는 책은 여기 있다. [56-34] 시간이 다 되었다. [56-35] 열차는 들어와 있었다. [56-36] 내 가게는 지하철역 근처에 있다. [56-37] 이 문제의 정답은 다음 페이지에 있습니다. [56-38] 전쟁은 끝났다.

56-34] 예 The concert is over. 콘서트는 끝났다.

56-37] 예 The answer is on page 123. 정답은 123 페이지에 있다.

〉 존재구문

- A cat is on the sofa. (어떤) 고양이가 소파 위에 있다.

'a cat'은 '불특정한 고양이'고, 상대방이 모르는 '어떤 고양이'입니다. 불특정한 만큼 그다지 중요하지 않습니다. 특히, '어디에 어떤 것이 있다.'라는 표현에는 '어떤 것'보다 '있다'가 중요합니다. 'a+명사'를 문두에 쓰지 않고, '있다'가 중요해 아래와 같이 존재구문으로, 'There+be동사'로 표현합니다. (이때의 there는 약하게 발음)

- There is a cat on the sofa. [존재구문]
    소파 위에 고양이가 있다. (존재가 중요, 이 경우 국어도 '소파 위에'를 먼저 씀)
    – There: 유도부사, 주어 자리를 채우는 형식적인 말
    – is: 연결어 / a cat: 주어 / on the sofa: 주보어 [필수부사구]
    – There is[was]+단수명사, There are[were]+복수명사
      예 There's a swimming pool in the backyard. 뒷마당에 수영장이 있다.
      There're two people waiting outside. 밖에 기다리는 사람이 둘 있다.
      There was a large crowd on the street. 거리가 인파로 붐볐다.
      There're lots of fun things for children to do here.
        이곳에는 아이들이 할 수 있는 재미있는 것들이 많다.
    – have동사와 비교
      예 This house has a large swimming pool in the backyard.
        이 집은 뒷마당에 커다란 수영장이 있다. (다른 집은 없는데, 또는 흔하지 않게
        이 집은 수영장이 있다는 말. 존재구문처럼 단순히 '있다'는 말이 아님)

주의! 'the+명사'는 특정한 명사이므로, 문두에, 주어 자리에 쓰일 수 있습니다. 존재구문으로 표현하지 않습니다.
   * NOT There is the[my] cat on the sofa. → The[My] cat is on the sofa.

- **Has there been** an accident?
  사고가 있었나요?
  - 예) There have been many such problems.
    그런 문제는 지금껏 많이 있었다.
    How many guests will there be at the party?
    파티에 손님이 얼마나 있을까?
    There won't be enough time. 시간이 충분하지 않을 것이다.
    There must have been a car accident. 교통사고가 난 게 분명해.
    "Is there a flight to New York this evening?" "There might be."
    "오늘 저녁에 뉴욕행 비행기가 있나요?" "아마 있을 거예요."

- There + 자동사
  - 예) Once there lived an old man in a village.
    옛날 어느 마을에 한 노인이 살고 있었다.
    There seemed to be no doubt. 의심의 여지가 없는 것 같았다.
    There remains the question whether he was dead.
    he가 죽었는지는 의문으로 남아 있다.
    There used to be a library here. 여기에 도서관이 있었다.

아래는 'there · here'를 문두로 도치해 '위치 · 장소'를 강조한 문장입니다. (이때의 'there · here'는 강하게 발음, 어순 주의)

- **There** comes the last bus.
  저기 버스 막차가 온다. ('The last bus comes there.'의 도치문)
  - 주어가 '명사'일 때: 'There[Here] + 동사(comes) + 명사(the last bus)' 어순
    예) There goes the phone. 전화 왔다.
  - 주어가 '대명사'일 때: 'There[Here] + 대명사(he/it) + 동사(goes/is)' 어순
    (대명사는 상대방이 알고 있는 구정보라 강조되지 않음. 문미에 두지 않음)
    예) There he goes! he가 저기 간다! / There it is. 거기 있네.

- **Here**'s your key.
  열쇠 여기 있습니다. ('Your key is here.'의 도치문)
  - 예) Here's the book you're looking for. 네가 찾는 책이 여기 있다.
    Here it is. 여기 있습니다.

주어⌒주보어

be동사는 앞말인 '주어'와 뒷말인 '주보어'를 '의미적으로/문법적으로' 잇는 대표적인 연결동사입니다. be동사 다음에 오는 말은, be동사 뒤에 있기만 하면, 그것이 어떤 말이든 – 명사든 형용사든 부사든 – 서술어고, 주보어고, 주어 설명어입니다.

지금까지 연결동사로 be동사를 살펴보았습니다. be동사를 제외한 나머지 연결동사를 살펴보겠습니다.

- be, seem · appear, look · sound
- taste · smell · feel
- become · get · grow, go · come, turn · prove · fall
- keep · remain, stay · lie etc.

연결동사

[서술동사는 무수히 많지만, 연결동사는 고작 스무 개 남짓입니다. 연결동사부터 먼저, 영영사전도 찾아보면서 확실히 내 것으로 만드시길 바랍니다.]

〉연결동사

연결동사 Linking Verbs
: 앞말과 뒷말을 잇는 동사

- Betty <u>is</u> a student. / Betty <u>is</u> happy.
  - be: '존재 상태' – 존재하다, 어떤 상태에 있다
    (현재형: am, are, is / 과거형: was, were / 분사형: being, been)
    대표적인 연결동사. 앞말의 존재나 상태를 알리며, '의미적으로/
    문법적으로' 앞말(주어)과 뒷말(주보어)을 잇는 연결어
  - Betty는 존재한다. 무엇으로? 학생으로 / 어떤 상태에 있다? 행복한 상태에
  - a student: 명사 보어 / happy: 형용사 보어

나머지 연결동사도 be동사와 같은 논리로 생각하시면 됩니다.

- Betty <u>seems</u> happy.
  베티는 행복해 보인다.
  - seem: 연결동사 (의미적으로/문법적으로 주어와 주보어를 이음, 'Betty ⌒ happy')
  - Betty는 어떠해 보인다? 행복해 보인다.
  - happy: 주보어 〉주어 설명어

위 예문은 베티가 보이되, 행복해 보인다고, Betty를 happy가 설명하고 있습니다. 즉, happy는 주어를 설명하는 '주보어 〉주어 설명어'입니다.

■ seem · appear, look · sound

seem의 뜻은 확신이 서지 않은 '…인[어떠한/하는] 것 같다'입니다. 따라서 '무엇인[어떠한/무엇을 하는] 것 같은지, 주어를 설명해야 합니다. 주보어가 옵니다.

주보어: 명사어

- He seems to be a salesman.
  he는 판매원인 것 같다.

seem의 뜻을 보면 알 수 있듯이, '…인 것 같다'라는 화자의 판단과 관련이 있어 부정사 'to be'가 쓰이기도 합니다. 위 예문에서는 판매원인 것 같다는 화자의 판단을 'to be'를 써서 나타내고 있습니다. ★ 판단의 근거를 나타내는 부정사 ☞ ❷ p. 312

- He seems an honest man.
  he는 정직한 사람인 것 같다.
  – 명사(man) 앞에 수식어(honest)가 있을 때는 대개 'to be'를 쓰지 않음

위 예문은 he가 정직하다고, he에 대해 화자가 이미 판단하고 있습니다. 'to be'를 써서 판단을 또 나타내지 않아도 됩니다.

구어에서는 대개, 위 예문 둘 다 seem like로 말합니다.

- He seems like a salesman[an honest man].

주보어: 형용사어

- She seems (to be) happy.
  (내 판단에는) she는 행복한 것 같다. 〉행복해 보인다.

판단의 의미를 더하고 싶으면 'to be'를 쓰고, 그렇지 않으면 쓰지 않습니다.

주의! 'seem like'의 like는 전치사입니다. 전치사는 명사어 앞에만 쓰입니다. 형용사어 앞에는 쓰이지 않습니다. * NOT She seems like happy.

주의! 주보어가 서술형용사일 때는 'to be'를 씁니다. ★ 서술형용사 ☞ p. 214

* The baby seems to be asleep. [to be + 서술형용사]
  아기가 잠든 것 같다.

appear는 격식체입니다. like와는 잘 어울리지 않습니다.

- The guys appeared to be students.
  그 녀석들은 학생인 듯했다.
  예 This appears a serious matter.
  이것은 심각한 문제인 듯하다.
  He appeared a perfectly normal person.
  he는 지극히 정상적인 사람처럼 보였다.

- The baby appears (to be) hungry.
  아기가 배고픈 모양이다.
  예 He didn't appear frightened at all.
  he는 전혀 겁먹은 것 같지 않았다.
  The orange appears rotten inside.
  오렌지는 속이 썩은 것 같다.

56-39] He seems (to be) so old. [(to be)+형용사]

56-40] He seemed (to be) surprised at the news.

56-41] This problem doesn't seem (to be) important.

56-42] He seemed (to be) able to solve it.

56-43] He seems older than he is.

56-44] She didn't seem to be alone. [to be+서술형용사]

56-45] He would seem to be afraid of it.

56-46] The parcel seemed to be a gift. [(to be)+명사]

56-47] It seems (like) a good idea.

56-39] he는 무척 늙어 보인다. [56-40] he는 그 소식에 놀란 듯했다. [56-41] 이 문제는 중요한 것 같지 않다. [56-42] he는 그것을 해결할 수 있는 듯했다. [56-43] he는 실제보다 나이가 더 들어 보인다. [56-44] she는 외로워 보이지 않았다. [56-45] he는 그것을 좀 두려워하는 것 같다. [56-46] 소포는 선물처럼 보였다. [56-47] 그것은 좋은 생각인 것 같다.

56-39] (= It seems that he is so old.)

56-40] (= It seemed that he was surprised at the news.)
　　　예 He seems to be elected.
　　　　　he가 선출될 듯하다. (미래의 일을 나타낼 때는 'to be'를 생략하지 않음)
　　　It seems to be difficult to go there. 그곳에 가기가 어려울 것 같다.

56-41] 부정문은 보통 seem을 부정합니다. 부정사를 부정할 수도 있는데 'This problem seems not to be important.'은 격식체입니다.

56-43] 예 Prof. Park's new book doesn't seem to be as interesting as his others.
　　　　박 교수의 새 책은 박 교수의 다른 책들만큼 재미있는 것 같지 않다.

56-44] 예 The baby seems to be awake. 아기가 깬 모양이다.
　　　　My mom seemed to be aware of it. 엄마는 그것을 알고 있는 듯했다.

56-48] You don't seem to need it. [단순형 부정사]

56-49] He seemed to have two cars.

56-50] The baby seems to be sleeping. [진행형 부정사]

56-51] She seems to have been ill. [완료형 부정사]

56-52] He didn't seem to have finished it.

56-48] 너는 그것이 필요해 보이지 않는다. [56-49] he는 차가 두 대 있는 듯했다. [56-50] 아기가 자고 있는 모양이다. [56-51] she는 병을 앓은 듯하다. [56-52] he는 그것을 끝내지 않은 듯했다.

56-51] 예 It seems to have been deleted. [완료수동형 부정사]
그것은 삭제된 것 같다. (= It seems that it was deleted.)

56-53] It seems that the baby is sleeping. [that절]

56-54] It seems unlikely that he'll be here in time.

56-55] It seemed as if he knew me. [as if+절]

56-56] It seems like I'm catching a cold. [like+절]

56-57] There seem to be some mistakes. [There+seem]

56-53] 아기가 자고 있는 것 같다. [56-54] he가 이곳에 시간 맞춰 올 것 같지 않다. [56-55] he는 나를 아는 것처럼 보였다. [56-56] 감기에 걸린 것 같다. [56-57] 실수가 좀 있는 것 같다.

56-53] 예 It seems that she was ill. she는 병을 앓은 것 같다.
It didn't seem that he had finished it. he는 그것을 끝낸 것 같지 않았다.

56-56] 이때의 like는 접속사입니다. 미국영어고, 비격식체입니다. (like = as if)

56-57] 예 There appears to have been a mistake. 무슨 실수가 있던 것 같다.

연결동사로 쓰인 look의 뜻은 '…처럼 보이다'입니다. 겉으로 드러난 표면적인 모습이나 상태를 말할 때 씁니다.

56-58] You look <u>tired</u>. [형용사]

56-59] You are looking very <u>unhappy</u> today.

56-60] It looks <u>like rain</u>. [like+명사]

56-61] <u>What</u> did the guy look <u>like</u>?

56-62] He looked <u>like he had lost his mind</u>. [like+절]

56-58] 피곤해 보인다. [56-59] 너 오늘 매우 언짢아 보인다. [56-60] 비가 올 듯하다. [56-61] 그 녀석 어떻게 생겼니? [56-62] he는 이성을 잃은 것처럼 보였다.

56-58] 예 "How do I look?" "You look happy."
"나 어때 보여?" "행복해 보여."

56-59] 진행형으로 말하면 '한시적인/일시적인' 느낌을 줍니다.

56-60] 예 It looked to me like a ghost. 그것이 내 눈에는 귀신처럼 보였다.
She looks just like her mother. she는 엄마를 꼭 닮았다.

56-61] 예 "What do I look like?" "You look like a movie star."
"나 뭐처럼 보여?" "영화배우처럼 보여."

56-62] 예 You look like you slept badly.
잠을 제대로 못 잔 것 같구나.

▶ 서술동사로 쓰인 'look'

예 I'll look at the full moon tonight.
오늘밤 보름달을 볼 거야. (look at: 구동사, 일종의 타동사구)

I'm just looking around. [자동사] 그냥 둘러보는 중이야.

I've looked everywhere. 온 데를 다 찾아봤어.

연결동사로 쓰인 sound의 뜻은 '…처럼 들리다'입니다.

56-63] It sounds really <u>exciting</u>. [형용사]
56-64] It sounds <u>like a good idea</u>. [like+명사]
56-65] You sound <u>as if you're criticizing me</u>. [as if+절]
56-66] It sounds to me <u>like he would want it</u>. [like+절]

56-63] 정말 재미있을 것 같다. [56-64] 그거 좋은 생각인데. [56-65] 네 말은 나를 비판하는 것처럼 들린다. [56-66] 내가 듣기에 he가 그것을 원할 것 같다.

56-63] 예 He didn't sound surprised when I told him the news.
그 소식을 말했을 때, 그이는 놀라는 것 같지 않았다.

Your voice sound strange on the phone.
네 전화기 목소리가 이상하게 들린다.

The explanation sounds reasonable to me.
내가 듣기에 그 설명이 타당한 것 같다.

56-64] 예 You sound just like my mother.
네 말은 꼭 우리 엄마가 하는 말처럼 들린다. 〉너는 꼭 우리 엄마처럼 말한다.

56-66] 예 She sounded like she had been crying.
she가 울고 있던 것처럼 들렸다.

▶ 서술동사로 쓰인 'sound'

예 The bell sounded. [자동사] 종소리가 났다. 〉울렸다.
He sounded the alarm. [타동사] he는 경보기를 울렸다.
You don't sound the 'k' in the word 'knight'.
'knight'에서 'k'를 발음하지 않는다.

■ taste · smell · feel
– 감각과 관련된 연결동사, 감각동사 ★ 지각동사와 비교 ☞ ❷ p. 300

taste, smell, feel의 뜻은 '맛이, 냄새가, 느낌이 나다'입니다. 따라서 '무슨 맛이, 냄새가, 느낌이 나는지' 주어를 설명해야 합니다. 주보어가 옵니다.

56-67] It tastes sweet. [형용사]
56-68] The spaghetti smells delicious.
56-69] It feels really smooth.
56-70] This yoghurt tastes of grapes. [명사]
56-71] My breath smelt of garlic.
56-72] This wallet feels like leather.

56-67] 그것은 맛이 달다. [56-68] 스파게티에서 맛있는 냄새가 난다. [56-69] 그것은 느낌이 정말 부드럽다. [56-70] 이 요구르트는 포도 맛이 난다. [56-71] 입에서 마늘 냄새가 났다. [56-72] 이 지갑은 감촉이 가죽 같다.

56-67] 예 The food tasted better than it looked. 음식은 보기보다 맛있었다.

56-70] taste of grapes: 직역하면, 포도 맛을 '소유한(of) 〉 함유한'입니다. (주보어가 명사면 전치사를 써서 'taste of[like]'로 말합니다. smell과 feel도 마찬가지)

　　예 It tasted just like mint to me. 내 입에는 꼭 박하 맛이 난다.
　　What does it taste like? 무슨 맛이 나요?

주의! 감각동사가 진행형으로 쓰이면, 이때는 '동작·행동'을 나타냅니다.
　* I'm tasting[smelling] the wine. 와인을 맛보고[냄새 맡아 보고] 있어.
　　(이때의 taste[smell]은 감각동사가 아닌 '지각동사', 연결동사가 아닌 '서술동사')
　★ 현재진행과 상태동사 ☞ ❶ p. 142

■ become · get · grow, go · come, turn · prove · fall
— 변화와 관련된 연결동사 ★ 변화와 어울리는 현재진행 ☞ ❶ p. 144

56-73] He became a farmer.
56-74] It's becoming a terrible social problem.
56-75] The weather has become warmer.
56-76] Don't get upset at me. [get+형용사]
56-77] I'm getting ready.
56-78] My parents got married in 1988. [get+수동분사]
56-79] Mike got to love Betty. [get+부정사]
56-80] He grew fat.

56-73] he는 농부가 되었다. [56-74] 그것은 심각한 사회 문제가 되고 있다. [56-75] 날씨가 따듯해 졌다. [56-76] 나한테 화 내지 마라. [56-77] 준비하고 있어. [56-78] 부모님은 1988년에 결혼하셨다. [56-79] 마이크는 베티를 사랑하게 되었다. [56-80] he는 (점점) 뚱뚱해졌다.

56-73] become의 뜻으로, make가 연결동사로 쓰이기도 합니다.
  예 You'll make a good teacher. 너는 좋은 선생님이 될 거야.

56-74] 변화는 한시적이라, 'become · get'은 진행형으로 잘 쓰입니다.

56-76] get은 주보어로 형용사만 옵니다. 비격식체입니다.

56-78] get은 주보어로 수동분사가 잘 옵니다. (be동사는 상태, get은 변화)
  예 You'll soon get used to the climate here. 이곳 기후에 곧 익숙해질 거야.

56-79] 'get+부정사'는 시간이 길리는 '점진적인 변화'를 나타냅니다.
  예 He's getting to be an old man. he는 노인이 되어 가고 있다.

56-80] 격식체로, grow도 '점진적인 변화'를 나타냅니다.
  예 He has grown tired of being a farmer. he는 농부인 것이 (점차) 지겨워졌다.

56-81] This food has <u>gone bad</u>. [go+형용사]

56-82] My dreams will <u>come true</u>. [come+형용사]

56-83] I came <u>to know</u> that he loved me. [come+부정사]

56-81] 이 음식은 상했다. [56-82] 내 꿈은 실현될 것이다. [56-83] he가 나를 사랑한다는 것을 알게 되었다.

56-81] go는 '출발지에서 멀어지는' 느낌입니다. 'go+형용사'는 주로 (국어의 '맛이 가다'처럼) 안 좋은 상태가 되는 '부정적인' 변화를 나타냅니다.

> 예 go crazy[mad] 미치다 / go bad[sour] 상하다 / go wrong 잘못되다 /
> go flat 바람이 빠지다 / go blind[dead] 눈이[귀가] 멀다 / go lame 절뚝거리다
> go bald[grey] 대머리가 되다[머리가 세다] / go rusty 녹이 슬다

'go+형용사'는 '색깔 변화'도 나타냅니다.

> 예 The leaves went brown. 나뭇잎이 갈색으로 물들었다.

'run'이 go처럼 쓰이기도 합니다.

> 예 The river ran dry. 강물이 말랐다.
> We've run short of milk. 우유가 떨어졌다.

56-82] come은 '도착지에 가까워지는' 느낌입니다. 'come+형용사'는 주로 '긍정적인' 변화를 나타냅니다.

> 예 Everything will come right in the end. 결국에는 모든 게 잘 될 거야.
> The rope came loose[untied]. 밧줄이 느슨해졌다[풀어졌다].

56-83] 'come+부정사'는 특히, '인식의 변화'를 나타냅니다. (이때의 부정사는 형용사 보어로, 형용사적으로 쓰인 부정사입니다.)

> 예 He'll come to regret his decision.
> he는 자신의 결정을 후회하게 될 것이다.
> I slowly came to believe that he was innocent.
> 서서히 he가 결백하다는 것을 믿게 되었다.
> Many people came to think of Christmas as just a fun holiday.
> 많은 사람들이 크리스마스를 단지 즐거운 휴일로 생각하게 되었다.

56-84] His hair was already <u>turning</u> grey.

56-85] It <u>proved</u> (to be) a serious defect.

56-86] The baby <u>fell</u> asleep.

56-84] 그의 머리는 이미 세고 있었다. [56-85] 그것은 심각한 결함이 있는 것으로 판명되었다. [56-86] 아기는 잠이 들었다.

56-84] 예 The weather has turned cold. 날씨가 추워졌다.

56-86] 예 He fell ill. he는 병이 났다.

■ keep · remain, stay · lie

아래는 '변하지 않고, 어떤 상태로 그대로 있다'는 말입니다.

56-87] You should <u>keep</u> calm.

56-88] She <u>remained</u> silent.

56-89] The store <u>stays</u> open until late.

56-90] The book <u>lay</u> open on the desk.

56-87] 너는 침착해야 한다. [56-88] she는 조용히 있었다. [56-89] 그 가게는 늦게까지 문을 연다. [56-90] 그 책은 책상 위에 펼쳐진 채로 놓여 있었다.

56-87] 예 Keep left along the wall. 담을 따라 계속 왼쪽으로 가라.

56-88] 예 It remains true that man walked on the moon.
인류가 달에 간 것은 진실로 남아 있다.

56-89] 예 He never stays angry for long. he는 절대 화를 오래 내지 않는다.

문장의 유형

생각 더하기 — 57. 주어와 주제어 ('이/가'와 '은/는')

① 공작새가 (지붕 위를) 난다. [이/가: 기능 표지 〉 주어 표지]
② 공작새는 난다. [은/는: 한정사]

①은 실제로 날고 있는 공작새를 보고 한 말입니다. 즉 '묘사문'입니다. 또한, ①은 날고 있는 주체가 (두루미가 아니라 공작새라는 말입니다. 이때의 공작새는 '주어'입니다. [주어는 '행동의 주체'를 알립니다. 주어에는 '이/가'가 붙습니다. ①에서 신정보는 주어 '공작새'입니다. 주어가 신정보면 '이/가'를 씁니다. ('철수가 대학생이다.'는 '대학생인 사람은 철수다.'라는 말입니다.)]

②는 공작새로 말하자면, '날짐승'이라는 말입니다. 즉 '설명문'입니다. 또한, ②는 '말하고자 하는 바'가 - '화제'나 '이야깃거리'가 - 공작새라는 말입니다. 국어의 특성으로 이때의 공작새를 "주제어"라고 합니다. [주제어는 '설명의 대상'을 알립니다. 주제어에는 '은/는'이 붙습니다. ②에서 신정보는 서술어 '난다'입니다. 서술어가 신정보면 '은/는'을 씁니다. ('철수는 대학생이다.'는 '철수라는 사람은 대학생이다.'라는 말입니다.)] ★ 주제와 정관사 ☞ p. 132

살펴본 바와 같이, 글자 하나 차이로, 문장의 성격이 완전히 달라집니다. 국어는 주어 못지않게 '주제어'가 중요한 언어고, 그만큼 발달한 언어입니다.

- 나는 개가 무섭다.
  - 나: 주제어 / 개: 주어 / 무섭다: 서술어
  - 나라는 사람은 개를 무서워한다고 나에 대해 설명
  - 영어는 'I'm afraid of dogs.' 이렇게 주어만 있음

(종전에 '보조사' 부른) 한정사 '은/는'은 주제어에 붙습니다. 주어 표지가 아니라는 것은 주제화 문장에서 드러납니다. 즉, '은/는'은 목적어에도 부사어에도 붙습니다.

- <u>노인들은</u> 공원에서 장기를 두고 있었다. [주어의 주제화]
  <u>장기는</u> 노인들이 공원에서 두고 있었다. [목적어의 주제화]
  <u>공원에서는</u> 노인들이 장기를 두고 있었다. [부사어의 주제화]

'은/는'은 '대비성·대조성'을 지닙니다.

- 품질<u>이</u> 참 좋네요.
  - 품질이 좋다는 사실을 말함
  - 가격이나 배송 등 품질 이외의 사항은 포함되지 않음
  - '품질이 참 좋네요. 가격도 싸네요.' 자연스럽게 들림

  품질<u>은</u> 참 좋네요.
  - 품질 이외의 사항은 마음에 들지 않는다는 것을 암시
  - '품질은 참 좋네요. 가격도 싸네요.' 부자연스럽게 들림
    예 아이가 공부는 잘하네요. (공부 이외의 일은 못한다는 말로 들림)
       너는 왜 안 가니? (다른 사람은 간다는 말로 들림)

- 영어<u>는</u> 재밌지만, 수학<u>은</u> 재미없어.
  - 대비·대조의 문장에는 '이/가'를 쓸 수 없음
    예 서울은 야구경기를 했지만, 부산은 우천으로 하지 못했어.
       배우가 노래는 잘 부르는데, 춤은 잘 못 춰.

[국어를 배우는 외국인은 '이/가'와 '은/는' 때문에, 국어가 더욱더 어렵게 느껴질 것입니다. 우리가 관사 때문에 그렇듯이 말입니다.]

서술동사 Predicative Verbs
: 주어를 설명하는 동사

　서술어는 '주어를 설명하는 말'이고, 주어를 설명하는 동사가 '서술동사'입니다. 연결동사에 이어, 지금부터는 서술동사가 쓰인 문장유형입니다. 서술동사와 서술동사가 요구하는 '부사어', '목적어', '목적보어'의 의미관계를 생각하고 또 생각하십시오.

　특히, 서술어 다음에 어떤 말이 오는지, 어떤 말을 어떻게 볼 것인지 이 점을 염두에 두시길 바랍니다.

　　[동사는 '존재·소유 (be, have)', '과정·변화 (get, take)', '동작·행동 (make, do)' 등을 나타내는 말입니다.]

　　['영어문장의 짜임새'에서 살펴보았듯이, 영어는 주어와 서술어가 한 묶음입니다. '주어&서술어', 이것이 개인 중심의 언어인 영어! '주어＋서술어'를 '주어&서술어'로 보시길 바랍니다. 주어와 서술어가 한 묶음으로 먼저 나오고, 이어진 말은 '부사어 목적어, 보어'의 선택적 조합입니다. 딱히, 암기하고 말고 할 것도 없습니다.]

　　[be동사를 비롯한 연결동사는 굳이 말하면, 자동사입니다. 하지만 자동사와 타동사의 구분은 서술동사의 문제입니다. 연결동사는 목적어와 상관없습니다. 목적어가 원래 없고, 아예 목적어를 대상으로 삼지 않습니다. 연결동사를 자동사로 부르는 것은 분별 있는 일이 아닙니다. 연결동사는 자동사라기보다, 다만 연결동사입니다.]

〉 자동사와 타동사

동사는 연결동사와 서술동사로 먼저 나뉘고, 서술동사는 다시 목적어의 유무에 따라 '자동사'와 '타동사'로 나뉩니다.

서술동사의 종류 (목적어 유무에 따른)
  └ **자동사** 自動詞 · Intransitive Verbs · 제움직씨
    : 목적어를 필요로 하지 않는 동사 (sleep, cry, go, run, live, die etc.)

  └ **타동사** 他動詞 · Transitive Verbs · 남움직씨
    : 목적어를 필요로 하는 동사 (have, make, do, know, think, enjoy etc.)

['주어 = 주체'입니다. '목적어 = 객체'고, 객은 '남'이고, 남이 한자로 '他 남 타'입니다. 즉, '목적어 = 타'입니다. '타'를 필요로 하는 동사니 '타동사'입니다.]

- **Birds fly.** 새는 난다.
  - Birds: 주어 / fly: 자동사인 서술어
  - 자동사: 주어 자신의 행위로 끝남, 목적어를 필요로 하지 않음
      주어의 행위가 다른 대상에 영향을 주지 않음, 또는 대상이 없음
      목적어 역할은 명사어가 함, 자동사 뒤에는 명사어가 없음

- **I love you.** 나는 너를 사랑한다.
  - I: 주어 / love: 타동사인 서술어 / you: 목적어
  - 타동사: 주어 자신의 행위로 끝나지 않음, 목적어를 필요로 함
      주어의 행위가 다른 대상에, 즉 목적어에 영향을 줌
      타동사 뒤에는 명사어가 있음
  - 목적어: 주어의 상대적인 말로서 주어의 대상이 되는 말
      주어의 '동작 · 행동[행위] · 작용'에 영향을 받는 말

유형2 ■ 주어 + 서술어

유형2는 '자동사'가 서술어 역할을 하는 문장입니다.

- Birds fly. [서술동사: 자동사]
    새는 난다. 〉 날짐승이다.
    - 유형2: 주어(Birds) + 서술어(fly)
    - Birds: 새의 총칭

새가 날면 하늘[공중]을 날지 어디를 날까요? 상대방이 모를까 봐 알려 주어야 할까요? 위 예문에 'in the sky[air]'를 덧붙이면 쓸데없이 말만 늘어집니다. 군더더기이므로, 덧붙이면 오히려 안 되는 문장입니다. 다른 말은 있을 필요가 없고, 주어와 서술어만 있어야 의사소통이 더 잘되는 문장입니다. (이것이 위 예문이 문장유형으로 인정되는, 위 예문이 유형2로 지정된 이유입니다.)

유형2는 '주어와 서술어만'으로 이루어져야 하는 문장입니다. 아래 예문은 유형3입니다. 비교해 보십시오.

- The bat flies by night.
    박쥐는 밤을 이용해 〉 밤에 난다. (수단의 by)
    - 유형3: 주어(The bat) + 서술어(flies) + 부사어(by night)
    - The bat: 박쥐라는 특정한 날짐승
    - by night: 박쥐의 특성을 말함. 군더더기가 아님. 문맥상 필수부사어
        예 Fish breathe through their gills. 물고기는 아가미로 호흡한다.
            (fish: 단복수 동형, 이때의 fish는 복수, 이때의 fish는 총칭, 즉 총칭의 복수)

예문57은 '주어와 서술어만'으로 이루어져야 하는 문장입니다.

57-1] The sun rose.

57-2] We all breathe, drink and eat.

57-3] It doesn't matter.

57-4] Who cares?

57-5] The house was burning. [동사구]

57-6] Spring has come.

57-7] Penguins cannot fly.

57-8] That will do.

57-9] The car won't start.

57-1] 해가 떴다. [57-2] 사람은 모두 숨 쉬고 마시고 먹는다. [57-3] 그것은 대수로운 문제가 아니다. [57-4] 누가 알게 뭐냐? [57-5] 그 집은 불타고 있었다. [57-6] 봄이 왔다. [57-7] 펭귄은 날지 못한다. [57-8] 그것으로 됐어요. [57-9] 도무지 차가 시동이 걸리지 않는다.

주의! 57-5~9의 밑줄 친 말은 동사에 진행상/완료상/조동사가 결합한 '동사구'고, 문장의 서술어입니다. 쪼개거나 떼 놓고 보지 마십시오. 하나로 생각하고 하나로 보십시오. * It rains. / It is raining. / It has rained. / It will rain.

['주어와 서술어만으로' 이루어진 유형2, 보통 문법책에서는 '주어+완전 자동사'로 이루어진 "1형식 문장"이라고 합니다. 완전 자동사? 이런 말을 왜 알아야 하는지도 모르겠고, 정작 알아야 하는 중요한 개념은 놓치고 있습니다. 이른바 '1형식 문장'은 부사어가 얼마나 중요한 말인지 인식하지 못하게 합니다. 곧 이어질 유형3과 비교해 보면 실감나게 됩니다.]

유형3 ■ 주어 + 서술어 + 부사어

유형3은 서술어 역할을 하는 자동사가 '부사어'를 수반하는 문장입니다. 그런데…….

- He lives. [서술동사: 자동사]

자동사가 목적어를 필요로 하지 않는다고, 필요로 하는 말이 아예 없는 것이 아닙니다. 위 예문은 어디에 사는지, '사는 곳'이 빠져 있어 무척이나 답답합니다. 의사소통이 원활하지 않습니다. 자동사는 아래 예문과 같이 부사어를 수반하는 것이 예사입니다.

- He lives in Seoul. [부사구] he는 서울에 산다.
  - 유형3: 주어(He) + 서술어(lives) + 부사어(in Seoul)
  - in Seoul: 어디에 사는지, lives를 'in Seoul'이 설명
    (He ⇒ lives ⇒ in Seoul − 앞말을 설명한다는 표시로 '⇒'를 사용)
  - 자동사는 대개 부사어가 뒤따름. 부사어를 수반함
    예 The castle stands on the hill. 성은 언덕 위에 있다.

상식적으로, '어디에 산다.'고 하면 '산다'보다 '어디에'가 더 중요하지 않을까요? 위 예문은 '산다'보다 '서울에'가 더 하고 싶은 말이고, 더 중요한 말입니다. 필수부사어와 다름없습니다.

[보통 문법책은 'Birds fly.'도 1형식 문장이고, 'He lives in Seoul.'도 1형식 문장입니다. 맙소사, '주어와 서술어만으로' 이루어져야 하는 문장과 '부사어를 수반하는' 문장이 어떻게 같은 형식이 될 수 있습니까?]

부사어는 '선택적이냐, 필수적이냐'의 문제가 있습니다.

- He speaks English <u>very well</u>. [부사구: 선택부사어]
    he는 영어를 매우 잘한다.
    - 'He speaks English.': 온전한 문장, he가 영어권 원어민이라는 말로 들림
    - 'very well'을 쓰면, he가 원어민이 아닌데 영어를 매우 잘한다는 말로 들림

주의! 위 예문에서, 'very well'의 유무에 따라 문장 내용이나 뉘앙스가 달라집니다. 이렇듯 부사어는 하찮은 말이 아닙니다. 문장의 5형식에 얽매여 부사어를 '있어도 그만, 없어도 그만' 이렇게 여기지 마십시오, 절대로!

- The bat flies <u>by night</u>. [부사구: 필수부사어]
    박쥐는 밤을 이용해 > 밤에 난다. (수단의 by)
    - 박쥐만 날 수 있는 것이 아님, 참새도 날 수 있음
        하고 싶은 말은, 그만큼 중요한 말은 ('난다'가 아닌) '밤에'
    - by night: 박쥐의 특성을 말함, 문맥상 필수부사어, flies를 부사적으로 설명

'부사어', 인식 전환! 위 예문은 박쥐가 날짐승이라는 사실을 말하려는 것이 아니라, 밤에 나는 박쥐의 특성을 말하려는 것입니다. 문맥상, 'by night'는 반드시 있어야 하는 말입니다. 필수부사어로 봐도 무방합니다. 이렇듯 부사어는 문장의 주요성분일 때가 많습니다. 아래 예문도 마찬가지입니다.

- The cheetah runs <u>very fast</u>. [부사구: 필수부사어]
    치타는 매우 빨리 달린다.
    치타만 달릴 수 있는 것이 아님, 돼지도 달릴 수 있음
        하고 싶은 말은, 그만큼 중요한 말은 ('달린다'가 아닌) '매우 빨리'
    - very fast: 치타의 특징을 말함, 문맥상 필수부사어, runs를 부사적으로 설명
    예 He did <u>very well</u> <u>in school</u>, <u>especially in English</u>. [부사구]
        he는 학교에서 공부를 잘했고, 특히 영어를 잘했다. (이때의 did는 자동사)

문장의 유형

예문58은 '주어＋서술어＋부사어'로 이루어진 문장입니다.

58-1] He went <u>upstairs</u>. [부사]
58-2] I travelled <u>by train to Paris</u>. [부사구]
58-3] I walked <u>(for) ten miles</u>.
58-4] This measures <u>one meter by two meters</u>.
58-5] We talked <u>face to face</u>.
58-6] I stopped <u>to have a rest</u>.
58-7] <u>Here</u> comes the bus!
58-8] Once upon a time, <u>there</u> lived a frog princess.
58-9] He behaved <u>as if he hadn't seen me</u>. [부사절]

58-1] he는 위층으로 올라갔다. [58-2] 파리까지 기차로 여행했다. [58-3] 10마일을 걸었다. [58-4] 이것은 가로 1미터 세로 2미터다. [58-5] 우리는 얼굴을 맞대고 이야기했다. [58-6] 쉬려고 멈췄다. [58-7] 버스 왔다! [58-8] 옛날 옛적에, 개구리 공주님이 살고 있었습니다. [58-9] he는 나를 못 본 것처럼 행동했다.

58-2] 예 Fish breathe through their gills. 물고기는 아가미로 호흡한다.
　　　　　The toys were lying all over the floor. 장난감이 온 바닥에 널려 있었다.

58-3] 부사어가 '거리・기간'을 나타낼 때는 대개 for를 생략합니다.
　　　　　예 I slept (for) two hours last night. 어젯밤에 2시간 잤다.

58-5] 예 We fought tooth and nail. 우리는 필사적으로 싸웠다.

58-6] ★ 부정사의 부사적 용법 ☞ ❷ p. 307

58-7] 'The bus comes here.'의 도치문입니다. (어순 주의 ☞ p. 343)

58-8] 주어가 불분명하거나 막연하면 문두에 유도부사 'there'를 씁니다.
　　　　　예 There followed a very long winter night. 기나긴 겨울밤이 이어졌다.

생각 더하기　58. 유사보어

- **She married <u>young</u>.** [유사보어]
    - she는 어린 나이에 결혼했다.
    - 주어(She) + 서술어[서술동사](married) + 주보어(young)
    - married뿐 아니라 young도 주어를 설명
    - 이때의 주보어를 "유사보어" 또는 "준보어"라고 함

위 예문의 married는 서술동사인데, 특이하게도, 서술동사 다음에 (연결동사 다음에 오는) 주보어가 왔습니다. 어찌된 일일까요? 아래는 위 예문이 만들어진 과정입니다.

- **She married <u>when she was young</u>.** (원래 문장)
    - 접속사 'when' 생략: she was young
    - 동일인, 중복된 주어 'she' 생략: was young
    - 동사 'was'를 분사 'being'으로 바꿈: being young
    - being 생략: young
    - '분사구문'이 만들어지는 과정과 같음 ★ 분사구문 ☞ ❹ p. 92
    - 불필요하거나 중복된 말을 생략, 말을 좀 더 빠르고 편하게 함
      (형식을 따지지 말고, 하나의 표현으로 받아들일 것)

- **He came <u>running</u>.** he는 뛰면서 왔다. 〉뛰어 왔다.
    [He came <u>as he was running</u>. (원래 문장)]

    예) I came home <u>very depressed</u>.
    　　아주 우울한 기분으로 집에 왔다.
    The door blew <u>open</u>. 문이 바람에 열렸다.
    He was born <u>deaf</u>. he는 날 때부터 귀가 들리지 않았다.
    The mouse broke <u>loose</u>. 쥐가 달아났다.
    She lived and died <u>a widow</u>. she는 과부로 살다 죽었다.
    Let us part <u>good friends</u>. 우리 좋은 친구로 헤어지자.
    He returned home <u>a different man</u>.
    　　he는 다른 사람이 되어 고향으로 돌아왔다.

문장의 유형

365

유형4 ■ 주어 + 서술어 + 목적어

유형4부터는 '타동사'가 서술어 역할을 하는 문장으로, '목적어'를 수반합니다. 목적어 자리에는 명사어가 옵니다.

- I love you. [서술동사: 타동사]
  - 유형4: 주어(I) + 서술어(love) + 목적어(you)
  - 목적어: 주어의 상대적인 말, 주어의 대상이 되는 말
    주어의 '동작·행동[행위]·작용'에 영향을 받는 말
    이때의 목적어를 "직접목적어"라고 함 ★ 직접목적어 ☞ ❹ p. 244

['나는 너를 사랑한다.'에서 목적어는 '너를'입니다. ('을/를' 이외에, 다른 말을 첨가하면 말이 안 됩니다.) 하지만 '나는 학교를/학교에/학교로 갔다.'와 같이, '를'뿐 아니라 '-에/-로'를 첨가해도, 다른 말을 첨가해도 말이 되면, 이때의 '학교를'은 목적어가 아닙니다. 부사어입니다. '을/를'이 붙는다고, 무조건 목적어인 것은 아닙니다. (이때의 '를'은 '학교'를 강조하는 효과가 있는 변이형태로 봅니다.) '너를'처럼, 국어 목적어 규정은 첨가어답게 '을/를'만 첨가되는 명사어입니다.]

[영어는 어순이 곧 문법인 '구조어'입니다. 구조어답게, 영어는 '말의 위치'로 목적어를 규정합니다. (동사 앞에 있어 주어, 동사 뒤에 있어 목적어) 영어 목적어 규정은 타동사 또는 전치사 다음에 오는 명사어입니다. 중요한 점은 아래 예문과 같이, 영어는 분명 목적어인데, 해석하면 '을/를'이 붙지 않는, 국어는 부사어인 경우도 흔합니다.]

* Someone entered <u>the room</u>. 누군가 방<u>에</u> 들어갔다.
  The student answered <u>the question</u>. 그 학생이 질문<u>에</u> 대답했다.
  She'll marry <u>a German</u>. she는 독일인<u>과</u> 결혼할 것이다.
  Does this new dress become <u>me</u>? 이 새 옷이 나<u>에게</u> 잘 어울리니?
  I lacked <u>the money</u> to buy it. 나는 그것을 살 돈<u>이</u> 부족했다.

예문59는 '주어+서술어+목적어'로 이루어진 문장입니다.

59-1] Do you know Betty? [명사]

59-2] Ella has blue eyes. [명사구]

59-3] I painted the outside of the house.

59-4] I'm eating a health food.

59-5] I dreamed a strange dream.

59-1] 베티를 아니? [59-2] 엘라는 눈이 파랗다. [59-3] 집 외부를 페인트칠했다. [59-4] (요즘) 건강식을 먹고 있다. [59-5] 이상한 꿈을 꾸었다.

59-5] ▶ 동족목적어: 타동사와 형태나 어원이 같은 목적어를 말합니다. 보통 형용사와 함께 쓰입니다.

> 예 He laughed a hearty laugh. (= He laughed heartily.) he는 마음껏 웃었다.
> He smiled a bright smile. (= He smiled brightly.) he는 밝은 미소를 지었다.
> He sighed a deep sigh. (= He sighed deeply.) he는 깊은 한숨을 내쉬었다.
> He slept a peaceful sleep. (= He slept peacefully.) he는 고이 잠들었다.
> He lived a happy life. (= He lived happily.) he는 행복한 삶을 살았다.
> He died a sudden death. (= He died suddenly.) he는 갑작스레 죽었다.

> 형용사가 최상급일 때는 대개 동족목적어를 생략합니다.
> He shouted his loudest (shout). he는 큰소리를 질렀다.
> He breathed his last (breath). he는 마지막 숨을 내쉬었다.

주의! 동사 대부분은 자동사로도, 타동사로도 쓰입니다.

* Express buses to Busan run every half-hour. [자동사]
  부산행 고속버스는 30분마다 다닌다.
* My father runs a company. [타동사]
  아버지는 회사를 경영하신다.

59-6] I think (that) you'll be there. [명사절: that절]
59-7] I don't know who she is. [명사절: 의문사절]
59-8] I'll take it. [대명사]
59-9] Have you hurt yourself? [재귀대명사]

59-6] 네가 그곳에 오리라고 생각한다. [59-7] she가 누군지 모른다. [59-8] 그걸로 하죠. [59-9] 다쳤니?

59-6] 예 We all hope (that) you'll be able to come. 우리 모두 네가 올 수 있기를 바란다.
　　　Do you doubt that I can do it? 내가 그것을 못할 것 같니?

59-7] 예 I wonder where that music is coming from. 저 음악은 어디서 나는지 궁금하네.
　　　Do you know whose car this is? 이 차가 누구 것인지 아니?

59-9] ▶ 재귀목적어: 목적어가 '주어와 동일인[동일물]'이면 재귀대명사를 씁니다.
　　　예 Know yourself. 너 자신을 알라.
　　　　He introduced himself. he는 자기소개를 했다.
　　　　He said to himself, "I'm lucky." he는 자신에게 말했다. "난 운이 좋아."
　　　　History repeats itself. 역사는 반복된다.
　　　★ 재귀대명사 ☞ p. 207

59-10] He enjoys skating. [동명사]
59-11] Do you want to skate? [부정사]

59-10] he는 스케이팅을 즐긴다. [59-11] 스케이트를 타고 싶니?

59-10] ★ 목적어로 동명사를 수반하는 동사 ☞ ❷ p. 270
59-11] ★ 목적어로 부정사를 수반하는 동사 ☞ ❷ p. 268

〉 **구동사** (★★★ 매우 중요)

- I always <u>get up</u> at six (o'clock). [구동사]
  항상 6시에 일어난다.
  - up: 부사 (또는, 부사적 불변화사)
  - at: 전치사

'get up'처럼 부사나 전치사를 수반하는, 구로 이루어진 동사를 "**구동사** Phrasal Verbs"라고 합니다. 또한, up처럼 구동사를 이루는 부사나 전치사를 특히, "**불변화사** Particles · 소사"라고 합니다. 불변화사는 동사의 기본적인 의미를 구체화하거나 확장합니다.

['인칭 · 수 · 시제' 등, 어떤 문법에도 영향을 받지 않고, 형태가 변하지 않는다 하여 "불변화사"라고 합니다. 단어의 길이가 짧은 것을 보면 알 수 있듯이, Particle의 어원은 '작은(-icle) 부분(part)'이고, '소사(小詞)'로 부르기도 합니다.]

[구동사를 "Two-word Verbs 이어동사", "Three-word Verbs 삼어동사"로 부르기도 합니다. '조동사(서법)+동사(시제)+분사(상/태)'를 말하는 동사구와 구별해야겠습니다.]

[전치사와 부사의 구별: 전치사는 명사 '앞에(前) 둔다(置)'하여 지어진 이름입니다. 이름대로 뒤에 명사어가 있습니다. 반면에, 부사는 뒤에 명사어가 없습니다. 위 예문의 up은 뒤에 명사어가 없으므로 '부사 (부사적 불변화사)'고, at은 뒤에 명사어가 있으므로 '전치사 (전치사적 불변화사)'입니다.]

　　　구동사의 유형
　　　　└ 동사+전치사
　　　　└ 동사+부사
　　　　└ 동사+부사+전치사

구동사는 두 단어 또는 세 단어지만, 강조합니다. 한 단어와 같은, 하나의 '타동사구'나 '자동사구'로 보시길 바랍니다.

- He <u>looked at</u> me. [동사+전치사]

  he는 나를 쳐다보았다.
  - look at: 목적어가 있는 구동사. 하나의 타동사구로 봄
  - 유형4: 주어(He) + 서술어(looked at) + 목적어(me)

    예) He gave up smoking last year. he는 작년에 담배를 끊었다.
    [서술어(gave up) + 목적어(smoking)]
    He was listening to music. he는 음악을 듣고 있었다.
    [서술어(was listening to) + 목적어(music)]

    ★ 전치사를 수반하는 동사 ☞ ④ p. 223
  - 유형3 '주어 + 서술어[자동사] + 부사어'와 비교

    예) He lived in Seoul. he는 서울에 살았다.
    [서술어(lived) + 부사어(in Seoul)]
    It works by electricity. 그것은 전기로 작동된다.
    [서술어(works) + 부사어(by electricity)]

- He <u>walked out</u>. [동사+부사]

  he는 걸어 나갔다.
  - walk out: 목적어가 없는 구동사. 하나의 자동사구로 봄
  - '주어(He) + 서술어(walked out)' 이렇게 유형2로 볼 수도 있고 (유형2를 권장)
    '주어(He) + 서술어(walked) + 부사어(out)' 이렇게 유형3으로 볼 수도 있음

    예) The car broke down. 차가 고장 났다.
    Please sit down. 앉으세요.

- I <u>look up to</u> my parents. [동사+부사+전치사]

  부모님을 존경한다.
  - look up to: 목적어가 있는 구동사. 하나의 타동사구로 봄
  - 유형4: 주어(I) + 서술어(look up to) + 목적어(my parents)

    예) I'm looking forward to it. 그것을 고대하고 있어. (am looking forward to + it)
    I'll catch up with you in a minute. 곧 따라 갈게. (will catch up with + you)

영어는 말의 위치나 순서가 달라지면 역할이 달라지는, 전달 내용도 달라지는 '구조어'입니다. 다시 말해, 문장구조가 다르면 앞말과 뒷말의 의미적/문법적 관계가 다릅니다. 아래 예문은 off 의 위치가 다릅니다. 비교해 보십시오.

① He turned off the TV.
  - turned off: 구동사, 타동사구
  - 유형4: 주어(He) + 서술어(turned off) + 목적어(the TV)
    예 Put on your coat. (잠바가 아닌) 코트를 입어라.

② He turned the TV off.
  - turned: 타동사 / off: 부사 또는 부사적 불변화사
  - 유형7: 주어(He) + 서술어(turned) + 목적어(the TV) + 목적보어(off)
  - off: 목적보어, 목적어 'the TV'를 설명
    예 Put your coat on. 코트를 (벗고 있지 말고) 입어라.

①: '스위치를 돌려(turned) 껐다(off), 무엇을? (전등이 아닌) TV를.' 입니다. 목적어 'the TV'가 강조되는 표현입니다.

②: '스위치를 돌려 TV를 어떻게 했다? (켜 놓지 않고) 껐다(off).' 입니다. 부사 'off'가 강조되는 표현입니다.

대명사는 상대방이 알고 있는 구정보입니다. 구정보는 강조의 대상이 아닙니다. 문미에 두고 강조하지 않습니다.

①-a *NOT* He turned off it.
②-a He turned it off.

| 생각 더하기 | 59. 명사의 동사적 표현

- 철수가 어제 <u>실험</u>(?)
- 철수가 어제 <u>실험했다</u>.

위 예문을 보면 알 수 있듯이, 명사(실험)만 있으면 주어를 온전히 설명하지 못합니다. 대행용언 '하다'를 첨가하면, 명사가 서술 기능을 갖게 됩니다. 주어를 온전히 설명하게 됩니다. 영어도 마찬가지입니다.

- He <u>an experiment</u> yesterday(?)

명사(an experiment)만 있어 주어를 온전히 설명하지 못하고 있습니다. 아래 예문과 같이, 명사가 서술 기능을 갖도록 표현동사 'do'를 씁니다.

- He <u>did an experiment</u> yesterday.
    - 'an experiment'를 did의 목적어로 보기보다는 '실험했다'처럼 'did an experiment'를 하나의 '서술어[동사구]'로 볼 것
      예 Do your homework. 숙제해라.
    - 'have, take, make'도 '하다'와 같이 생각할 것
      예 Please have a seat. 앉으세요.
      Take a good look. 어디 한번 자세히 봐.
      People make a mistake every day. 사람들은 매일 실수한다.
    ★ 'make a decision' vs. 'decide' ☞ ❹ p. 224

살펴본 바와 같이, do를 비롯해 일상생활에서 매우 자주 쓰이는 'have·take·make'와 같은 표현동사를 명사와 함께 써서, '명사를 동사적으로' 표현합니다.

do exercise 운동하다	do one's homework 숙제하다
do research 연구하다	do business 사업하다
do the dishes 설거지하다	do the shopping 쇼핑하다
do the washing 세탁하다	do the cooking 요리하다
do an experiment 실험하다	do wrong 잘못하다
make an apology 사과하다	make an effort 노력하다
make a mistake 실수하다	make a promise 약속하다
make a journey 여행하다	make a discovery 발견하다
make a plan 계획하다	make an escape 도주하다
make a speech 연설하다	make a statement 진술하다
make a suggestion 제안하다	make progress 진보하다
make a fire 불을 피우다	make a bed 잠자리를 펴다
make a living 생계를 꾸리다	make a noise 떠들다
have a try 시도하다	have a talk 이야기하다
have a quarrel 말다툼하다	have a cold 감기에 걸리다
have a drink 마시다	have a sleep 잠자다
have a lesson 수업을 받다	have a shock 충격을 받다
have a baby 아기를 낳다	have a pull 잡아당기다
take a bath 목욕하다	take a rest 휴식하다
take a walk 산책하다	take care 주의하다
take a look at …을 보다	take aim at …을 겨누다
take a picture 사진을 찍다	take an exam 시험을 보다
take one's medicine 약을 먹다	take advice 충고를 듣다
take a holiday 휴가를 얻다	take heart 힘내다

유형5 ■ 주어 + 서술어 + 목적어 + 부사어

유형5는 서술어 역할을 하는 타동사가 목적어와 더불어 '부사어'를 수반하는 문장입니다.

- I put my clothes <u>in the washing machine</u>. [부사구]
  세탁기에 옷을 넣었다.
  - 유형5: 주어(I) + 서술어(put: 타동사) + 목적어(clothes) + 부사어(in the washing machine)
  - in the washing machine: 앞말 'put' 또는 'put my clothes'를 설명하는 말

위 예문은 옷을 어디에 넣었는지, '넣은 곳'이 없으면 의사소통이 제대로 되지 않습니다. 'in the washing machine'은 문맥상 꼭 있어야 하는 말입니다. 필수부사어로 봐도 무방합니다.

다시 한 번 강조합니다. 부사어는 있어도 그만, 없어도 그만인 말이 아닙니다. 의사소통에 직간접적으로 영향을 끼칩니다. 있고 없음에 따라 문장 내용이나 뉘앙스가 달라집니다. 중요한 말이니 인식의 전환을 확실히 해야겠습니다.

- He plays baseball <u>very well</u>.
  he는 야구를 매우 잘한다.
  - '야구를 한다'보다 '매우 잘'이 더 하고 싶은 말, 더 중요한 말
  - 'He plays baseball.': 온전한 문장, he가 야구 선수라는 말
    (= He's a baseball player.)
  - 'very well'을 쓰면, 운동 종목 중에 야구를 매우 잘한다는 말로 들림

예문60은 '주어+서술어+목적어+부사어'로 이루어진 문장입니다.

60-1] Put the milk <u>in the refrigerator</u>.
60-2] I planted some roses <u>in the garden</u> yesterday.
60-3] The waiter showed me <u>to the door</u>.
60-4] The veins carry blood <u>to the heart</u>.
60-5] Don't get me <u>into trouble</u>.
60-6] Betty treated me <u>kindly</u>.
60-7] I kept the cat <u>indoors</u>.
60-8] Did you hit a nail <u>on the head</u>?
60-9] He held me <u>by the hand</u>.

60-1] 우유를 냉장고에 넣어라. [60-2] 어제 정원에 장미를 심었다. [60-3] 웨이터가 나를 문으로 안내했다. [60-4] 정맥은 혈액을 심장으로 나른다. [60-5] 나를 곤경에 빠뜨리지 마라. [60-6] 베티는 나를 다정하게 대했다. [60-7] 고양이를 집 안에 있게 했다. [60-8] 못을 박았니? [60-9] he는 내 손을 잡았다.

60-7] 예 The noise kept me from sleeping.
　　　소음이 잠에 못 들게 했다. 〉 소음으로 잠을 잘 수가 없었다.

60-8] 때리는 '대상(a nail 못)'을 먼저 쓰고, 이어서 어디를 때렸는지 구체적인 '내용(on the head 못의 머리)'을 쓰는 것이 영어 표현, 이것이 서술식 구조

60-9] 'He held my hand.'와 비교 ☞ p. 121

유형6 ■ 주어 + 서술어 + 간접목적어 + 직접목적어

유형6은 목적어가 두 개입니다. 서술어 역할을 하는 타동사가 '간접목적어 Indirect Object'와 '직접목적어 Direct Object'를 수반하는 문장입니다. 일차적으로 전달 의미를 지녀, 특히 이때의 타동사를 '수여동사'로 부릅니다. (간접목적어: 이하 '간목' / 직접목적어: 이하 '직목')

- He gave me the book. [간목+직목]
  he는 나에게 그 책을 주었다.
  - 유형6: 주어(He) + 서술어(gave) + 간접목적어(me) + 직접목적어(the book)
  - give: 수여동사. '누구에게, 무엇을' 주었는지. 간목과 직목
    두 개의 목적어가 뒤따르는 타동사
  - he가 나에게 (다른 책이 아닌) 그 책을 주었고, 현재 내가 가지고 있다는 뉘앙스

궁금합니다. 왜 '간접목적어, 직접목적어'로 부를까요? 목적어를 하나씩만 써 놓고 보면 이유를 바로 알 수 있습니다.

- He gave me.
  - 'he는 나를 주었다.': (me를 직목으로 보면) 말 같지 않음. 부자연스러움
  - me: gave와 직접적으로 어울리지 않음. 간접적으로 어울림
    직접적이지 않은 목적어, 간목

- He gave the book.
  - 'he는 그 책을 주었다.': 말 같음. 자연스러움
  - the book: gave와 직접적으로 어울림. 직접적인 목적어, 직목
  - 'He gave me the book.' 이렇게 직목을 문미에 두어 강조

예문61은 '주어+서술어+간목+직목'으로 이루어진 문장입니다.

61-1] Just lend <u>me</u> <u>ten dollars</u>. [간목+직목]
61-2] Mike bought <u>Betty</u> <u>the book</u>.
61-3] Can you bring <u>me</u> <u>some water</u>?
61-4] May I ask <u>you</u> <u>a favor</u>?
61-5] He played <u>me</u> <u>a trick</u>.

61-1] 나에게 10달러만 빌려줘. [61-2] 마이크는 베티에게 책을 사 주었다. [61-3] 물 좀 갖다 줄래? [61-4] 부탁을 좀 드려도 될까요? [61-5] he는 나에게 장난을 쳤다.

61-1] ▶ 수여동사: give, lend, buy, bring, ask, play, pass, hand, throw, send, post, show, offer, teach, sell, read, write, promise, recommend, owe, pay, cook, make, build, find, order, call, get, leave, save, sing, inquire, take, wish etc.

　　예 Can you throw me the ball? 공 좀 나한테 던져 줄래?
　　　I'll post you a parcel tomorrow. 내일 너에게 소포를 보낼게.
　　　Will you teach me the dance? 춤 좀 가르쳐 줄래?
　　　He promised us an overseas trip. he는 우리에게 해외여행을 약속했다.
　　　He still owes me 200 dollars. he는 아직 나에게 200달러를 빚지고 있다.
　　　Has he paid you the rent? he는 당신에게 집세를 냈나요?
　　　I built the children a doghouse. 아이들에게 개집을 지어 주었다.
　　　Shall I order you a taxi? 택시를 불러 드릴까요?
　　　Shall I take your mother a gift? 당신 어머니에게 줄 선물을 가지고 갈까요?
　　　Save me some food. 음식 내 거 좀 남겨 놔.
　　　We wish you a Merry Christmas. 즐거운 크리스마스를 보내세요.

간목을 항상 먼저 말해야 하는 것은 아닙니다. 얼마든지 직목을 먼저 말할 수도 있습니다. 그러면 문제가 하나 생깁니다.

의미상 동사와 직접적으로 어울리지 않아 간목입니다. 이러한 간목이 직목과 자리를 바꾸면, 다시 말해 간목이 문미로 이동해 동사와 멀어지면, 가뜩이나 간목인데, 동사와 전혀 어울리지 못하게 됩니다. 해서, 연결어인 전치사를 쓰는 것입니다.

간목이 문미로 가더라도 동사와 어울릴 수 있도록, 의미가 이어질 수 있도록, 아래 예문과 같이 간목 앞에 전치사를 씁니다. 전치사를 써서 '동사를 설명하는' 부사구로 만듭니다.

He gave me the book. [간목]

- He gave the book to me. [부사구: 동사 설명]
  he는 그 책을 나에게 주었다.
  − 유형5: 주어＋서술어＋목적어(the book)＋부사어(to me)
  − he가 그 책을 다른 사람에게 주지 않고, 나에게 주었다는 뉘앙스

아래 예문은 '주어＋서술어＋목적어＋부사어'로 이루어진 유형5입니다. 전치사는 동사 의미에 따라 'to·for, of·on'을 씁니다.

61-1] Just lend ten dollars to me.
61-2] Mike bought the book for Betty.
61-3] Can you bring some water to/for me?
61-4] May I ask a favor of you?
61-5] He played a trick on me.

61-1] ▶ 간목 앞에 'to'를 쓰는 동사: give, lend, pass, hand, throw, send, post, show, offer, teach, sell, read, write, promise, recommend, owe, pay etc.

예 He handed the note to me. he는 나에게 노트를 건네주었다.

He showed two movie tickets to me. 나에게 영화표 두 장을 보여 주었다.

He read the story to his children. 아이들에게 이야기를 읽어 주었다.

He wrote the letter to me. 나에게 편지를 보내 왔다.

He recommended the book to me. 나에게 그 책을 추천했다.

61-2] ▶ 'for'를 쓰는 동사: buy, cook, make, build, find, order, call etc.

예 He cooked lunch for me. he는 나를 위해 〉 나에게 점심을 해 주었다.

He made some sandwiches for me. 나에게 샌드위치를 만들어 주었다.

He found my bag for me. 나에게 내 가방을 찾아 주었다.

He called a taxi for me. 나에게 택시를 불러 주었다.

61-3] ▶ 'to'와 'for' 둘 다 쓸 수 있는 동사: bring, get, leave, save, sing etc.

예 Mike got the book to Betty.
마이크는 베티에게 그 책을 주었다. (단순히 베티에게 줌)

Mike got the book for Betty.
마이크는 베티를 위해 〉 베티에게 그 책을 주었다. (베티를 위해 줌)

He left the house to his daughter. he는 딸에게 (유산으로) 집을 남겼다.

I left some bread for his brother. 동생에게 주려고 빵을 좀 남겨 놓았다.

My grandmother sang a song to me to sleep.
할머니는 나에게 잠이 들게 노래를 불러주셨다.

Why don't you sing something for us?
우리를 위해 〉 우리에게 뭔가 불러 주지 않겠니?

61-4] ▶ 'of'를 쓰는 동사: ask, inquire, beg ★ 소속의 of ☞ ❹ p. 237

예 Please don't go. I beg (a favor) of you. 제발 가지 마. 너한테 빌게.
(a favor of you: '너에 속한 호의 〉 너의 호의')

The tourist inquired of me the way to the Seoul station.
관광객은 나에게 서울역으로 가는 길을 문의했다. 〉 물었다.

61-5] ▶ 'on'을 쓰는 동사: play ★ 영향의 on ☞ ❹ p. 326

예 The ad plays on our emotions.
광고는 (감정에 영향을 끼치므로) 사람의 감정을 이용한다.

간목과 직목의 자리를 임의적으로 무조건 바꿀 수 있는 것은 아닙니다. 아래 경우는 간목과 직목의 자리가 고정적입니다.

- **Mike gave it to Betty.** 마이크는 그것을 베티에게 주었다.
    - 직목이 대명사일 때는 문미에 두어 강조하지 않음 (NOT Mike gave Betty it.)
    - 간목과 직목이 둘 다 대명사면, 간목을 문미에 둠
        예 He gave it to her. (NOT He gave her it.)

- **Can you give me a hand?** 날 좀 도와줄래?
    - 직목이 'a+명사'일 때는 대개 문미에 두어 강조
    - 직목이 특히, 형체가 없거나 동적 의미면 문미에 둠
        예 I'll buy you a drink. 내가 한 잔 살게.
        　　He gave me a (warm) smile. he는 나에게 (푸근한) 미소를 지었다.
        　　(NOT He gave a warm smile to me.)
        　　I gave the door a (hard) kick. 문을 (세게) 걷어찼다.
        　　(NOT I gave a hard kick to the door.)

- **I sent the letter to Betty in Australia.**
        　　호주에 있는 베티에게 편지를 보냈다. [in Australia: 간목(Betty)의 설명어]
    - 목적어 뒤에 설명어가 있어 목적어가 길어지면 문미에 둠
        예 He offered me two hundred dollars to do the work.
        　　he는 나에게 그 일을 하는 데 200달러를 주겠다고 제안했다.
        　　[to do the work: 직목(two hundred dollars)의 설명어]
        　　He left his wife everything he possessed.
        　　he는 아내에게 가진 모든 것을 유산으로 남겼다.
        　　[he possessed: 직목(everything)의 설명어]
        　　Can you find me the copy of the contract?
        　　계약서 사본을 찾아줄래?
        　　[of the contract: 직목(the copy)의 설명어]
    - 간목과 직목 중, 더 긴 목적어는 문미에 둠
        예 He recommended me the cheap used car. he는 나에게 값싼 중고차를 권했다.
        　　Please pass me the salt and the pepper. 소금하고 후추 좀 건네주세요.

상황이나 문맥으로 알 수 있으면, 간목이나 직목을 생략할 수 있습니다.

- **He taught English.** [간목 생략] he는 (누구에게) 영어를 가르쳤다.

    예) I paid the debt. (누구에게) 빚을 갚았다.

- **I'll promise you.** [직목 생략] 너에게 (무엇을) 약속할게.

    예) I owe you so much. (어떠한) 신세 많이 졌습니다.

    - 'sing'과 'write'는 직목이 없으면 간목 앞에 to를 써야 함

        예) Please sing to me. 나에게 노래 좀 불러 주세요.
        ('sing a song to me'에서 a song이 생략됨)
        I'll write to you when I get there. 그곳에 도착하면 편지할게.
        ('write a letter to you'에서 a letter가 생략됨)

유형6은 목적어가 두 개라, 의문문이 두 가지입니다.

　　He gave me the book.

- <u>Who</u> did he give the book <u>to</u>? [간목(me)을 모름]

    he가 누구에게 그 책을 주었니?
    - 이 경우 to를 생략하면 안 됨

- <u>What</u> did he give you? [직목(the book)을 모름]

    he가 너에게 무엇을 주었니?

같은 이유로, 수동문도 두 가지입니다.

- I <u>was given</u> the book by him. [간목이 주어인 수동문]
- The book <u>was given</u> to me by him. [직목이 주어인 수동문]

    - 직목이 주어인 이 경우가 더 많이 쓰임

하지만 주어의 행위가 미칠 수 없는 – 주어 행위의 대상이 될 수 없는 – 목적어는 수동문의 주어가 될 수 없습니다.

    My mom kissed me good-night.
    엄마는 나에게 굿나잇 키스를 했다.

- **I was kissed good-night by my mom.** [간목이 주어]
  나는 엄마에게 굿나잇 키스를 받았다.
  - 굿나잇은 키스를 받을 수 없으므로, 주어가 될 수 없음
    (NOT Good-night was kissed to me by my mom.)

    Mike made Betty spaghetti.
    마이크는 베티에게 스파게티를 만들어 주었다.

- **Spaghetti was made for Betty by Mike.** [직목이 주어]
  스파게티는 베티를 위해 마이크에 의해 만들어졌다. 〉마이크가 베티에게 만들어 주었다.
  - 베티는 만들어질 수 없으므로, 주어가 될 수 없음
    (NOT Betty was made spaghetti by Mike.)

61-6] **Who did you buy it for?** [의문문]

61-7] **I'm paid $100 a day.** [수동문]

    61-6] 그거 누구 주려고 샀니? [61-7] 하루에 100달러를 받는다.

    61-6] 예 What did you buy your wife? 아내에게 무엇을 사 주었나요?

    61-7] 예 I've just been given a gift. 방금 선물을 받았어요.
            The gift was given to me by him. 선물은 그가 나한테 준 거예요.
            Who was it sent to? 그것은 누구한테 보내졌나요?
            The professor was asked a lot of questions. 교수는 많은 질문을 받았다.
            He was offered the job. he는 그 일을 제안 받았다.

직목 자리에 '명사절'도, '의문사+부정사'도 옵니다.

61-8] He showed me <u>that he loved me</u>. [명사절]
61-9] He taught us <u>how to drive</u> safely. [의문사+부정사]

61-8] he는 나를 사랑한다는 것을 보여 주었다. [61-9] he는 우리에게 안전하게 운전하는 법을 가르쳐 주었다.

61-8] 예 Tell me what your name is. 나에게 네 이름이 무엇인지 말해라.
He asked me where I had been. he는 나에게 어디에 있었냐고 물었다.

61-9] 예 Ask your teacher how to pronounce this word.
이 단어를 어떻게 발음하는지 선생님께 여쭈어 보아라.
He asked me whether to trust Mike or not.
he는 나에게 마이크를 믿어도 되냐고 물었다.
['whether(접속사)+부정사' 구문도 쓰임]

여러분

의미상, 타동사와 직접적으로 어울리는 목적어가 직목입니다.

- Mike loves <u>Betty</u>. [직목]
  - 직목: 타동사와 의미적 관계가 긴밀한, 동사의 일차적 의미에 정확히 부합하는, 딱 맞아 떨어지는 목적어 ★ **직접목적어** ☞ **④** p. 244
  - Betty: loves와 의미적 관계가 긴밀함. 직접적으로 어울림. 직목
    (상식적으로 '사랑한다'고 하면, 누구를 사랑하는지, 사랑하는 대상이 바로 이어짐)
  - '목적어' 하면 직목을 말함. 말인즉 타동사가 있는 문장에 목적어가 하나만 있으면, 직목인데 직목이라고 하지 않고, 간략히 '목적어'라고 함
  - 직목은 간목의 상대적인 말로 쓰임

〉 이중목적어를 수반하는 타동사

몇몇 타동사는 ('간목+직목'이 아닌) '직목+직목'을, 즉 '이중목적어'를 수반합니다. 아래 예문을 유심히 보십시오.

① He bet me.
   - 'he는 나와 내기했다.': 말 같음, 자연스러움
   - me: bet과 직접적으로 어울림, 직목

② He bet ten dollars.
   - 'he는 10달러 내기를 했다.': 이 또한 말 같음, 자연스러움
   - 'ten dollars': 이 또한 bet과 직접적으로 어울림, 직목

①과 ②의 목적어는 둘 다 직목! 합쳐서 한 문장으로 만들면,

- He bet me ten dollars. [직목+직목]
  he는 나와 10달러 내기를 했다.
  - me: 직목 ('give me'의 me는 간목이지만, 'bet me'의 me는 직목) / ten dollars: 직목
  - '직목+직목'인 문장, 다시 말해 '목적어1+목적어2'인 문장
  - bet: 두 개의 직목을, 즉 이중목적어를 수반하는 타동사
  - 이 또한 목적어가 두 개니, 유형6에 넣어 정리

   ▶ 이중목적어를 수반하는 타동사: bet, cost, envy, tell, refuse, forgive etc.

주의! 이중목적어는 '직목+직목'이므로, '간목+직목'이 아니므로, (간목과 직목의 자리를 바꿀 수 있는) 유형5로 전환할 수 없습니다. 이 점이 '직목+직목'으로, 이중목적어로 보는 이유입니다. * NOT He bet ten dollars to me.

- It <u>cost</u> me $500.

    그것은 내게 500달러의 비용이 들었다. ('It cost me.' + 'It cost $500.')
    ('그것은 내게 비용이 들었다.' + '그것은 500달러가 들었다.')

- I <u>envied</u> Mike his good looks.

    마이크의 잘생긴 외모가 부러웠다. ('I envied Mike.' + 'I envied his good looks.')

    - 'I envied Mike's good looks.'로 표현하지 않음
    - 부러워하는 대상(Mike)을 먼저 쓰고, 이어서 무엇이 부러운지 구체적인 내용(his good looks)을 쓰는 것이 영어 표현. 이것이 서술식 구조

        예 I envy you having such a close family.
            그처럼 단란한 가족을 둔 당신이 부럽습니다. (*NOT* I envy your having such a ...)

    - 목적어1이 대명사면 생략 가능

        예 I envied (him) his good looks.

- <u>Tell</u> me your phone number.

    나에게 네 전화번호를 말해라. ('Tell me.' + 'Tell your phone number.')

    - tell: '말의 전달'에 중점이 있음, to를 쓰지 않음 (*NOT* Tell to me ...)
        [tell의 뜻은 '…에게 말하다', say (to)의 뜻은 '(…에게) 말하다']

        예 He told me that he loved me. he는 나에게 나를 사랑한다고 말했다.

- He <u>refused</u> me a loan.

    he는 나에게 대출을 거부했다. ('He refused me.' + 'He refused a loan.')

    [수동문: I was refused a loan (by him). 대출을 거부당했다.]

    예 She would never refuse her kids anything.
        she는 아이들에게 뭐든 거절하는 법이 없었다.
        I was refused entrance. 입장을 거부당했다.

- May God <u>forgive</u> us our sins.

    하느님께서 우리의 죄를 용서해 주시기를. ('God forgive us.' + 'God forgive our sins.')

    - forgive: 목적어2가 '이유·원인'을 의미할 때는 전치사 for를 씀

        예 I'll never forgive him for what he did.
            나는 he가 한 짓을 결코 용서하지 않을 것이다.

    ★ 대가의 for ☞ ❹ p. 288

—| provide는 왜 with를 필요로 할까?

- We <u>provided</u> the sufferers <u>with</u> food and water.
  우리는 이재민에게 음식과 물을 공급[제공]했다.

'provide A with B', 열심히 쓰면서 'A에게 B를 공급[제공]하다' 이렇게 학생 대부분이 그냥 암기합니다. 무슨 수학 공식도 아니고, 영어도 언어인데, 어쩌다 언어 공부가 이렇게까지 무미건조해졌을까요? 영어를 너무 언어답지 않게 대하는 것 같고, 생각을 너무 안 해보는 것 같습니다.

여러분

타동사 'provide'가 왜 전치사 'with'를 필요로 하는지, 이유를 알아야 하지 않을까요? 이유를 알아야 진정한 언어 공부가 아닐까요? 이런 뜻에서 질문입니다.

'심판은 우리에게 규칙을 설명했다.'

① The judge explained <u>us</u> <u>the rules</u>.
② The judge explained <u>the rules</u> <u>to us</u>.

영작을 ①로 할까요, ②로 할까요? 아니면 둘 다 가능할까요? 목적어에 완전히 눈을 뜰 수 있도록 타동사와 목적어의 의미관계를 먼저 생각해 보겠습니다.

〉 수여동사로 오인하기 쉬운 타동사

explain은 타동사고, 목적어를 수반합니다. 타동사와 목적어는 (정확히 말하면, 타동사와 '직목'은) 의미적 관계가 긴밀합니다. 핵심은 어떤 말이 우선적으로 오느냐는 것입니다.

'누구에게 무엇을 설명했다.'에서, (누구에게 설명했는지) '설명 대상'이 중요할까요, (무엇을 설명했는지) '설명 내용'이 중요할까요? 둘 중에 어떤 말이 우선적으로 올까요? 네, 그렇습니다. '설명 내용'입니다. explain은 설명 내용이 중요하고 우선적으로 옵니다. 설명 대상은 별개 문제입니다.

- The judge explained <u>the rules</u>. [목적어]
    - 유형4: 주어(The judge) + 서술어(explained) + 목적어(the rules)
    - explain: '설명 내용(the rules)'이 중요, 우선적으로 옴

'the rules'는 타동사 'explain'의 일차적 의미에 정확히 부합하는, 딱 맞아 떨어지는, 직접적으로 잘 어울리는 목적어입니다. 이것으로 온전한 문장!

- The judge explained the rules <u>to us</u>.
    - 유형5: 주어(The judge) + 서술어(explained) + 목적어(the rules) + 부사어(to us)
    - to us: 누구에게 설명했는지, '설명 대상(us)'을 말하고 싶으면 문미에 덧붙임
    - explain은 수여동사가 아님, '간목 + 직목'으로 표현하지 않음
        (*NOT* The judge explained us the rules.)

- He <u>announced</u> his engagement to his friends.

  he는 친구들에게 약혼을 발표했다. 〉 알렸다.
  - announce: '발표 내용(his engagement)'이 중요, 우선적으로 옴
  - to his friends: '발표 대상(his friends)'을 말하고 싶으면 문미에 덧붙임
  - 목적어 뒤에 설명어가 있어 목적어가 길어지면 문미에 둠

  예 The government announced <u>to the media</u> <u>plans to create a million new jobs</u>. 정부는 어제 새 일자리 100만 개 창출을 위한 계획을 언론에 발표했다.
  [부사어(발표 대상): to the media / 목적어(발표 내용): plans 이하 /
  to create a million new jobs: plans의 형용사적 설명어, 형용사구)]

  He explained <u>to me</u> <u>what to do in an emergency</u>.
  he는 나에게 비상시에 어떻게 해야 하는지를 설명했다. (부사어: to me /
  목적어: what 이하 / in an emergency: what to do의 부사적 설명어, 부사구)

- He <u>said</u> to me that he loved me.

  he는 나에게 나를 사랑한다고 말했다. (= He said to me, "I love you.")
  - say: '말의 내용(that 이하)'이 중요
    이중목적어를 수반하는 tell과 구별할 것
  - that절: 절은 문미에 둠
  - speak: '말을 걸다, 이야기해 보다'

    예 Hello, can I speak to Betty?
       여보세요, 베티 좀 바꿔 주세요.
    I've spoken to him about it.
       그것에 대해 그이와 이야기해 봤어요.
  - talk: '말을 뱉다, 수다를 떨다'

    예 Who were you talking to just now?
       너 방금 누구랑 이야기하고[떠들고] 있었니?
    I don't know what you're talking about.
       네가 무슨 말을 하는 건지 모르겠다.

- She <u>introduced</u> her new boyfriend to me.

  she는 나에게 새 남자 친구를 소개했다.
  - introduce: '소개된 사람(her new boyfriend)'이 중요, 우선적으로 옴

- The king <u>conferred</u> the title of duke on the knight.
    왕은 기사에게 공작의 작위를 내렸다.
    - confer: '수여된 것(the title of duke)'이 중요, 우선적으로 옴
        예 The Queen has bestowed a knighthood on the young man.
            여왕은 청년에게 기사 작위를 하사했다.
           The government imposed a ban on the sale of ivory.
            정부는 상아 판매 금지령을 내렸다.
        ★ '누구에게'를 말할 때 on을 쓰는 이유, 압박의 on ☞ ❹ p. 324

- He <u>scolded</u> me for arriving late.
    he는 나를 늦게 도착했다고 꾸짖었다.
    - scold: '꾸짖음을 받은 사람(me)'이 중요, 우선적으로 옴
    - 이때의 me는 (간목이 아닌) 직목
    - for arriving late: 꾸짖음을 받은 이유를 부연 설명, 부사구
        예 I don't blame you for it.
            그것 때문에 너를 비난하지 않는다.
           The soldier was punished for disobeying orders.
            그 군인은 명령 불복종으로 처벌을 받았다.
    ★ 대가의 for ☞ ❹ p. 288

   ▶ 수여동사로 오인하기 쉬운 타동사: explain, announce, describe, present, propose, suggest, introduce, impose, prove, say, tell, speak, talk, mention, assure, confide, provide, supply, furnish, confer, bestow, inform, warn, scold, punish, blame, convince, remind, rob, deprive, rid, cure, relieve etc.
        예 Can you describe the new boyfriend to me?
            새 남자 친구가 어떻게 생겼는지 (인상착의를) 나에게 말해 줄래?
           The committee will present its final report to Parliament in June.
            위원회는 6월에 최종 보고서를 의회에 제출할 것입니다.
           I propose a toast to our success! 우리의 성공을 위해 건배!
           I'll mention the meeting to Betty and see what she says.
            베티에게 미팅을 말해[언급해] 보고, 베티가 뭐라 말하는지 볼게.
           I'll prove my innocence to you. 나의 무죄를 당신에게 입증해 보이겠다.
           She confided her secret to her mother. she는 엄마에게 비밀을 털어놓았다.

- **provide A with B**

① He gave me the book.
　　　he는 나에게 그 책을 주었다.
　－ 유형6: 주어＋서술어＋간목(me)＋직목(the book)

② We provided the sufferers with food and water.
　　　우리는 이재민에게 음식과 물을 공급[제공]했다.
　－ 유형5: 주어＋서술어＋목적어(the sufferers)＋부사어(with food and water)
　－ with food and water: 문법적으로는 부사어인 부사구
　　　　　　　　　　　 의미상으로 전치사를 수반하는 목적어로 보면 좋음

give나 provide나 주는 것은 같은데, ②도 '간목＋직목'으로 표현할 만한데, 왜 '목적어＋부사어'로 표현할까요? 왜 with를 쓸까요?

[with의 핵심 의미는 '보유'고, of의 핵심 의미는 '소유'입니다.]

여러분

give와 달리, provide는 단순히 준다는 말이 아닙니다.

이재민은 음식과 물이 없거나 부족합니다. 필요하고, 그것을 요구합니다. "공급함"이란 '없거나 부족해', '필요와 요구로' 주는 것을 말합니다. 그럼 공급을 받으면? 네, 그렇습니다. 없거나 부족한 것을, 필요하고 요구한 것을 '보유하게[with]' 됩니다.

② We provided <u>the sufferers</u> <u>with food and water</u>.
<small>(= We provided food and water to[for] the sufferers.)</small>
— 이때의 with는 '보유 have'를 의미, 즉 'The sufferers <u>had</u> food and water.'

요컨대, ②는 '우리가 이재민에게 공급해 We provided the sufferers' '이재민이 음식과 물을 보유하게 했다 the sufferers with food and water' 는 말입니다.

'provide A with B'를 'A에게 B를 공급하다'로 의역하기 전에 'A에게 공급해 A가 B를 보유하게 하다'라는 문장의 의미구조를 먼저 알아야겠습니다.

- They supplied <u>the rebels</u> <u>with arms</u>.
    <small>그들은 반군들에게 무기를 공급했다. (= They supplied arms to the rebels.)</small>
    — 그들이 제공해(supplied) 반군들이 무기를 보유하게(with) 했다는 말
    예 The lungs supply the body with oxygen.
        폐는 몸에 산소를 공급한다.
    He supplied the police with the names of those involved in the crime.
        he는 범죄에 연루된 사람들의 이름을 경찰에 제보했다.
    My secretary will furnish you with the rest of the details. [격식체]
        비서가 당신에게 나머지 세부 사항을 제공할 것입니다.
    The president presented me with a medal[a bunch of flowers].
        회장님은 나에게 메달[꽃다발]을 수여[증정]했다.

[②는 ①과 의미적으로 구문적으로 다른, 나름의 특성을 지닌 문장입니다. 그런데 보통 문법책에는 ②가 'I love you.'와 같은 3형식 문장에 속하는 것으로 나옵니다. 어떻게 ②가 'I love you.'와 같은 형식이 될 수 있습니까? 내용이 반영되지 않은, 내용을 무시한 형식은 형식이 아닙니다.]

- **inform A of B**

- He informed me of the news.
  - he는 나에게 그 소식을 알렸다.
  - 유형5: 주어 + 서술어 + 목적어(me) + 부사어(of the news)
  - 이때의 of는 '소유 have'를 의미, 즉 'I had the news.'
  - of the news: 문법적으로는 부사어인 부사구
    의미상으로 전치사를 수반하는 목적어로 보면 좋음

inform은 알리되, 들을 필요가 있거나 듣기를 원하는 사람에게 알린다는 뜻입니다. 알림을 들은 사람은 소식 등을 '소유하게[of]' 됩니다. 요컨대, 위 예문은 'he가 나에게 알려 He informed me' '내가 그 소식을 소유하게 > 알게 했다 me of the news'는 말입니다. '경고'와 '상기' 등도 마찬가지입니다.

- The doctor warned my grandfather of heart disease.
  - 의사는 할아버지에게 심장병을 경고했다. > 조심하라고 했다.
  - warn: 경고를 들을 필요가 있거나 들어야 하는 사람에게 위험 등을 알림
  - 단지 알리는 것이 목적이 아님, 알려서 목적어가 알게 하는 것이 목적
  - 의사가 경고해(warned) 할아버지가 심장병을 '알게(of)' 했다는 말
    - 예 The doctor convinced my grandfather of its truth.
      의사는 그것이 사실임을 할아버지에게 납득시켰다. (할아버지가 그것을 사실로 알게 함)
      The dealer assured me of its quality.
      딜러는 나에게 그것의 품질을 장담했다. (내가 그것의 품질을 알게 함)

- That song always reminds me of my first love.
  - 저 노래는 항상 나에게 첫사랑을 상기시킨다. > 생각나게 한다.
  - 저 노래가 나에게 첫사랑을 '소유하게(of) > 생각나게' 한다는 말
    - 예 You remind me of your grandfather when you say that.
      네가 그런 말을 하면 네 할아버지가 떠오른다.

■ rob A of B

rob은 박탈을 의미합니다. 'rob A of B'는 'inform A of B'와 의미구조가 다릅니다. 아래 예문을 유심히 보십시오.

- He robbed me of my wallet.
    - he는 내 지갑을 강탈했다. 〉 빼앗았다.
    - (수동문: I was robbed of my wallet by him.)
    - me of my wallet = 'I had my wallet.'
    - 소유의 상대어는 '제거 없애 버림 〉 박탈', 소유하고 있는 것을 제거 〉 박탈
    - he가 '내가(me) 소유한(of) 지갑을(my wallet)' 〉 갖고 있던 지갑을 빼앗았다는 말
        (남의 물건을 빼앗으려면, 빼앗을 물건을 남이 먼저 갖고 있어야 함)
    - 유형4: 주어 + 서술어 + 목적어(me of my wallet)
        ('빼앗았다. 무엇을?' 이렇게) 'me of the news'를 하나의 목적어로 볼 것
    - 예 They deprived him of his property.
        그들은 그이가 소유한 재산을 〉 (갖고 있던) 그이의 재산을 빼앗았다.
        He cheated the old man of his house.
        he는 노인을 속여 노인이 소유한 집을 〉 (갖고 있던) 노인의 집을 빼앗았다.

    주의! steal은 훔친 물건이 중요해, 훔친 물건을 먼저 씁니다.
        * He stole my wallet from me. he는 나에게서 지갑을 〉 내 지갑을 훔쳤다.
        (수동문: My wallet was stolen by him.)

- I rid the house of rats.
    집이(the house) 소유한(of) 쥐를(rats) 제거했다. 〉 집에 있던 쥐를 없앴다.
    - the house of rats = 'the house had rats.'
    - 유형4: 주어 + 서술어 + 목적어(the house of rats)
        ('없앴다. 무엇을?' 이렇게) 'the house of rats'를 하나의 목적어로 볼 것
    - 예 This medicine will relieve you of your pain.
        이 약은 당신이(you) 소유한(of) 통증을(your pain) 〉 당신의 통증을 덜어 줄 것입니다.
        I can't seem to get rid of this cold.
        (소유한) 이번 감기는 떨어질 줄을 모르네요.

문장의 유형

393

> **생각 더하기** 60. 혼동하기 쉬운 동사

- **bind** (bound – bound) 묶다, 매다
  bound (bounded – bounded) (공이) 튀어 오르다

- **fall** (fell – fallen) 떨어지다
  fell (felled – felled) (나무를) 베어 넘어뜨리다

- **find** (found – found) 발견하다
  found (founded – founded) 설립하다

- **hang** (hung – hung) 걸다, 매달다
  hang (hanged – hanged) 교수형에 처하다

- **rise** (rose – risen) (값이) 오르다, (해가) 뜨다
  raise (raised – raised) 들어 올리다, 기르다

- **lie** (lay – lain) 눕다, 놓여 있다
  lay (laid – laid) 눕히다, 놓다
  lie (lied – lied) 거짓말하다

- **arise** (arose – arisen) (바람이) 일다, 생기다
  arouse (aroused – aroused) 일으키다, 자극하다

- **saw** (sawed – sawn) 톱질하다
  sow (sowed – sown) (씨를) 뿌리다
  sew (sewed – sewn) 꿰매다, 바느질하다

- **shine** (shone – shone) 빛나다, 반짝이다, 비추다
  shine (shined – shined) 닦다, 윤을 내다

- **sit** (sat – sat) 앉다
  seat (seated – seated) 앉히다

- **wind** (wound – wound) 구불구불하다, (실을) 감다
  wound (wounded – wounded) 상처를[부상을] 입히다

영어 문법책을 거꾸로 들고 툭툭 털면, 떨어지는 두 단어가 있습니다. 그것이 바로, '설명'과 '의미'입니다.

다소 복잡해 보이는 유형7도 앞말을 뒷말이 설명한다는 의식의 흐름 속에, 앞말과 뒷말의 의미관계를 생각하면 그리 어렵지 않습니다. 거의 다 왔습니다. 힘내시길 바랍니다.

유형7 ■ 주어 + 서술어 + 목적어 + 목적보어

유형7은 서술어 역할을 하는 타동사가 '목적어'와 '목적보어'를 함께 수반하는 문장입니다. 목적보어 자리에는 명사어와 형용사어가 옵니다. (주어를 설명하는 말이 '주보어'이듯이) 목적보어는 목적어를 설명하는 말입니다. 유형1과 비교해 보면,

- This baby is Ella. [주보어]
  이 아기가 엘라야.
  – 유형1: 주어+연결어+주보어(Ella)
  – Ella: 주보어, 주어를 설명

- He calls Ella[me] an angel. [목적보어]
  he는 엘라를[나를] 천사로 부른다.
  – 유형7: 주어+서술어+목적어(Ella[me])+목적보어(an angel)
  – he는 부른다, 누구를? 엘라를[나를][목적어], 무엇으로 부른다? 천사로[목적보어]
  – an angel: 목적보어, 목적어를 설명 (명사 뒤에 덧붙는 명사 설명어와 성격이 다름)
  – 목적보어는 '대명사[me]'도 설명 (명사 설명어는 something이나 'some of them'의 some과 같은 '부정대명사'를 제외하고, 뒤에서 대명사를 설명하지 않음 ★ 부정대명사 ☞ p. 208)
  – '목적어+목적보어'만 떼 놓고 보면, '주어+주보어' 또는 '주어+서술어'의 관계, 즉 'Ella is an angel.' ('He calls.' + 'Ella is an angle.')

주의! 목적보어가 없으면, 의사소통이 원활하지 않은 불완전한 문장이 됩니다. 주보어와 함께, 목적보어도 문장에 꼭 있어야 하는 '필수 문장성분'입니다. (이것이 유형7로 지정된 이유입니다.) 명사 뒤에 '덧붙는, 추가되는', 없어도 의사소통이 되는 '명사 설명어'와 구별하십시오. (주보어와 목적보어로 쓰인 명사는 넓게 보면, 명사 설명어로 볼 수 있습니다.) ★ 명사 설명어 ☞ ❷ p. 305, ❹ p. 63, 119

목적보어는 목적어를 설명! 형용사 'hot'을 비교해 보십시오.

- I drank a cup of hot milk. [수식어]
    뜨거운 우유 한 잔을 마셨다.
    - 유형4: 주어 + 서술어 + 목적어(a cup of hot milk)
    - 이때의 hot은 milk를 수식하는 '수식어', 앞에서 명사 수식
        예) I like strong coffee. 진한 커피가 좋다.

- I drank the milk hot. [설명어]
    (차가운) 우유를 뜨겁게 해서 마셨다.
    - 유형7: 주어 + 서술어 + 목적어(the milk) + 목적보어(hot)
    - 영어는 구조어! 위치가 달라지면 의미도 해석도 달라짐
    - 이때의 hot은 the milk를 설명하는 '설명어', 뒤에서 명사 설명
        hot이 the milk를 후위수식을 한다고 하면, 영어는 끝!
        예) I like my coffee strong. [설명어]
            커피를 진하게 한 것이 〉 커피가 진한 것이 좋다.

목적보어 자리에 부사어가 오면 안 됩니다.

- The barber has cut my hair short. [형용사]
    이발사는 내 머리를 짧게 잘랐다.
    - 목적어(my hair) + 목적보어(short)
    - 목적보어가 형용사일 때는 대개 목적어의 '결과적 상태'를 나타냄. 즉
        이발사가 머리를 잘라 결과적으로 머리가 짧아졌다는 말
    - 명사를 설명하는 말은 형용사, 부사는 동사를 설명. 부사가 올 자리가 아님
        '짧게'로 해석된다고 부사 'shortly'를 쓰면 안 됨 (NOT ... my hair shortly.)
        예) He make me happy[angry].
            he는 나를 행복하게[화나게] 했다. (NOT ... me happily[angrily].)
        What made the man so special?
            무엇이 그 남자를 그렇게 특별하게 만들었을까? (NOT ... so specially?)
    - find: 뜻에 따라 유형이 달라짐, 구별할 것
        예) I found it easy. [유형7] 그것이 쉽다는 것을 알았다. (easy: 형용사, it을 설명)
            I found it easily. [유형5] 그것을 쉽게 찾았다. (easily: 부사, found를 설명)

예문62는 '주어+서술어+목적어+목적보어'로 이루어진 문장입니다.

목적보어: 명사어

62-1] We named the baby <u>Ella</u>. [명사]
62-2] The coach appointed Mike <u>captain of the team</u>. [명사구]
62-3] My father made me <u>a soccer player</u>.
62-4] My father has made me <u>what I am now</u>. [명사절: what절]

62-1] 우리는 아기 이름을 엘라라고 지었다. [62-2] 코치는 마이크를 팀의 주장으로 임명했다. [62-3] 아버지는 나를 축구 선수로 만들었다. [62-4] 아버지는 나를 지금의 나로 만들었다.

62-2] 예 They elected Mr. Kim president. 그들은 김 선생님을 회장으로 선출했다.
　　　　[수동문: Mr. Kim was elected (as) president by them. … 회장으로 선출되었다.]

62-3] ▶ make: 여러 종류의 동사로 다양하게 쓰입니다.
　　　예 You'll <u>make</u> an excellent soccer player. [연결동사]
　　　　너는 뛰어난 축구 선수가 될 거야.
　　　　[유형1: 주어+연결어+주보어(an excellent soccer player)]

　　　He <u>made</u> towards the door. [자동사] he는 문 쪽으로 갔다.
　　　　[유형3: 주어+서술어+부사어(towards the door)]

　　　My mother <u>made</u> some cookies. [타동사] 엄마는 쿠키를 만드셨다.
　　　　[유형4: 주어+서술어+목적어(some cookies)]

　　　My mother <u>made</u> me some cookies. [수여동사]
　　　　엄마는 나에게 쿠키를 만들어 주셨다.
　　　　[유형6: 주어+서술어+간목(me)+직목(some cookies)]

62-4] 명사절 중에 관계대명사 what이 이끄는 'what절'이 아니면, 명사절은 목적보어로 거의 쓰이지 않습니다. ★ 관계대명사 'what' ☞ ❹ p. 196

62-5] We call such an act <u>cheating</u>. [동명사]

62-6] Do you mind me <u>smoking</u>? (me smoking = my smoking)

62-7] Do you mind Betty <u>coming with us</u>?

62-8] They considered him <u>(to be) a suspect</u>. [(부정사 'to be')+명사]

62-9] My mother wants me <u>to be a teacher</u>.

62-5] 사람들은 그런 행위를 커닝이라고 부른다. [62-6] 담배를 피워도 되겠습니까? [62-7] 베티와 같이 가도 될까요? [62-8] 그들은 그 사람을 용의자로 여겼다. [62-9] 어머니는 내가 선생님이 되기를 바란다.

62-5] 동명사는 명사와 다를 바 없습니다. ★ 동사의 명사화 ☞ ❷ p. 262

 예 She doesn't like me going out at night.
 she는 내가 밤에 외출하는 것을 좋아하지 않는다.

62-6] 동명사의 의미상의 주어는 동명사 앞에 소유격(my)을 씁니다. 다만 구어에서는 목적격(me)을 쓰기도 합니다. [목적격의 목적어(me)+목적보어(smoking)]

 예 I can't understand his leaving[him leaving] so suddenly.
 그가 그렇게 갑자기 떠나는 것은 이해가 가지 않는다.
 [서술어(understand)+목적어(his leaving): 'his leaving'은 understand의 목적어]

62-7] 동명사의 의미상의 주어가 명사면, 소유격(Betty's)을 쓰지 않고, 보통 목적격(Betty)을 씁니다.

 예 She can't bear her husband making fun of her.
 she는 남편이 자기를 놀리는 것을 참지 못한다. (NOT ... her husband's making ....)

62-8] 판단과 관련된 동사일 때, 판단의 의미를 더하고 싶으면 'to be'를 쓰고, 그렇지 않으면 쓰지 않습니다. ★ seem to be ☞ p. 346

 예 Most people supposed the woman (to be) a witch.
 대부분 사람은 그 여자가 마녀라고 추측했다.

62-9] 판단과 관련된 동사가 아니면 'to be'를 생략하지 않습니다.

 예 He knows it to be a fact. he는 그것이 사실이라고 알고 있다.

문장의 유형

목적보어: 형용사어

62-10] I've never seen Betty <u>angry</u>. [형용사]
62-11] He always keeps the window <u>open</u>.
62-12] He painted the fence <u>white</u>.
62-13] He makes me <u>angry</u> sometimes.
62-14] I considered him <u>(to be) innocent</u>. [(부정사 'to be')+형용사]
62-15] I believed him <u>to be honest</u>.

62-10] 베티가 화가 난 것을 본 적이 없다. [62-11] he는 항상 창문을 열어 둔다. [62-12] he는 울타리를 하얗게 칠했다. [62-13] he는 가끔 나를 화나게 한다. [62-14] 그 사람을 무죄라고 여겼다. [62-15] 그 사람이 정직하다고 믿었다.

62-10/11] 목적어(Betty)의 '상태'를 나타냅니다.
  예) Don't leave the door open. 문이 열린 상태로 〉 문을 열어 두지 마라.

62-12/13] 목적어(the fence)의 '결과적 상태'를 나타냅니다. 울타리를 칠했고 결과적으로 하얗게 되었다는 말입니다.
  예) She dyed her hair blonde. she는 머리를 금발로 염색했다.
      He beat the boy black and blue. he는 그 아이를 멍이 들도록 때렸다.

62-14] 판단과 관련된 동사일 때, 판단의 의미를 더하고 싶으면 'to be'를 쓰고, 그렇지 않으면 쓰지 않습니다.
  예) Some people supposed the man (to be) rich.
      몇몇 사람은 그 남자가 부자라고 추측했다.

62-15] 판단과 관련된 동사가 아니면 'to be'를 생략하지 않습니다.
  예) I found Betty to be charming and very friendly.
      (만나 보니) 베티가 매력적이고 매우 친절하다는 것을 알게 되었다.
      I asked him to be quiet. 그에게 조용히 해 달라고 요청했다.

62-16] Betty regards Mike <u>as her friend</u>. [형용사구]
62-17] He took the painting <u>for a genuine Picasso</u>.

62-16] 베티는 마이크를 친구로 여긴다. [62-17] he는 그 그림이 피카소 진품이라고 생각했다.

62-16] 전치사가 있어 부사구로 오인하기 쉽습니다. (대)명사인 목적어를 설명하는, 목적보어로 쓰인 형용사구입니다.

　　▶ 목적보어 앞에 전치사 'as'를 쓰는 동사: regard, consider, think of, look on define, rate, treat, refer to, describe etc.

　　　예) I think of this place as my home. 이곳을 나의 고향으로 생각한다.
　　　　Don't treat me as a liar. 나를 거짓말쟁이로 취급하지 마라.

62-17] ▶ 전치사 'for'를 쓰는 동사: mistake, take

　　　예) He mistook me for my twin sister. he는 나를 쌍둥이 동생으로 잘못 알았다.
　　　　We take having an supply of water for granted.
　　　　우리는 물이 공급되는 것을 당연한 것으로 여긴다.

★ 대신·간주의 for ☞ ❹ p. 290

구동사가 쓰인 문장은 구동사의 특성상, 부사가 목적보어 자리에 올 수 있습니다.

- He turned the TV <u>off</u>. [부사 또는 부사적 불변화사]
  - 유형7: 주어 + 서술어 + 목적어(the TV) + 목적보어(off)
  - off: 목적보어, 목적어 'the TV'를 설명
  - '스위치를 돌려(turned) TV를 어떻게? (켜 놓지 않고) 끔(off)' 이러한 의미구조
    예) I found him out. (집에 가 보니) 그이는 나가고 없었다.
    　Did you wind the clock up? 시계를 다 감았니?

★ 구동사 ☞ p. 369

■ 목적보어 - 분사

형용사어로, 목적보어 자리에 '진행분사'와 '수동분사'가 옵니다.

★ 분사의 목적보어 역할 ☞ ❷ p. 341

- I saw the man <u>beating</u> a boy. [진행분사: 동작·행위]
  그 남자가 어떤 아이를 때리고 있는 것을 보았다. (그런 행위[모습]을 보았다.)
      (행위[모습]을 눈으로 보았다는 말이니. 이때의 stealing은 동명사일 수 없음)
  - 'I saw.' + 'The man was beating a boy.'
  - beating: 목적보어. 목적어 'the man'을 설명

- I saw a boy <u>beaten</u> (by the man). [수동분사]
  어떤 아이가 (그 남자에게) 맞은 것을 보았다.
  - 'I saw.' + 'A boy was beaten (by the man).'
  - beaten: 목적보어. 목적어 'a boy'를 설명

62-18] I <u>saw</u> the thief <u>running</u> away. [지각동사 - 진행분사]

62-19] I've <u>heard</u> this song <u>sung</u> in English. [지각동사 - 수동분사]

62-18] 도둑이 달아나는 것을 보았다. [62-19] 이 노래가 영어로 불린 것을 들은 적이 있다.

62-18] 예 I heard voices calling for help. 도움을 외치는 소리를 들었다.
     Can you smell something burning? 뭔가 타는 냄새가 나지?
     I could felt my heart beating wildly. 가슴이 심하게 두근거리는 것을 느꼈다.
     Did you notice Mike standing at the door?
     마이크가 문에 서 있는 것을 알았니?

62-19] 예 Have you ever seen Mt. Halla covered in snow?
     한라산이 눈으로 덮인 것을 본 적이 있니?

62-20] He left me <u>waiting</u> outside. [진행분사]
62-21] I want the work <u>finished</u> by Friday. [수동분사]
62-22] He <u>had</u> me <u>waiting</u> outside. [사역동사 - 진행분사]
62-23] I <u>had</u> the clock <u>repaired</u>. [have동사 - 수동분사]

62-20] he는 나를 밖에서 기다리게 내버려 두었다. [62-21] 그 일이 금요일까지 끝나길 바란다. [62-22] he는 나에게 밖에서 기다리고 있으라고 했다. [62-23] 시계를 (수리공에게 맡겨) 수리했다.

62-20] 예 Please start the clock going. 시계를 가게 해 주세요.
I found my son sleeping on the sofa. (집에 가 보니) 아들은 소파에서 자고 있었다.

62-21] 예 I found it gone. 그것이 없어진 것을 알았다.
I have no money left. 남은 돈이 없다.

62-22] 예 Let's have[get] our picture taken. 사진 찍자. (get은 비격식체)
She's having her eyes tested. she는 눈을 검사 받고 있다.
I had my wallet stolen. 지갑을 도둑맞았다.
They had the plane hijacked. 그들은 비행기를 납치당했다.

아래 예문을 비교해 보십시오.

- Can you imagine <u>their climbing</u> Mt. Baekdoo? [유형4]
  그들의 백두산 등반을 〉 그들이 백두산을 오르는 것을 상상할 수 있을까?
  - 동명사의 의미상의 주어는 동명사 앞에 소유격(their)을 씀
  - 'their climbing'은 imagine의 목적어, 이때의 climbing은 동명사

- Can you imagine <u>them climbing</u> Mt. Baekdoo? [유형7]
  - 구어에서는 목적격(them)을 쓰기도 함. 이때의 climbing은 목적보어로 '(등산함) 동명사'로도, '(등산하는 행위[모습]) 진행분사'로도 볼 수 있음

■ 목적보어 - 부정사

형용사어로, 목적보어 자리에 'to 부정사'나 '원형 부정사'가 옵니다. ★ 부정사의 목적보어 역할 ☞ ❷ p. 292

- I want you <u>to see</u> a doctor. [to 부정사]
  네가 진찰 받기를 원한다.
  - 'I want.' + 'You'll see a doctor.'
  - to see: 목적보어, 목적어 'you'를 설명

62-24] He advised me not <u>to drink</u> too much.
62-25] He likes his wife <u>to dress</u> colourfully.

62-24] he는 나에게 과음하지 말라고 충고했다. [62-25] he는 아내가 옷을 화려하게 입는 것을 좋아한다.

62-24] ▶ 목적보어로 'to 부정사'를 수반하는 동사: advise, allow, ask, beg, command, compel, enable, encourage, expect, forbid, force, get, help, impel, intend, invite, like, order, permit, persuade, remind, request, tell, urge, warn, wish etc.

    예 I can't allow my son to do that. 아들이 그것을 하도록 허락할 수 없다.
      (수동문: My son can't be allowed to do that by me.)
    He commanded his men to advance. he는 부하들에게 전진하라고 명령했다.
      (수동문: His men were commanded to advance by him.)
    I expected him to become a writer. 그이가 작가가 되리라 예상했다.
      (수동문: He was expected to become a writer by me.)
    She warned me not to touch it. she는 나에게 그것을 만지지 말라고 경고했다.
      (수동문: I was warned not to touch it by her.)

62-25] 예 Do you wish me to stay? 내가 머물면 좋겠니?

아래는 사역동사와 지각동사가 쓰인 문장입니다. 목적보어로 원형 부정사가 옵니다.

- I made my son wash the car. [사역동사 - 원형 부정사]
  아들에게 세차를 시켰다.
  - 'I made.' + 'My son washed the car.'
  - wash: 목적보어, 목적어 'my son'을 설명
  - 사역동사 다음에는 목적보어로 '원형 부정사'가 옴 ★ 이유 ☞ ❷ p. 295

주의! 'force 강요하다 · compel 강제하다, command 명령하다 · order 지시하다' 등, 이러한 동사도 시키는 말이니 목적보어로 원형 부정사가 쓰일 것 같은데 예상외로 to 부정사가 쓰입니다. ★ 이유 ☞ ❷ p. 295
   * He forced me to wash the car. he는 내게 세차를 강요했다.

주의! 'I made my son wash the car.'는 아들에게 세차를 시켰다는 말일 뿐, 실제로 아들이 세차를 했는지는 상황이나 문맥이 주어지지 않으면 알 수 없습니다. 이와 달리, 'I forced my son to wash the car.'는 아들에게 세차를 강제했고, 실제로 아들이 세차를 했다는 말입니다.

- I saw my son wash the car yesterday. [지각동사 - 원형 부정사]
  어제 아들의 세차를 보았다.
  - 'I saw.' + 'My son washed the car yesterday.'
  - wash: 목적보어, 목적어 'my son'을 설명
  - 지각동사 다음에는 목적보어로 '원형 부정사'가 옴 ★ 이유 ☞ ❷ p. 301
  - 아들이 세차한 사실이 있다는 말, 사실에 중점이 있음
  - 진행분사와 비교
    예 I saw my son washing the car ... [지각동사 - 진행분사]
    어제 아들이 세차하고 있는 것을 보았다.
      (washing: 목적보어, 목적어 'my son'을 설명)
      (아들이 세차하는 행위[모습]을 보았다는 말, 상황에 중점이 있음)

62-26] What makes you <u>think</u> so?
62-27] Did you see him <u>go</u> out?

62-26] 어째서 그렇게 생각하니? (무엇이 너를 그렇게 생각하게 만들었니?) [62-27] 그이가 나가는 것을 보았니?

62-26] ▶ 사역동사: make, let, have, help ★ 의미 차이 ☞ ❷ p. 296

예 Can they make the murder look like an accident?
그들이 그 살인 사건을 사고처럼 보이게 할 수 있을까?
What would you have me do? 나에게 무엇을 시키려고 합니까?
Shall I help you (to) carry the box? 상자 옮기는 것을 도와드릴까요?
Please let me go. 나를 가게 해 주세요. 〉놓아 주세요.
Let it go. 내버려 둬.

62-27] ▶ 지각동사: see, watch, hear, feel, notice etc.

예 I saw you put the key in your pocket.
네가 열쇠를 호주머니에 넣는 것을 봤다.
Watch the baby walk. 아기가 걷는 것을 봐라.
I've heard people say that …. 사람들이 …라고 말하는 것을 들었다.
I felt the house shake. 집이 흔들리는 것을 느꼈다.
I noticed them come in. 그들이 들어오는 것을 알았다.

아래 예문에 쓰인 'to 부정사'도 목적보어로 볼 수 있습니다.

- I'm waiting for Betty[her] <u>to call me</u>. [목적보어]
    해석①: 나에게 '전화할' 베티를 기다리고 있었다.
    해석②: 베티가 나에게 '전화하기를' 기다리고 있었다.
    − 주어(I) + 서술어(am waiting) + 목적어(for Betty) + 목적보어(to call me)
    − to call me: 목적보어로 쓰인 명사 설명어
    − 해석은 상황이나 문맥에 따라 둘 다 가능

7가지 문장 유형을 모두 살펴보았습니다. 앞말과 뒷말의 의미 관계, 문장의 의미구조를 파악했습니다. 이해까지 했으니, 더는 문장 유형에 얽매일 필요가 없지 않을까요?

- I want you to see a doctor. [목적어]
  네가 진찰 받기를 원한다.
  - 'you to see'만 떼 놓고 보면, 절과 같은 '주어(you) + 서술어(will see)'의 관계
  - you to see a doctor : 의미상 want의 목적어

여러분

위 예문에서 내가 원하는 것은 'you가 진찰을 받는 것'입니다.

위 예문의 목적어는 문법적으로는 'you'이지만, 의미적으로는 'you to see a doctor'입니다. 목적어와 목적보어의 의미관계를 이해했으면, 요컨대, '목적어 + 목적보어'를 (하나의 절로, that절 보듯이) 하나의 목적어로 보십시오.

- I saw the man beating a boy.
  보았다. 그 남자가 어떤 아이를 때리고 있는 것을.

  I saw a boy beaten.
  보았다. 어떤 아이가 맞은 것을.

- I made my son wash the car.
  시켰다. 아들에게 세차를.

  I saw my son washing the car.
  보았다. 아들이 세차하고 있는 것을.

[근대화 시대, 한 일본 학생이 영국으로 유학을 갔다가 영어를 못해 시련과 좌절을 겪습니다. 그 유학생이 훗날 수상 자리에 오르는 '이토 히로부미'입니다. '일본의 근대화를 앞당기기 위해서는 영어를 배워야 한다!' 수상이 된, 영어에 한이 맺힌 이토는 전국에 '영어수업학교'를 건립합니다. 하지만 이런저런 이유로 실패로 돌아갑니다. 결국, 영어 정책을 바꿉니다. '번역'으로 돌아섭니다. 영어를 일어로 바꿔 누구라도 서양 선진 문물을 배울 수 있게 하자는 취지였습니다. (지식채널ⓔ '경쟁력의 조건'에서)]

['번역 영어'에서 출발한 일본 영어, 급선무는 '영어 문장구조의 파악'이었습니다. 축소 지향적인 일본, '혼비 영문법 Hornby, Guide to Patterns and Usage in English'에 나오는, 동사 유형에 따라 분류한 '문장의 25형식'을 5분의 1로 확 줄여 버립니다. 이것이 일본을 따라가던 우리나라에 들어옵니다. 까마득한 1970년대 이야기입니다. (이 시기에는 '상'이라는 문법이 정립되지 않았습니다. 현재분사/과거분사로 부른 것입니다. 그런데 아직도 현재분사/과거분사로 부릅니다. 어떻게 생각하십니까? 물론, 우리는 시대에 맞게 진행분사/완료분사로 부릅니다.) 지금도 여전히 영어학원에서, 초롱초롱한 눈망울의 어린 초등학생이 '불완전자동사, 2형식 문장' 하면서, 전설 같은 문장의 5형식을 달달 외우고 있습니다. 그렇게 주입 당하고 있습니다. 어떻게 생각하십니까?]

[보통 문법책에 나오는 문장의 5형식은 영문법을 처음 배우는 사람에게는 영어가 어떤 언어인지를 이해하는 데 어느 정도 도움이 될 수 있습니다. 문제는 모든 영어 문장이 문장의 5형식에 들어간다고 순 엉터리로 가르치고 허황되게 배우는 것입니다. 어떤 식으로든 다섯 가지 형식에 끼워 맞추어야 하고, 억지로 끼워 맞추다 보니 결국 형식에 얽매이게 됩니다. (이런 것을 보고 문법을 위한 문법, "현학적인 문법"이라고 합니다.) 이를테면, '존재구문이 몇 형식 문장이냐?' 이런 질문을 하게 되는 것입니다. 몇 형식인들 유의미한 일도 아니고, 문장을 이해하는 데 별다른 도움도 되지 않습니다. 존재구문이 어떤 구문이고, 왜 쓰는지를 이해하고, 하나의 표현으로 받아들이면 그만입니다.]

[보통 문법책에 나오는 대로 'I want you to see a doctor.'를 5형식 문장으로 부르는 것보다, 몇 형식 문장으로 부르든, 'you to see a doctor'를 하나의 목적어로 보는 눈을 갖는 것이 실질적이고, 효율적인 일입니다.]

어떻습니까? 문장편을 끝나고 나니, 영어문장이 완전히 새롭게 보이지 않습니까?

문장은 의식구조와 구문구조와 의미구조의 총체

영어문장을 안다는 것은 영미인의 의식구조를 안다는 말이고 영어문장의 구문구조와 의미구조를 안다는 말입니다.

별생각 없이 덮어놓고 그냥 암기하면, 말하는 데 자신감이 떨어질 뿐 아니라 무감각해지고, 급기야 감탄문조차 국어책 읽듯이 말하게 됩니다.

말은 생각한 순서대로 나오고, 의식구조는 그대로 언어에 반영됩니다. 생각과 언어가 일치하면, 내가 영어로 말하는 사람이라는 느낌이 듭니다. 영미인과 같은 의식구조로 말하면, 영어가 외국어라는 느낌이 들지 않습니다. 그렇게 나의 언어로 느껴집니다.

문법의 overview는 문장을 '통문장' 하나로 보는 것이 궁극적인 목적입니다. 형식에 얽매이거나 집착하지 말고, 최대한 말과 말을 이으려고 애쓰십시오.

문장의 유형

- ✓ 유형1: 주어 + 연결어 + 주보어
  - He was a lawyer.

- ✓ 유형2: 주어 + 서술어
  - We all breathe, drink and eat.

- ✓ 유형3: 주어 + 서술어 + 부사어
  - I travelled by train to Paris.

- ✓ 유형4: 주어 + 서술어 + 목적어
  - Do you know Betty?

- ✓ 유형5: 주어 + 서술어 + 목적어 + 부사어
  - Put the milk in the refrigerator.

- ✓ 유형6: 주어 + 서술어 + 간목 + 직목
  - Just lend me ten dollars.

- ✓ 유형7: 주어 + 서술어 + 목적어 + 목적보어
  - We named the baby Ella.

56-1] 나는 베티야.

....

56-2] he는 변호사였다.

....

56-3] 그것은 새로운 경험이 될 것이다.

....

56-4] "이것은 누구 책이니?" "내 책이야."

....

56-5] 문제는 모든 가게가 문을 닫았다는 것이다.

....

56-6] 이것이 당신이 찾는 것인가요?

....

56-7] "거기 누구 있어요?" "저예요."

....

56-8] 그것은 내 것이 아니야.

....

56-9] 누구세요?

....

56-10] 보기 전에는 믿지 않는다.

56-11] 베티의 취미는 여행이다.

56-12] 나의 목적은 그 경기를 이기는 것이었다.

56-13] 가장 좋은 방법은 비누로 손을 씻는 것이다.

56-14] 이봐요, 내가 원하는 것은 단지 당신과 이야기하는 거예요.

56-15] 배고프다.

56-16] 어두웠다.

56-17] 아기는 자고 있다.

56-18] 그 배는 떠 있을 것입니다.

56-19] he가 아직 살아 있을까요?

....

56-20] 그 말은 매우 빠르게 달리고 있었다.

....

56-21] 한글은 세종대왕이 창제했다.

....

56-22] he는 그 문제를 알고 있었다.

....

56-23] 그것을 두려워하지 마라.

....

56-24] 내가 돌아올 때까지 너는 여기에 있어야 한다.

....

56-25] he는 월드 스타가 될 운명이었다.

....

56-26] 이 집은 세를 놓습니다.

....

56-27] 나는 자유롭지 못했다.

....

56-28] 당신에게도 잘못이 있습니다.

……………………………………………………………

56-29] 나는 숨이 찼다.

……………………………………………………………

56-30] 이 문제는 도저히 알 수 없다.

……………………………………………………………

56-31] 이 질문은 중요하지 않다.

……………………………………………………………

56-32] 네 동생은 저기 있다.

……………………………………………………………

56-33] 네가 찾는 책은 여기 있다.

……………………………………………………………

56-34] 시간이 다 되었다.

……………………………………………………………

56-35] 열차는 들어와 있었다.

……………………………………………………………

56-36] 내 가게는 지하철역 근처에 있다.

……………………………………………………………

56-37] 이 문제의 정답은 다음 페이지에 있습니다.

....

56-38] 전쟁은 끝났다.

....

56-39] he는 무척 늙어 보인다.

....

56-40] he는 그 소식에 놀란 듯했다.

....

56-41] 이 문제는 중요한 것 같지 않다.

....

56-42] he는 그것을 해결할 수 있는 듯했다.

....

56-43] he는 실제보다 나이가 더 들어 보인다.

....

56-44] she는 외로워 보이지 않았다.

....

56-45] he는 그것을 좀 두려워하는 것 같다.

....

56-46] 소포는 선물처럼 보였다.

56-47] 그것은 좋은 생각인 것 같다.

56-48] 너는 그것이 필요해 보이지 않는다.

56-49] he는 차가 두 대 있는 듯했다.

56-50] 아기가 자고 있는 모양이다.

56-51] she는 병을 앓은 듯하다.

56-52] he는 그것을 끝내지 않은 듯했다.

56-53] 아기가 자고 있는 것 같다.

56-54] he가 이곳에 시간 맞춰 올 것 같지 않다.

56-55] he는 나를 아는 것처럼 보였다.

56-56] 감기에 걸린 것 같다.

56-57] 실수가 좀 있는 것 같다.

56-58] 피곤해 보인다.

56-59] 너 오늘 매우 언짢아 보인다.

56-60] 비가 올 듯하다.

56-61] 그 녀석 어떻게 생겼니?

56-62] he는 이성을 잃은 것처럼 보였다.

56-63] 정말 재미있을 것 같다.

56-64] 그거 좋은 생각인데.

56-65] 네 말은 나를 비판하는 것처럼 들린다.

56-66] 내가 듣기에 he가 그것을 원할 것 같다.

56-67] 그것은 맛이 달다.

56-68] 스파게티에서 맛있는 냄새가 난다.

56-69] 그것은 느낌이 정말 부드럽다.

56-70] 이 요구르트는 포도 맛이 난다.

56-71] 입에서 마늘 냄새가 났다.

56-72] 이 지갑은 감촉이 가죽 같다.

56-73] he는 농부가 되었다.

_____

56-74] 그것은 심각한 사회 문제가 되고 있다.

_____

56-75] 날씨가 따듯해 졌다.

_____

56-76] 나한테 화 내지 마라.

_____

56-77] 준비하고 있어.

_____

56-78] 부모님은 1988년에 결혼하셨다.

_____

56-79] 마이크는 베티를 사랑하게 되었다.

_____

56-80] he는 (점점) 뚱뚱해졌다.

_____

56-81] 이 음식은 상했다.

_____

56-82] 내 꿈은 실현될 것이다.

....

56-83] he가 나를 사랑한다는 것을 알게 되었다.

....

56-84] 그이의 머리는 이미 세고 있었다.

....

56-85] 그것은 심각한 결함이 있는 것으로 판명되었다.

....

56-86] 아기는 잠이 들었다.

....

56-87] 너는 침착해야 한다.

....

56-88] she는 조용히 있었다.

....

56-89] 그 가게는 늦게까지 문을 연다.

....

56-90] 그 책은 책상 위에 펼쳐진 채로 놓여 있었다.

....

57-1] 해가 떴다.

57-2] 사람은 모두 숨 쉬고 마시고 먹는다.

57-3] 그것은 대수로운 문제가 아니다.

57-4] 누가 알게 뭐냐?

57-5] 그 집은 불타고 있었다.

57-6] 봄이 왔다.

57-7] 펭귄은 날지 못한다.

57-8] 그것으로 됐어요.

57-9] 도무지 차가 시동이 걸리지 않는다.

58-1]　he는 위층으로 올라갔다.

　　　　..

58-2]　파리까지 기차로 여행했다.

　　　　..

58-3]　10마일을 걸었다.

　　　　..

58-4]　이것은 가로 1미터 세로 2미터다.

　　　　..

58-5]　우리는 얼굴을 맞대고 이야기했다.

　　　　..

58-6]　쉬려고 멈췄다.

　　　　..

58-7]　버스 왔다!

　　　　..

58-8]　옛날 옛적에, 개구리 공주님이 살고 있었습니다.

　　　　..

58-9]　he는 나를 못 본 것처럼 행동했다.

　　　　..

59-1]   베티를 아니?

_____

59-2]   엘라는 눈이 파랗다.

_____

59-3]   집 외부를 페인트칠했다.

_____

59-4]   (요즘) 건강식을 먹고 있다.

_____

59-5]   이상한 꿈을 꾸었다.

_____

59-6]   네가 그곳에 오리라고 생각한다.

_____

59-7]   she가 누군지 모른다.

_____

59-8]   그걸로 하죠.

_____

59-9]   다쳤니?

_____

60-1] 우유를 냉장고에 넣어라.

60-2] 어제 정원에 장미를 심었다.

60-3] 웨이터가 나를 문으로 안내했다.

60-4] 정맥은 혈액을 심장으로 나른다.

60-5] 나를 곤경에 빠뜨리지 마라.

60-6] 베티는 나를 다정하게 대했다.

60-7] 고양이를 집 안에 있게 했다.

60-8] 못을 박았니?

60-9] he는 내 손을 잡았다.

61-1] 나에게 10달러만 빌려줘.

61-2] 마이크는 베티에게 책을 사 주었다.

61-3] 물 좀 갖다 줄래?

61-4] 부탁을 좀 드려도 될까요?

61-5] he는 나에게 장난을 쳤다.

61-6] 그거 누구 주려고 샀니?

61-7] 하루에 100달러를 받는다.

61-8] he는 나를 사랑한다는 것을 보여 주었다.

61-9] he는 우리에게 안전하게 운전하는 법을 가르쳐 주었다.

62-1] 우리는 아기 이름을 엘라라고 지었다.

_____

62-2] 코치는 마이크를 팀의 주장으로 임명했다.

_____

62-3] 아버지는 나를 축구 선수로 만들었다.

_____

62-4] 아버지는 나를 지금의 나로 만들었다.

_____

62-5] 사람들은 그런 행위를 커닝이라고 부른다.

_____

62-6] 담배를 피워도 되겠습니까?

_____

62-7] 베티와 같이 가도 될까요?

_____

62-8] 그들은 그 사람을 용의자로 여겼다.

_____

62-9] 어머니는 내가 선생님이 되기를 바라신다.

_____

62-10] 베티가 화가 난 것을 본 적이 없다.

62-11] he는 항상 창문을 열어 둔다.

62-12] he는 울타리를 하얗게 칠했다.

62-13] he는 가끔 나를 화나게 한다.

62-14] 그 사람이 무죄라고 여겼다.

62-15] 그 사람이 정직하다고 믿었다.

62-16] 베티는 마이크를 친구로 여긴다.

62-17] he는 그 그림이 피카소 진품이라고 생각했다.

62-18] 도둑이 달아나는 것을 보았다.

62-19] 이 노래가 영어로 불린 것을 들은 적이 있다.

62-20] he는 나를 밖에서 기다리게 내버려 두었다.

62-21] 그 일이 금요일까지 끝나길 바란다.

62-22] he는 나에게 밖에서 기다리고 있으라고 했다.

62-23] 시계를 (수리공에게 맡겨) 수리했다.

62-24] he는 나에게 과음하지 말라고 충고했다.

62-25] he는 아내가 옷을 화려하게 입는 것을 좋아한다.

62-26] 어째서 그렇게 생각하니?

62-27] 그이가 나가는 것을 보았니?

우리는 지금껏 의지를 가지고 영어를 정복하려고 했지, 성의를 가지고 알아봐 주려고 하지 않았습니다. 정복하려고 하면 할수록 영어는 달아납니다. 하나의 언어로 알아봐 주며, 영어와 화해부터 해야 하지 않을까요?

동사편에 이어 명사편과 문장편을 마쳤습니다.

여러분

영어와 화해하셨습니까?

생각문법 ❹는 연결어편입니다. 말과 말을 잇는 연결어에는 '접속사'와 '관계사'와 '전치사'가 있습니다.

'접속사' 하면 '절'이고, 접속사 공부는 '명사절·형용사절·부사절' 공부와 같습니다. 이 세 개의 절은 '복문'을 이룹니다. 접속사 공부는 또한, 복문 공부와 같습니다. 복문을 낱낱이 파헤치고, 자세히 살펴볼 것입니다.

관계사는 일종의 접속사입니다. 관계사에는 '관계대명사·관계한정사·관계부사' 등이 있습니다. 이 또한 낱낱이 파헤치고, 자세히 살펴볼 것입니다.

전치사는 다양한 의미로 쓰입니다. 핵심 의미를 통해 다양한 의미를 실타래를 풀듯 풀어갈 것입니다. 무엇보다 구동사를 이루는 '불변화사'를 자세히 살펴볼 것입니다.

[전치사·부사·불변화사: of, with, by, for, to, on, off, in, into out (of), at, from, away, up, down, over, under, above, below after, before, about, around, across, through, against, along]

우리는 기필코, '영어문장으로 말하는 법'을 완성할 것입니다.

・・・

생각문법 시리즈
동사편, 명사편·문장편, 연결어편

관심과 성원에 진심으로 감사드립니다.

하상호

1968년 서울 출생.「봄찬」출판사 대표. 대학에서 관광학을 공부했다. 여행사에서 관광 가이드로 일하다가 공부에 미련이 남아 1997년 호주로 유학을 갔다. 유학 생활에 적응할 즈음, 대한민국이 F학점을 맞았다는 소식이 태평양을 건너왔다. 믿기지 않는 환율, 버티기 힘든 현실, 불현듯 찾아온 시련은 필자로 하여금 사람의 학문이요, 삶의 학문인 '인문학'에 눈뜨게 했다. 인문학을 공부해야 하는 이유를 깨달았을 때, 필자는 다시 태어났다. 오랜 세월,「생각문법」은 영문법에 관한 필자의 인문학적 사색이다. 문법에는 이유나 원인이 있다고 굳게 믿는 필자는 유학을 다녀온 이후로 줄곧 문법을 사유하며, 암기식 영문법에서 못 벗어난 대학생과 일반인에게「생각문법」을 강의하고 있다.

https://www.youtube.com/@thinkinggrammar

교육의 시작과 끝은 사람과 사람입니다.

「생각문법」로고

표지를 보라. 물음표는 의문을 품고 생각하자는 취지다. 빨간색은 국어[동양]을 상징하고, 파란색은 영어[서양]을 상징한다. 이 둘을 비교하자는 취지로 위아래로 맞물려 놓았다.